公認心理師・臨床心理士のための
発達障害論
インクルージョンを基盤とした理解と支援

監修 ● 大石幸二
編著 ● 山崎晃史

学苑社

監修者まえがき

　公認心理師制度が動き出し、2018年9月に第1回国家試験が行われました。そして、同11月に、27,876人の合格者が発表されました。いよいよ国家資格としての公認心理師が、他の民間資格と共存しながら活躍し、この資格制度が発展していくことになります。

　本書は、このような経過をふまえ公認心理師養成カリキュラムの「障害者（児）心理学」および臨床心理士の「障害者（児）心理学特論」のテキストとして企画・編集されました。つまり、これから公認心理師や臨床心理士などをめざして学習や研究に従事する学部学生・大学院生が手に取ることをまず想定しています。けれども、本書の内容はそれに留まらないボリュームになっています。

　編著者である山崎晃史氏は、重症心身障害施設および発達専門外来クリニックなど保健医療領域での長い臨床実務経験をふまえ、本書の企画・編集に中心的な役割を果たしています。本書を彩る色調は、山崎氏の人間理解や障害のある人たちへのまなざしが反映しています。また、分担執筆者である若林功氏は、障害者職業総合センターにおいて就労支援や職業リハビリテーションなど産業・福祉領域において実績をあげてこられました。就労や余暇、社会参加を含む"生きがい"を視座として担当章を執筆しています。同じく、分担執筆者である榎本拓哉氏は、先導的な発達支援技法の開発を手がけ、主に教育の領域で現在も発達障害のある子どもとその家族支援の研究に従事しています。担当章の執筆には、これらの経験が遺憾なく発揮されています。

　「発達障害論」は、人間理解の基盤になるモノの見方・考え方を私たちに与えてくれると確信しています。したがって、先述した学部学生・大学院生に留まらず、現職の公認心理師、臨床心理士および臨床発達心理士の有資格者にも多くの学びを与えてくれることでしょう。加えて、心理援助に近接する対人援助領域すなわち乳幼児・母子保健や子ども家庭福祉、児童健全育成、保育・療育、特別支援教育、修学支援、地域生活自立などの領域でケアに携わる多くの専門職にとっても有為な情報を提供してくれるに違いありません。本書が多くの皆様に活用されることを念じています。

　2019年春　　　　　　　　　　　　　　　　　　　　監修者　大石幸二

はじめに

　本書は発達障害の基礎的な理解と支援の実際について論じたものである。主に公認心理師、臨床心理士養成課程の学部生、大学院生を対象に、発達障害論、障害者（児）心理学、福祉心理学などの授業や関連した演習で使えるように構成している。また、いま一度、発達障害について整理して把握したいと考えている、臨床現場の心理職の方々にも役立てていただけるはずである。さらには、他職種の方々にも活用していただける内容であると自負している。

　この領域の解説書やテキストには既に類書が多く、内容も語り尽くされた感がある。しかし、なお足りないのは、インクルーシブな環境実現を志向したテキストであり、かつ個人の特性にのみ問題を還元しない生態学的あるいは関係性の視点を重視したテキストではないかと思われる。

　前者に関連しては、特別な支援が必要だということが、特別な場所で生活し訓練することが必要だという意味に置き換わり、特に重度の発達障害をもつ児（者）を中心に、その存在が地域社会から疎外されかねない／されている現状がある。障害者基本法で謳われている「共生する社会を実現する」を素直に読めば"障害の有無に関わらず、地域のなかで共に育ち、共に学ぶ姿"（＝インクルージョン）を実現するということ以外の選択肢はあり得ない。少なくとも、そのような姿に漸次近づけていくことが求められている。そして、当然ながら心理支援を進めていく際にもその方向性が前提になる。

　後者に関連しては、発達障害についてかなり啓発が進んでいる反面、障害特性と特定の支援手法を結びつけることばかりが注目されやすく、ステレオタイプな理解と支援に陥りがちであることが危惧される。必要なのは、一人ひとりは家族の歴史および環境と関係性のなかにある存在であるという視点であり、心理支援はそうした理解のもとで、生態学的な視点で包括的に行う必要がある。

　本書がこれらの視点を提供し、類書を補完するものとなれば幸いである。

　ここで、学生の頃に家庭教師（遊び相手？）として土曜日ごとに数年間関わった、知的発達症のある発達障害の小学生との日々を筆者は思い出す。自閉的で相互的なコミュニケーションが成り立ちにくいその彼と、ある時から一緒に外出（散歩）することがパターン化した。毎週その距離がのび、さらには自転車で

出かけるようになった。強引に丘陵地帯の雑木林に分け入り、道なき道を進むようになり、制止することも、また、ほかのことに誘導することもできなくなった。途方にくれたが、安全を確保しながら従うしかないと葛藤しながら観念していた。

しかし、回数を重ねるうちに外出が2時間近くにもなり、さすがにこれ以上は無理だ、逸脱した行動を助長し続けてしまった結果だと無力感に襲われていた正にその回、その児童の自宅近くまで戻ってきた時に、彼は私に視線を向けて言ったのだった。

「ボク、キョウ、タノシカッタヨ」

言語表現はできても感情を表現することのなかった彼の、それまで聞いたことのない実感のある言葉であった。そして、それ以降、外出はぴったり止まり、室内で遊ぶようになったのである。ある種の満足感があったのだろう。無意味だと断じないで、パターン化した行動にも時にはじっくり付き合うこと、それを通じてこそお互いの関係性が変容し、行動も変容することを学んだ。

この例に限らず、発達障害とされる児童独特の、強いこだわりやコミュニケーションのつまずきに対しては、波長を合わせて関心を共有していくことで、児童が促しに応じて合わせてくれるようにもなり、結果的に融通がきくようになり、行動範囲や楽しめるものが広がっていくことを経験する。

いっぽう、障害特性を巡る行動を、不適切なものだとして適切な行動へと促そうとすればするほど、かえって状況を悪化させることもよく経験する。また、本人を巡る人間関係のなかで相互に相手に対する負の情動（怒り、不満、いら立ち等）が亢進している場合にも状況が悪化することが多い。

このように、人と人との関係性の質が、一人ひとりの状況や支援の成否を左右することを本書の冒頭で強調しておきたい。障害特性の理解とそれに基づいた支援も、無理のない安定した向き合い方へと関わる者を誘導する、つまり人間関係の質を変容させる契機になるからこそ効果的なのだと言える。そして、人間関係の質が柔軟に最適化されやすい環境とインクルーシブな環境とは、親和性が高く折り合いが良いということも強調しておきたい

本書は3部構成になっており、第1部は「発達障害の基礎理解」として、第1章から第5章までをあてて公認心理師・臨床心理士の役割、診断論、障害論、原因論について整理する。障害を理解する枠組みや原因を巡る議論の詳細に触れているのは本書の特徴である。第2部は「ライフサイクルに沿った心理支援」とし

て、第 6 章から第 13 章をあてて、連携と協働のあり方を整理するとともに、社会資源を概観し、幼児期の初期支援から成人の就労支援までを時間軸に沿ってたどっていく。支援の理論と実際に触れているのである。第 3 部では「心理支援の可能性」として、第 14 章でいくつかの支援上のトピックスを取り上げ、第 15 章で本書全体をまとめる。なお、各章にコラムを配置してさまざまな話題を取り上げ、本文の内容を補完している。

　最後に、本書のみでは発達障害の理解と支援の全てを網羅することはできない。読者諸氏におかれては、本書を手がかりに関連講義や関連文献ならびに経験・研修を通じて、立体的、複眼的に各自の発達障害論を構築していただきたい。

2019 年 2 月

山崎　晃史

用語について

発達障害

　本書における「発達障害」とは、発達の遅れや認知特性の凸凹があることにより、生活や学びのしづらさを抱えている状態のことである。従来から本概念には知的発達症（知的障害）を含んでいる。近年のわが国ではこれを除いた狭い範囲の領域を「発達障害」と言い表す傾向があるが、本書においては従来から用いられてきた広義の概念として用いる。

障害

　「害」の文字について、本人が「害のある存在」のように受け止められかねないということから「障がい」や「障碍」の表記を用いることがある。しかしながら、「障害」は結果として生じている「生活のしづらさ」のことであり、本人のもつ特性のことではない。「生活のしづらさ」を生み出す社会環境的要因＝社会的障壁全般を表している。そのことを前提に本書では「障害」という表記をそのまま用いる。

発達障害をもつ……

　本書において発達障害の本人を表現する場合には、「発達障害をもつ（のある）児童」、「発達障害をもつ（のある）人」、あるいは単に「児童」「生徒」などと表現することを原則とする。法律や制度で用いられている用語を除いては、極力「発達障害者（障害者）」「発達障害児（障害児）」とは表現しない。

　英語でも children（persons）with developmental disabilities などと表現するようになっており、まずは「児童」「人」の存在が先にあり、あくまでもその属性のひとつとして「障害をもつ（＝with）」というニュアンスになっている。本書もそれと同じ考え方を取る。

　なお、本書では福祉、保健、医療の場における子どもについて「児童」と称し、大学を除く学校教育の場における子どもについて小学生までを「児童」、中学生・高校生を「生徒」、全年齢包括的には「児童生徒」と呼びならわす。

診断名について

　知的能力の発達の遅れについては、「知的障害」「知的能力障害」「知的発達症」「知的発達障害」などさまざまな診断表記の方法がある。そのなかでも「知的障害」が社会的には定着しており、法律や制度でも主に用いられている。

　ここで考慮したいのは、知的能力に高い価値を置きがちな現代では、知的能力の発達の遅れはことのほか偏見をもたれやすいということである。そして「知的障害」という診断は偏見と固定的に結びついてしまう傾向がある。こうした状況をリセットするために、本書では「知的発達症」という、状態が発達や環境により流動的であることを含意した表記方法を積極的に用いる。ただし、法律や公的制度にかかわる文脈では「知的障害」を用いている。

　「学習障害」については、「限局性学習症」「限局性学習障害」「特異的発達障害」などさまざまな表記がある。しかし「学習障害」が学習のかたよりのことであるとして社会的には定着しており、本書でも基本的にはこの表記を用いる。

　その他の発達障害は「〜障害」とした場合の症状固定的な印象を避けるため、「〜症」の表記で統一する。すなわち、「自閉スペクトラム症」、「注意欠如・多動症」、「社会的コミュニケーション症」、「発達性協調運動症」、「チック症」、「トゥレット症」、「言語症」、「語音症」、「小児期発症流暢症」などである（⇒コラム5）。

目　　次

監修者まえがき　i
はじめに　ii
用語について　v

第1部　発達障害の基礎理解

第1章　発達障害支援における公認心理師・臨床心理士の役割 ……………… 3

Ⅰ．発達障害領域の心理支援とは　4
 1．発達障害支援の全体像　4
 2．グレーゾーンの領域を理解する　5
 3．柔軟かつ臨機応変な支援　6
 4．発達障害領域の心理支援　6

Ⅱ．人権の実現と心理支援　8
 1．排除の防止　8
 2．自己決定と意思決定支援　9

Ⅲ．生態学的な理解と心理支援　10
 1．状況のなかの個人心理　10
 2．システム論的理解　11
 3．生態学的理解と心理支援　12

Ⅳ．心理学の基本的知見と技術をふまえた心理支援　12
 1．発達的視点に基づいた見通し　12
 2．特異な認知過程を仮定した支援方法の創出　13
 3．関係をつなぎ支える技術　13
 4．ナラティブへの帰着　14
 5．アウトリーチの活用　14

Ⅴ．支援システムの創造と診断にとらわれない姿勢の保持　15
 1．社会システムへの働きかけ　15
 2．診断を括弧に入れる　15

第2章　診断論1──発達障害の定義と知的発達症（知的障害）……………… 19

Ⅰ．仮想事例　19
 1．エピソード　19
 2．解説　21

Ⅱ．発達障害の定義と範囲　24
 1．発達障害の定義　24
 2．知的障害（知的発達症）、身体障害、精神障害と発達障害の関係　25
 3．国際疾病分類 ICD と米国精神医学会診断基準 DSM における発達障害　26

Ⅲ．知的発達症（知的障害・知的能力障害）　27

　　　　　1．知的機能と適応行動　27
　　　　　2．個人差としての知的発達症　29
　　　　　3．器質的原因が想定される知的発達症　29

第3章　**診断論2**――診断的理解とアセスメント………………………………………33
　　　Ⅰ．知的発達症以外の発達障害　34
　　　　　1．自閉スペクトラム症　34
　　　　　2．注意欠如・多動症　37
　　　　　3．学習障害　38
　　　　　4．その他の発達障害　39
　　　Ⅱ．診断の意味　41
　　　　　1．支援者や専門家にとっての診断　41
　　　　　2．社会にとっての診断　42
　　　　　3．本人にとっての診断、親にとっての診断　43
　　　Ⅲ．アセスメント　44
　　　　　1．アセスメントの範囲と留意点　44
　　　　　2．公認心理師・臨床心理士が用いるアセスメントツール　46

第4章　**障害論**――障害の構造的把握と心理支援………………………………………51
　　　Ⅰ．障害に関連した概念　52
　　　Ⅱ．ノーマライゼーションから障害者権利条約へ　53
　　　　　1．ノーマライゼーション　53
　　　　　2．障害者権利条約に結実した諸理念　55
　　　Ⅲ．日本の法律に反映された障害観の転換　57
　　　　　1．障害者基本法　57
　　　　　2．障害者差別解消法　58
　　　Ⅳ．国際生活機能分類（ICF）　59
　　　　　1．国際生活機能分類に至る流れ　59
　　　　　2．国際障害分類（ICIDH）　59
　　　　　3．国際生活機能分類（ICF）　60
　　　Ⅴ．障害の構造的把握と心理支援　62

第5章　**原因論**――発達障害の原因を巡る諸視点………………………………………65
　　　Ⅰ．自閉症理解の歴史――心因論から脳機能障害説への変遷　66
　　　　　1．カナーとアスペルガーによる自閉症の発見と理解　66
　　　　　2．言語認知障害から社会性の障害へ　67
　　　　　3．共同注意　69
　　　　　4．脳の研究の進展や諸仮説　69
　　　Ⅱ．学習障害および注意欠如・多動症理解の歴史　72
　　　　　1．多動とMBD概念　72
　　　　　2．多動性障害と学習障害　72

3．多動衝動・不注意を巡る脳機能の理解　73
　Ⅲ．養育環境と発達障害の相互関係　74
　　　1．脳機能の包括的理解の必要性　74
　　　2．先天的要因と初期環境の視点　75
　　　3．養育環境の位置づけ――愛着障害と発達障害の相互関係　78
　　　4．二次障害としての外在化障害、内在化障害　79

第2部　ライフサイクルに沿った心理支援

第6章　連携と協働――専門職連携協働実践（IPW）を基盤にした心理支援……… 87
　Ⅰ．ケアマネジメントと専門職連携協働実践　88
　　　1．本人中心の計画　89
　　　2．ニーズ中心　90
　　　3．サービスのコーディネート　91
　　　4．専門職連携協働実践（IPW）　91
　　　5．根拠と給付管理　93
　　　6．家族の支援　93
　　　7．ケア会議　93
　　　8．地域課題の抽出とシステムの創出　94
　Ⅱ．ライフサイクルを通じた縦横連携　95
　　　1．「障害児支援の在り方に関する検討会」報告書に見る連携と協働　95
　　　2．生涯にわたる支援における学校教育　96
　Ⅲ．公認心理師・臨床心理士と専門職連携協働実践　97

第7章　社会資源を知る……………………………………………………………… 101
　Ⅰ．母子保健　102
　　　1．保健師　102
　　　2．保健所・保健センター　102
　　　3．乳幼児の健康診査と支援のスタート　102
　Ⅱ．保育と子育て支援　103
　　　1．保育士　103
　　　2．保育所、認定こども園、幼稚園と障害をもつ児童　103
　Ⅲ．ソーシャルワーク専門職　106
　　　1．社会福祉士　106
　　　2．精神保健福祉士　107
　　　3．相談支援専門員・介護支援専門員　107
　　　4．スクールソーシャルワーカー・医療ソーシャルワーカー　107
　Ⅳ．福祉行政機関　108
　　　1．福祉事務所　108
　　　2．児童相談所と児童福祉司・児童心理司　108
　　　3．児童福祉における市町村の役割　109

- V. 児童福祉法の発達支援系サービス　110
    1. 障害にかかわる児童期の個別給付サービスの全体像　110
    2. 障害児通所支援等　111
- VI. 教育　114
    1. 特別支援教育　114
    2. 個別の教育支援計画・個別の指導計画　114
    3. 校内体制・特別支援教育コーディネーター　115
    4. 特別支援学校・特別支援学級・通級による指導　116
- VII. 医療とリハビリテーション職　116
    1. 医療機関　116
    2. 発達障害領域で診療を行う医師　116
    3. 薬物療法　117
    4. 医療機関におけるさまざまな職種　117
- VIII. 障害者総合支援法のサービス体系　119
    1. 基本理念　119
    2. 全体構造と各サービス　119
    3. サービス利用の手続き　123

第8章　初期発達支援──気づきから発達支援へ　127

- I. インクルーシブな環境の重要性　128
- II. 発達障害の顕在化と心理支援　129
    1. 発達障害の気づきと葛藤　129
    2. 運動発達の遅れからの気づき　130
    3. 言語発達の遅れからの気づき　130
    4. 生活技能獲得の遅れからの気づき　132
    5. コミュニケーション面の遅れからの気づき　132
    6. 行動面の課題からの気づき　133
- III. 基盤となる生活陶冶性　135
    1. 気づきからの初期対応　135
    2. 保育環境による親子安定化効果　137
- IV. 社会性の初期発達支援　139
    1. 社会性とは　139
    2. 共同注意をめぐる支援　139
    3. コミュニケーションの基盤づくり　140
    4. 社会性の発達が進展しにくい場合の考え方　143
- V. 保育所や学校で初めて顕在化する特性を巡る発達支援　143
    1. 社会性の初期発達をクリアした後の課題　143
    2. 児童の特性と興味にチューニングした関わり　144

第9章　家族支援としての発達支援──統合的な支援の視点　151

- I. 家族支援　152

1. 関係性のゆらぎと発達障害　152
　　　2. 情動制御のメカニズム　153
　　　3. 家族システムおよび上位システムの最適化に向けた支援　154
　Ⅱ. 代表的な発達支援の方法とその活用　155
　　　1. 認知発達に焦点を当てたアプローチ
　　　　——太田ステージ評価に基づく認知発達治療　155
　　　2. 環境と行動に焦点を当てたアプローチ　158
　　　3. 発達論的アプローチ　165

第10章　児童期1——特別なニーズ教育とインクルーシブ教育 171

　Ⅰ. 共生社会の実現と合理的配慮　172
　　　1. 共生社会と合理的配慮　172
　　　2. 教育的ニーズ　173
　　　3. 合理的配慮の実例　174
　Ⅱ. 学校教育諸機関における特別支援教育　176
　　　1. 学校の役割　176
　　　2. 特別支援教育コーディネーター　177
　　　3. 個別の教育支援計画、個別の指導計画　178
　　　4. 校内資源の活用　180
　　　5. スクールカウンセラー　184
　Ⅲ. 教育委員会関連の心理支援　187
　　　1. 教育相談　187
　　　2. 教育委員会による巡回支援　187
　　　3. 適応指導教室　188

第11章　児童期2——学習支援の実際 195

　Ⅰ. 学習の問題の理解と評価　196
　　　1. 学習の問題について　196
　　　2. 学習問題の見立て　196
　　　3. 学習の問題についてのアセスメント　198
　　　4. 学習に関するフォーマル・アセスメント　199
　　　5. 学習に関するインフォーマル・アセスメント　201
　Ⅱ. 学習支援の実際　203
　　　1. 臨床像（小学校3年生の男児の支援について）　203
　　　2. アセスメント　204
　　　3. 所属学級での支援　205
　　　4. 特別支援教室を利用した支援　207
　　　5. 学校と家庭との連携による支援　208

第12章　移行期の支援 213

　Ⅰ. 就学に関する支援　215
　　　1. 就学支援と就学相談　215

2. 保護者の葛藤とその調整　216
　Ⅱ. 切れ目の無い支援の達成にむけて——ライフステージ間の接続　219
　　1. 継続性の途切れの危機　219
　　2. 幼稚園、保育所から小学校への接続　219
　　3. 小学校から中学校への接続　221
　　4. 高等教育機関（高校、大学、高等専門学校）への接続　223
　Ⅲ. 高等教育機関における支援　225
　　1. 高等学校での支援の現状　225
　　2. 大学での支援　226

第13章　成人期の支援——就労支援を中心に……………………………………233
　Ⅰ. 成人期の概観　234
　Ⅱ. 発達障害をもつ人たちへの就労支援・日中活動支援制度　236
　　1. 障害者総合支援法に基づく就労支援（日中活動）施策・制度　236
　　2. 障害者雇用促進法に基づく就労支援施策・制度　238
　　3. 特別支援学校における就労支援　240
　　4. その他　242
　Ⅲ. 就労支援のプロセス　243
　　1. 就労相談・就労アセスメント　244
　　2. 就労準備　245
　　3. 職場開拓・職場実習　246
　　4. フォローアップ　247
　Ⅳ. 発達障害をもつ人たちの成人期における課題と支援　248
　　1. 基本的な考え方　249
　　2. 障害程度別の成人期における課題　250

第3部　心理支援の可能性

第14章　さまざまな局面における心理支援……………………………………259
　Ⅰ. 育ちの展開とナチュラルサポートを俯瞰する心理支援　260
　Ⅱ. 関係のこじれをほぐしていく支援　262
　Ⅲ. 巡回支援と心理支援　263
　Ⅳ. 青年期の諸問題と心理支援　266
　　1. 問題化する状況　266
　　2. ひきこもり　266
　　3. アディクション（嗜癖・依存症）　268
　Ⅴ. 強度行動障害と心理支援——応用行動分析　268
　　1. 環境設計による予防　269
　　2. 刺激配置による不安低減　271
　　3. 活動保障によるリラックスの重要性　272

第15章　インクルーシブな心理支援のこれから……277
Ⅰ．インクルージョンの定義再考　278
Ⅱ．インクルーシブな心理支援とは　279
Ⅲ．福祉と教育をつなぐ学校ソーシャルワーク（School Social Work：SSW）　282
Ⅳ．モデル事例へのインクルーシブな心理支援　283

あとがき　286
索引　290

コラム

1	わが国の障害児教育・福祉の黎明と石井亮一	17
2	知能と知能指数	28
3	重症心身障害と医療ケア	30
4	発達障害概念の歴史	31
5	disorder の翻訳としての「障害」と「症」	50
6	古くて新しい「親亡きあと」	63
7	オキシトシンと発達障害	71
8	わが国の発達障害理解と支援の黎明	81
9	ある市における縦横連携に向けた支援システムの進展(1)	95
10	インクルーシブな保育の現場を巡って	98
11	ある市における縦横連携に向けた支援システムの進展(2)	124
12	発達期の支援と教育を表す概念	138
13	保育がもたらす関係の変容	148
14	感覚統合療法	168
15	緘黙と自閉スペクトラム症	186
16	巡回支援の現場から──幼保、小学校	190
17	インクルーシブ教育の学級全体への波及	191
18	巡回支援の現場から──中学校	203
19	巡回支援の現場から──高校	210
20	自閉スペクトラム症と重度知的発達症をあわせもつ児童生徒の楽しみ	211
21	就学先決定とインクルージョン	218
22	巡回支援の現場から──成人の行動障害への対応を巡って	224
23	支援の網から溢れてしまう子どもたち	229
24	障害の程度と一般就労の可能性	254
25	「障害受容」という概念	265
26	重度知的発達症成人の生活と介護の課題	274

第1部
発達障害の基礎理解

第1章 発達障害支援における公認心理師・臨床心理士の役割

山崎晃史

発達障害をもつ児童や人にとっては、その特性をもちながらも社会から排除されないかたちで生活や学習の場が保障される必要がある。そのために、一人ひとりに必要な支援が、包括的に切れ目無く継続的に、また多職種の連携を前提として行われることが望まれる。そうしたなかで、公認心理師・臨床心理士は、支援チームの一員として、アウトリーチを行うなど生活や学習の場に即した心理支援を進める。本章では、後の章でも扱うことになる、この領域の心理支援に関するさまざまな基本的な視点を包括的に整理する。

事例1

注意欠如・多動症の疑いがあると診断されている小学校1年生。知的能力は平均の上だが、特に午前中は落ち着きがなく、遊びも学習も完結せず中途で放置することが多い。母親は生真面目で几帳面な性格であり本児の行動パターンが一つひとつ許容できず苛立ってしまう。父親は本児に似ていて多方面に気持ちが向かい、仕事でもやりかけたままほかのことに取りかかり完結しないところがあり、本児の行動はあまり気にならない。本児は父親に甘えることが多い。学校では授業中に自らの課題が終わらないのに他児に教えようとするため担任は苛立ってしまう。母親と担任は波長が合い、父親が深刻さを認識していない、叱らない、として同調し合って問題視している。

教育相談でアセスメントを担当した公認心理師が、学校長や保護者の了解を得て、情報共有の機会として父親、母親、担任を含めたケア会議を行った。すると母親、担任が父親を暗に責め、指示的にコントロールしようとする姿が見て取れた。そこで公認心理師は、母親や担任の努力をねぎらいながらも、本児にとっての父親は波長が合い拠り所になっていること、甘えて頼ることはまだ必要なことを伝えた。また、アセスメントから、落ち着きのなさはすっきり覚醒していないときに強いかもしれないこと、とすれば、刺激を求めて落ち着かなくなっているかもしれないという仮説を提示した。そして、検証する意味も含めて、スキンシップや体を使った遊びを始業前や休み時間に行うという提案をした。

事例2

些細なことで止まらなくなる激しい自傷行為に陥る傾向があり、強いパターン化した興味のため夜中まで不眠状態が続く20歳の重度知的発達症の女性。それにひとりで付き合い、安眠できない状態が続く母親。見かねたさまざまな人から施設入所を勧められる。しかし、これまで育ててきたことが生きがいであり、一緒に暮らし続けたいという願いを支えに生活してきたことから、勧めに揺れ動きながらも現状維持を望んでいる。本人の行動を助長しているように周囲から言われることもあり、追いつめられている。母親は時々、「私が大切にしていることを誰かに分かってほしい」と叫びにも似たやるせない気持ちにかられる。

相談支援事業所で母親から相談を受けた公認心理師は、応用行動分析などの手法で介助方法を再検討すること、居宅介護やショートステイのサービスを再調整することとした。また医療機関での薬物療法の調整を勧めた。しかしなによりも、苦悩の実存的な意味を共有し、大変さを乗り越えて育ててきた矜持を受けとめ、抱え込んでしまいがちな心理の背景にあるものを想像しながら、本人との絆を育んできた物語を聞き取る心持ちで対応した。

Ⅰ. 発達障害領域の心理支援とは

1. 発達障害支援の全体像

発達障害は生来の素質あるいは特性が基盤になっているのであり、治療して治癒する、寛解するといった性質のものではない。したがって、その支援は**治療モデル**[1]のみでは通用しない。発達障害の素質あるいは特性をもちつつも、良質な人間関係を含めた適切な環境のなかで、一人ひとりのペースで順調に発達が進み、過不足のない配慮を得ながら通常の生活を営んでいけるようにするのが基本的な方向性である。

つまり、発達障害の素質や特性そのものを問題とするのではなく、それと環境との相互作用のなかで顕在化する社会的な関係のつまずきや生活上の困りごと、学習のつまずきをこそ問題にしなくてはならない。つまり**生活モデル**[2]の視点が求められ、生きづらさを抱えている**生活障害**として発達障害を捉えていく必要がある（田中，2011）。また、そもそもそうした生活障害が起きないように予防し

---

[1] 疾病の治療をモデルとして、個体の機能不全を改善し治す発想のこと。
[2] 生態学をモデルとして、生活上の困りごとの解消に向けて、環境調整を含めて包括的に働きかける発想のこと。

ていかなくてはならない。

　発達障害的な素質や特性が基本的には変化しにくいとすれば、ライフサイクルを通じて配慮や支援が必要となる。長期の時間軸と場の広がりゆえに、さまざまな局面で多様な専門職や周囲の人々の関わりが必要となる。そのため、多機関、多職種の連携と協働は必須となる。

　また、支援を受けるという視点だけではなく、本人が自己指南（self-direction）を適切に行えるようになれば、主体的に支援を求めることができ、生活障害に陥らないように自ら回避することができる。そうした方向性へとサポートすることも重要である。

　支援は、早期には周産期医療や母子保健での介入から始まり、保育や学校教育の場へと移行していく。そこで、発達障害的な素質や特性に配慮しながら、一人ひとりの発達を促していくことになる。

　診断および医学的検査や心理検査、薬物療法が必要な場合には医療機関が担う。また、リハビリテーション職による児童のリハビリテーションは発達支援の一部であり教育的営みとも重なり合う。教育機関では学校や家庭教育の諸課題に対応し、心理検査も必要に応じて実施する。

　福祉サービスにより生活のしづらさを補う支えは生活支援あるいは地域生活支援である。職業の選択と定着に関する支援領域は就労支援と呼ばれる。

2. グレーゾーンの領域を理解する

　発達障害はその状態が典型的あるいは明確であるものから、非典型的で不明確なものまで幅が広い。また、その行動も状況によって変動があり把握がしにくいことがある。さらには、発達障害の特性からのものなのか、環境的な要因からのものなのか、両者がからんだものなのかは、状態像からは区別がしにくいことがある。つまり、**グレーゾーンの領域**があり、そこでは支援の必要性の判断が難しく、支援が定型化しにくい。そして、必要な人に支援が行き届かず、**支援のはざま**が生じがちである。

　こうした状況から次のようなジレンマを、軽度障害の方を中心に抱えていることがある。本人からすると、発達障害だとして理解を求めると過剰に気遣われて対等な関係が築きにくく、表明しないと理解と配慮がなされず生きづらくなってしまうというジレンマである。

一般的には発達障害は**脳機能障害**として心因的なものではない明確な一群として理解されているが、その診断は脳に関する医学的データを根拠とするわけではない。通常の脳の画像診断では特異な所見が見られないことが多く、個別には脳機能障害を可視的に捉えることは今のところ難しい。そこで、発達障害が生来の脳機能障害だとするのは諸研究からの仮説であり、一人ひとりを発達障害であると判断するのは、発達経過や行動面の特徴からである。現在の医療技術では、一部の発達障害を除いて可視的に原因を明快に特定できないということも、事態の理解を曖昧にさせて"グレー"な領域をもたらす要因である。

3. 柔軟かつ臨機応変な支援

　発達障害に関する支援では、柔軟な工夫が必要であり、かつ臨機応変な支援が必要である。定型的でステレオタイプな理解と支援では、一人ひとりの幅のあるニーズには対応できない。多様な状況に応じて個に応じて創意工夫を行うことが支援のポイントとなる。正面から課題点を解決しようとすると本人を不安定にさせてしまうことが多い。

　例えば、グループでゲームを行う場面で、負けると怒って相手を叩いてしまうという発達障害をもつ児童の場合、やってはいけないことについて説諭しても改善が見られないことが多く、かえって情緒的に不安定にさせてしまう。また、定型的なソーシャルスキルトレーニングで適切な行動を予め学習させようとしても現実場面での応用が困難なことがある。こうした場合、段階的に負けることに慣れるプロセスを考えたり、場面の転換を図って情動のクールダウンを試みたりするなど、一人ひとりに応じた工夫をする。クリアできる現実的なハードルを探って、そこでは時に譲らず、できたことに対して肯定的な評価を伝えていく。根気よくさまざまな試行錯誤をいとわず行う。そうした姿勢が必要である。

4. 発達障害領域の心理支援

　本書では臨床心理学的な活動全般を心理支援と呼ぶ。そしてこの活動を担う専門職として国家資格である公認心理師と社会的な認知度の高い臨床心理士を代表とする。

　公認心理師・臨床心理士は医療、保健、教育、福祉、産業、司法などさまざまな領域で発達障害に関連する心理支援を行う。対象は乳幼児期から成人、高齢者

まで全年齢にわたる。本人のみならず家族や関係者の心理支援も重要である。

発達障害領域の心理支援にあたっては、**生態学的な理解、システム論的アプローチ**が土台となる（図1-1）。それはつまり人と環境との相互作用を重視し環境に働きかけるということである。本書では発達障害を個体内の問題として限定的に捉えず環境に働きかけることを重視する。その環境とは物理的環境とともに人間関係の質（＝関係性）の部分が大きく、したがって**関係性の支援**が重要となる。

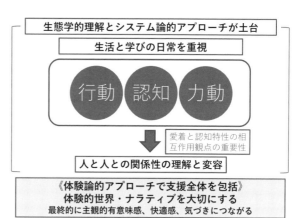

図1-1　発達障害領域の心理支援

そのうえで、個人に焦点を当てた場合には一人ひとりを行動、認知、心理力動の各視点からバランス良く理解する。時間軸では発達的な観点をもち、**愛着**を巡る視点は人間心理理解の普遍的視点として常に念頭に置く。理解を深めるに当たっては、心理検査やアセスメントツールを用いることを含めたアセスメントを行う。

実際の心理支援は個別面接やグループセッションに加えて家族支援、地域支援、巡回支援、心理教育などさまざまな方法で行う。

最終的には、支援する本人、親や関係者自身の思いや語りに寄り添い、よく聴き共感的に理解する。一人ひとりの語りのなかのストーリー（ナラティブ）の把握に努める。ここが十分にできていないと支援にすれ違いが生じてさまざまな制約が生じる。また、家族や支援者の燃え尽きや関係者どうしのコミュニケーションの悪循環を防ぎ、支援チームが最適なパフォーマンスを維持できるように支援することも重要な役割である。公認心理師・臨床心理士ならではの面接技術やシステムへのアプローチ技術の発揮が期待される。

このような前提をもとに、以下、公認心理師・臨床心理士の基本的な姿勢を整理する。

Ⅱ．人権の実現と心理支援

1．排除の防止

　障害に関わる支援の歴史は当事者にとっては**スティグマ**（stigma）[3]を負わされることとの闘いの歴史である。自他共に障害をもつことへの負の認識からスタートせざるを得ない現状がある。しかし、本来、障害をもつことで人間的な価値が減じるわけではないのであって、ことさらに区別される謂われはない。その当たり前のことを確認し、ほかの人々と同じように人として尊重され、同じように意思を表明し、同じように権利を行使する。それが**人権の実現**である（**図1-2**）。

　これは難しい話ではなく、浅野（2018）が「知的障害者の人権とは、この世に生まれてきてよかったと実感できる権利のことである」と述べているように、ごく素朴なものである。それは排除されないことが基本となる。自らに責任のない障害という特性の存在それだけをもって、意向が確認、尊重されることなく学習や生活の場が別扱いとなることは、わが身に置き換えてみればそれが屈辱的なことだと理解できる。

　しかし、本人の意向を確かめる努力なしに入所施設での生活が決められたり、重い障害があるとして特別支援学校の選択が当たり前だとされたりすることは、現在でも日常的に行われている。前者に関しては、衣食住が提供される場で安定的に生活するほうが本人は幸せだという説明があるが、集合的な場での生活のストレスはあまり考慮されない。後者については、皆と一緒に学ばせたいという素朴な願いが全て家族の障害受容の問題に還元されてしまう傾向がある。

　公認心理師・臨床心理士は人権の実現という原

排除を助長しない	自己決定の尊重
・障害種別や程度のみで一律に通常の場から分離、排除することに与しない ・通常環境での配慮の方法を提案する	・傾聴の技術を通して意思表示を促進する ・コミュニケーションに障害がある場合には意思を汲み取る過程に関与する

図1-2　人権の実現と心理支援

---

[3] 汚名の烙印から転じて障害をもつとされることで被る差別、屈辱、劣等感のこと。

則をふまえ、こうした状況を助長することなく活動を進めていく必要がある。排除が人々の経験や情報不足、支援システムの不備などから生じる不安に端を発していることを冷静に分析し、個人の障害に問題を還元せず、排除的にならない方向へと人々の意識を整えていく役割がある。

2. 自己決定と意思決定支援

排除的にならないために重要なのは**自己決定の尊重**であり、**意思決定支援**である（**表1-1**）。意思決定支援は意思を明確に表明しづらい重度障害の人々の意思を確認していくための支援であり、自己決定権を担保する手続きとして近年注目されている。意思決定支援とは、「自ら意思を決定することに困難を抱える障害者が、日常生活や社会生活に関して自らの意思が反映された生活を送ることができるように、可能な限り本人が自ら意思決定できるよう支援し、本人の意思の確認や意思及び選好を推定し、支援を尽くしても本人の意思及び選好の推定が困難な場合には、最後の手段として本人の最善の利益を検討するために事業者の職員が行う支援の行為及び仕組み」である（厚生労働省，2017）。

何らかの意図的なコミュニケーション手段で意思をある程度まで表出できる場合はそれが自己決定内容を知る手がかりになる。それでも、関わる者との関係性や関わる者の読み取り能力や表現のための適切な配慮の有無によって「意思」が変わる可能性がある。これは個人の意思を本人との関係性のなかでどう捉えるかという心理学的な課題でもある。

また、何らかの意図的なコミュニケーション手段をもたない児（者）は、意思を客観的に把握することは当然ながら困難である。そうだからといって意思は確認しえないとした途端に自己決定が適用できない範囲が生じてしまうことになり、**パターナリズム**（paternalism）[4]に陥る。そうならないために、この場合もやはり関

表1-1　意思決定支援の基本原則

- 自己決定の尊重
- 不合理と思われる決定でも、他者への権利を侵害しないのであれば、その選択を尊重するよう努める姿勢
- 本人をよく知る関係者が集まって、本人の日常生活の場面や事業者のサービス提供場面における表情や感情、行動に関する記録などの情報に加え、これまでの生活史、人間関係等様々な情報を把握し、根拠を明確にしながら障害者の意思及び選好を推定

厚生労働省（2017）障発0331第15号平成29年3月31日　厚生労働省社会・援護局障害保健福祉部長通知　障害福祉サービスの利用等にあたっての意思決定支援ガイドラインについて．

係性のなかで意思を探る手続きが必要となる。

　こうした課題の解決過程が自己決定を担保するための意思決定支援である。複数の家族、関係者が関与しながら観察を進め、合意点という**共同主観**[5]をつくりあげていく。それは具体的には、関わりの際の情動や表情、生活歴から想定される嗜好、過去の同様の状況での様子、予備的な経験の機会を提供して得られる情報などを総合する過程である。

　公認心理師・臨床心理士は表情・生理的指標と快不快・期待感の相関についての視点や、それらが人間関係の影響を受けることについての知見をふまえて意思決定支援に関わることが考えられる。また、共同主観を共有する家族、支援者の対等なチーム形成に向けて支援をする。意思は個人内のものではなく個人間の関係性のなかに顕れるものだとする立場を心理学的に補強する。

III. 生態学的な理解と心理支援

1. 状況のなかの個人心理

　人間は一人ひとり単独で生きているのではなく人々の間で生きているし、それを含めた何らかの環境のなかで生きている。また、個人内の心理と見られるものも環境や状況と相関して立ち現れてくる。

　例えば、単独で生きているように見えるひきこもりという現象も、関係をもたないという形で人々との関係（距離）を保っているのであり、そうしていても生活が成立するという環境条件が支えている。また、愛着という心理は、児童と親（養育者）のそれぞれの相手に対する認知と情動が相互作用をおこして、特有の絆の形で形成されていく。またそれを囲む人的、物理的環境もその愛着関係に影響を与える。そうすると愛着は個人内の心理に還元することはできない。状況の全体的布置が愛着を進展させるのである。

　発達障害においても、個人の遺伝的特性がもとになるとは言うものの、育つ環

---

[4] 父権的温情主義。判断ができないとされた弱者に代わり、本人の意向に関わりなく強者や権威者が温情という形を取って保護、決定すること。
[5] 個人の主観どうしが、身体や表現を通じた対話により個人間で共通した認識を形成すること。またそれらを相互に共有しているという感覚。

境が個人の状態に与える影響は大きい。愛着の相互作用が発達障害特性とも相互作用を起こして、発達障害傾向を抑制したり、助長したり、肯定的方向に発展させたりとさまざまな状況が生じる。

　個人の心理があって外界を認識するのではなく、まず状況があってはじめてそこから個人の心理が立ち上がる。個人内の素質や特性はある状況のなかではじめて顕在化する。これが**生態学的（エコロジカル）な心理理解**である。

　こうした生態学的な心理学の代表的な理論である**ギブソン**（Gibson, J. J.）の**アフォーダンス**（affordance）理論では、動物や人間の知覚と環境世界のありようは循環的に相互に規定し合い、ある行動を取らせるとする。例えば、適度な大きさの石の存在が座ることをアフォード（afford：提供）する。ある環境が知覚を通して座ることを促しているのである。つまり、環境世界とその知覚と行動はどれが原因ということではなく同時的で不可分なのである。

2. システム論的理解

　こうした理解は**システム論**的な理解にも通じている。システム論は事象の部分や要素に還元できない全体構造・機能（＝システム）を捉える理論である。そのシステムには維持と変化の方向性が拮抗的にあるとする。システム論的に理解すれば個人の心理は個人内のものに還元できない。周囲の人的、物理的環境という上位システムに包括され実現しているものである（**図 1-3**）。

　このような立場からすると、発達障害という特性とそこから生じる諸問題は、個人内に還元される事態ではなく、共同体という全体システムのなかで生態学的に生じていることがらであると理解できる。そうすると個人に訓練を施して障害を克服させるというような障害克服モデルは個人内にのみ焦点を当てた不適切なものと考えられる。環境の変容を図らなければならないのである。

・上位システムと下位システムは相互に連動している
・システムは全体として安定へと向かう
・安定がままならないときは新たなシステムへの変化が生じる

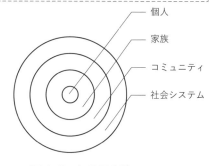

図 1-3　システム論

3. 生態学的理解と心理支援

そこで、発達障害およびそこから生じる事象を生態学的に、システム論的に包括的に理解し支援することが必要である。特に、発達障害の諸特性と環境との間で齟齬が生じ、そのために本人や周囲に情緒的混乱が生じ、そこから悪循環が進むことが多い。公認心理師・臨床心理士はこうした事態に対し第三者として介入し、全体状況が悪循環の抑制に向かうように最も効果的なポイントに働きかけていく。また問題が生じる前に予防的な視点で関わる。これらには家族療法を含むシステム論的なアプローチやコミュニティ心理学、カウンセリングの知識や技術が有効であり、公認心理師・臨床心理士による心理支援の展開が期待される。

Ⅳ. 心理学の基本的知見と技術をふまえた心理支援

1. 発達的視点に基づいた見通し

まず、一人ひとりに最適化された順調な発達を促進する適切な環境を実現することが重要である。しかし、過度な訓練、鍛錬的な方法は状況を悪化させる場合があるので注意が必要である。ともすると焦りや期待から親や関係者が過度に高い要求を児童に向けてしまうことがある。そのことが蓄積すると努力しても結果が出ないことから**学習性無気力**に類する状況が生じたり、衝動的な行動が亢進したり、自尊心の低下が生じたりする。

図1-4 心理学的な知見を背景としたアプローチ

そこで、過不足のない働きかけになっているかをモニタリングすることが必要である。また、親の焦りについては頭ごなしに否定せずに受け止めながらも、適切な働きかけの水準へと軌道修正を促していく。

さらに発達を見る場合

に、既に言及したように愛着の視点は重要である。発達障害特性と愛着関係の相互作用が発達経過のなかで個々を独特の様相へと展開させている。こうした視点で親子の関係性や児童の行動の背後にあるものを理解する。

　これらは発達心理学の知識やカウンセリングの技術を要するものであり、公認心理師・臨床心理士の役割として重要である（**図 1-4**）。

2. 特異な認知過程を仮定した支援方法の創出

　発達障害のさまざまな顕在化した特性ないしは症状は、生態学的な状況理解が必要であるものの個人心理に焦点を当てれば、統合的な**認知過程**の偏りや機能不全によるものと捉えられる。特性、症状に対応したその過程を説明する術をもつことで、支援方法を具体的に創出することができる。コミュニケーションの苦手さや感覚過敏や鈍麻、多動・衝動や不注意、パターン化した行為や協調運動の過度な苦手さなどについて、その成り立ちを説明する仮説をもつことで、それとセットで支援方法を検討し理論と支援方法の妥当性を検証できるのである。

　例えば、感覚情報の統合的処理に機能不全があることで聴覚的な過敏さが生じ、情緒的混乱と集中のしづらさを招いているとの仮説のもと、イヤーマフの使用を促したところ落ち着く、また、覚醒レベルが低下しているために刺激を求めてむしろ動きが激しくなっているとの仮説のもと、体を刺激することを取り入れたところ落ち着く、などである。

3. 関係をつなぎ支える技術

　公認心理師・臨床心理士は発達障害をもつ本人や家族との良好な信頼関係をつくっていくことはもちろんのこと、本人と家族の関係が最適化するように支援する。また、支持的で機能的な支援チームづくりに貢献する。ともすると支援者は発達障害の個人に焦点を当てて視点を狭めてしまい、さらに配慮せず家族に対し指導的な関わりを行おうとすることでその心理的動揺を誘発し、悪循環を助長させてしまうことがある。また支援する者の情緒的動揺が状態に影響を与えていることに気づかず、問題点はもっぱら発達障害をもつ個人であると捉えてしまいがちである。そこで、カウンセリングや家族療法の知識や技術を用いながら、相互の関係性を調整して悪循環に陥らないようにしていく。

4. ナラティブへの帰着

　状況を客観的に評価・分析して発達障害をもつ本人の生物、心理、社会的な各領域を包括的に理解し支援することが心理支援を含めて支援全般に必要である。ただし、それだけでは苦悩に共感的に近づくことができず、理解されない思いをもつ人も少なくない。そうした状況は事態を悪循環化させる。そして、そのような状況になっていて気づかれていないことがある。発達障害の理解が啓発され、アセスメントのツールが増え、支援の方法が定式化されるなか、ともすると客観的な視点が先行し、家族を含めた一人ひとりの主観的現実が脇に置かれていることがある。

　公認心理師・臨床心理士は面接の技術を通じて、一人ひとりが感じている悲しみ、苦しみ、喜びに共感し、当事者によるできごとの意味の模索に寄り添い、自尊心や矜持（きょうじ）に接近することが求められている。それは、**ナラティブ**[6]（narrative）とも言われる語られたストーリーに注目することであり、行動に示された情動や意思の流れを理解することである。自らの語りや表現が尊重されているということが、最終的には**実存的な悩み**の癒やしや有意味感につながるのである。

5. アウトリーチの活用

　機関で相談を受け付け、面接室などを用いて一定の日時を約束して支援を進める方法が一般的な心理支援の方法である。日時や場所を限定し非日常的状況をつくるという構造がかえって濃密な交流を可能にして、支援を促進するからである。これは重要な方法論だが、発達障害に関する領域では、日常のなかで顕在化する課題が主であるために、生活の場に即した支援を可能にしなければならない。

　日常で生かせる支援や配慮が必要であり、さまざまな場面で関わる人々自身が適切にサポートを行えるように、コンサルテーションを提供することが重要になる。また、アセスメントや機関内での面接や支援に際して、日常場面での情報を得ておくことは重要である。

　例えば、学校の授業中に立ち歩くという小学校2年生児童について、学校で行

---

[6] 客観的な現実とされているものは、社会的に構成されたものであるとする社会構成主義の考え方を背景とした概念。一人ひとりが見ている「現実」は、独自に構成された語られた物語であるとする。その語られた物語のこと。

動観察したところ、窓のそばの席であり、課題指示を聞き取っておらず、窓外の状況や音に左右されてそちらに注意が向きがちであることが見て取れたとする。本人の席を廊下側にしたうえで、配布プリントで課題内容を図示して提示するアイデアを、公認心理師と教師とで考え行ってみたところ、立ち歩きが減少した。

このように、機関内や面接室内に留まらず**アウトリーチ**（outreach）により心理支援を行うことが、発達障害領域の支援の重要な方法になるだろう。なお、これはインフォームド・コンセントを適切に行い守秘義務の課題をクリアし、アウトリーチ先の受けいれ態勢を見極めたうえで行うべきことは言うまでもない。

V. 支援システムの創造と診断にとらわれない姿勢の保持

1. 社会システムへの働きかけ

　生態学的な視点に立てば、社会の価値観、支援システムのあり方という環境要因によって、個々人の状態も変わってくる。社会への働きかけは社会福祉士や精神保健福祉士の役割で、公認心理師・臨床心理士は個人の特性や内面への支援である、というように固定的に捉えないほうが良い。支援システムの改変に働きかけていく姿勢は職種にかかわらず重要である。

　例えば、障害受容は専ら個人の内面のことだと理解されているが、社会全体が障害をどのように理解し、どのように支援を行っているかが反映した心理過程になる。発達障害をもつある一群をことさらに分離的に処遇するしくみ、例えば、障害程度のみで一律に就学先を判定することが、障害をもつことの価値づけを固定化させてしまう要因になる。すると、障害を深刻な否定的事態とする意味づけが広く人々に生じ、事態を受け容れることに大きな葛藤を生じさせ、一人ひとりの心理過程の様相が左右されるのである。したがって、障害で制約されないしくみづくりに関与することは、個人心理を間接的に支援することにつながる。

2. 診断を括弧に入れる

　本章の最後に強調しておきたいのは、発達障害に関する詳細な知識を得ることで、何ごとも診断的な類型に当てはめて一人ひとりを見てしまう弊害である。自閉スペクトラム症だとなれば、コミュニケーションが難しいに違いないと想定し

て、話をよく聞こうとせず、ステレオタイプに絵カードでスケジュールを伝えるといった手法にばかりこだわってしまうことがある。

　啓発が進んだ現在では、保育や教育の現場でも同様のことが生じる。落ち着きのない児童生徒に対応しあぐねている学校現場で、学校から家庭に、発達障害の可能性があるので薬を飲ませて落ち着かせて下さい、という要請がある。これはめずらしいことではない。あるいは学級が落ち着かないのは注意欠如・多動症をもつ児童がいるからだと言われることがある。そういう場合、よく観察するときっかけをつくっているのはほかの児童ということもめずらしくない。さまざまな課題が発達障害のせいだとされて、さらには専門家が対応すべき問題だとされて、一人ひとりの真の事情や心理が理解されずに結果的に排除されることになってしまう。

　このような状況に陥らないように、発達障害の診断やその想定を一度括弧に入れて、つまり意識的に保留して、一人ひとりに虚心に向き合っていくことが、ある段階では必要である。

　がんばり、高揚、うれしさ、わくわく感、イライラ、怒り、落胆、落ち込み、傷つきなどの普遍的な情動とその背景にある事情を、先入観なく共感的に理解する姿勢を公認心理師・臨床心理士はもつべきである。

コラム1

わが国の障害児教育・福祉の黎明と石井亮一

　佐賀から応用化学を学ぶことを志し上京した石井亮一（1867-1937）は、生来の体の弱さから体格検査で不合格となり工部大学校（現東京大学工学部）への入学が果たせなかった。そこで、留学して応用化学を学ぶことを目指し、英語の勉強のために1884年に立教大学の前身である立教大学校に入学した。在学中に学校の創立者であるウィリアムズ主教に感化されキリスト教の洗礼を受けて入信した。

　1890年に同校を卒業するが、留学の夢はまたしても健康面で阻まれた。石井の挫折の苦しみは想像に難くない。その間どのような思慮を重ねたかは定かではないが、縁あって立教女学校の教頭となった。石井はキリスト教の精神に基づき女子教育に情熱を捧げることになる。

　その生活を始めて間もない1891年に濃尾大地震という大震災が中部地方で起きた。その混乱のなか、孤女が悪徳業者によって身売りされているという情報を知り、石井は身寄りのない女児を引き取った。そして立ち上げていた「孤女学院」に収容した。そのなかに現在からすると知的発達症（知的障害）をもつ児童がおり、この児童の存在が石井の運命を変える。知的発達症をもち女児であるということで、世間から顧みられず放置されていた児童を受け入れて教育する使命に目覚めたのである。そこで、女児の養護施設としてスタートした事業は、知的発達症の女児の教育事業へと転換していくことになる。1897年には滝乃川学園と名称を変え、現在も東京都国立市でキリスト教日本聖公会系の社会福祉法人として事業を続けている。

　石井の先進性は、単に慈善慈悲の動機でこうした女児を収容したのではなく、あくまでも知的発達症をもつ児童の教育可能性を追求する教育施設として運営をしたことである。それは当時、アメリカでの知的発達症児童の教育実践に着目し、私費で渡米してさまざまな学校を視察したことからも明らかである。明治時代には公的には知的発達症の児童の教育や福祉は皆無であった。その当時に単に福祉的に収容するだけではなく、わが国初の知的発達症児童の教育施設を始めた彼の功績は大きい。

　なお、学園にとっては1903年に石井の妻となった同じキリスト者である石井筆子（1861-1944）の存在も大きい。彼女は女性の地位が低い当時にあって英語やフランス語が堪能で女学校の校長をするなど進歩的な人物であった。先夫に先立たれ、わが子を病弱で亡くし、残されたほかの子どもも知的発達症をもっていた。石井との出会いはその障害をもつわが子を学園に託したあたりから始まった。共にキリスト者であり、志を共有した2人は結婚し二人三脚で活動を続けた。明治、大正、昭和初期の時代に滝乃川学園で先駆的なさまざまな取り組みを行った。保育士の養成所設置や研究活動などである。常勤医師を雇い地域住民の健康管理にも貢献した時期もある。

　私たちも、開拓者である彼らに倣い、放置されがちな人々に目を向け、情だけではなく、科学的な視点をもって支援を組み立て、支援システムの創出までも視野におきたい。

（山崎晃史）

課題

調べましょう

- ☑ ギブソン（Gibson, J. J.）のアフォーダンス（affordance）の理論をさらに深く調べて生態学的心理学の特徴を理解しましょう。また心理支援や社会福祉における生態学的な視点と方法について調べましょう。
- ☑ ナラティブ・アプローチ（narrative approach）とその意義について調べましょう。

考えましょう

- ☑ 発達障害をめぐる実存的な悩みにはどのようなことが考えられるか考察しましょう。

文献

浅野史郎（2018）明日の障害福祉のために　優生思想を乗り越えて．ぶどう社．
厚生労働省（2017）障発0331第15号平成29年3月31日　厚生労働省社会・援護局障害保健福祉部長通知　障害福祉サービスの利用等にあたっての意思決定支援ガイドラインについて．
ナイランド, D　宮田敬一・窪田文子監訳（2006）ADHDへのナラティヴ・アプローチ―子どもと家族・支援者の新たな出発．金剛出版．
佐々木正人（2008）アフォーダンス入門　知性はどこに生まれるか．講談社．
田垣正晋編（2006）障害・病いと「ふつう」のはざまで―軽度障害者どっちつかずのジレンマを語る．明石書店．
田中康雄（2011）発達支援のむこうとこちら．日本評論社．
津曲裕次（2008）シリーズ福祉に生きる51 石井亮一．大空社．
山崎晃史（2012）発達障害を巡る言説のゆくえと個別性支援のあり方．共生社会研究, 1, 19-34.

第2章

診断論1
発達障害の定義と知的発達症（知的障害）

山崎晃史

> 発達障害の定義と範囲を把握する。また、発達障害のなかで主要な部分を占める知的発達症（知的障害）について整理する。発達障害は神経発達障害とされる幅広い一群であり脳機能障害として理解されている。発達経過とともに認知、言語、行動、運動および社会性などの面で人生早期に顕在化する。

I. 仮想事例

人には個人差、個性があり、一人ひとりの能力や行動や社会性に違いがあるのは当然である。しかし、以下のようなエピソードが見られた場合に私たちはどのように理解するだろうか。心理支援として想定すべきことがあるだろうか。アセスメントをするつもりで考えてみたい。

1. エピソード

① 3歳の児童。乳児期より首がすわらず、自発的にものに触れようとすることがなく、周囲に関心を向けることがないように見える。ただ、穏やかな表情でいる時と、泣いている時と、眠っている時とがある。快不快は感じていて、まとまった覚醒の時間と睡眠のリズムがあるようだ。

② 幼稚園の年少クラスの児童。人には興味があり、関わりを求めてくるが、言葉はまだ出ていない。挨拶には応じ、「おいで」「ちょうだい」「～取って」などの日常の声かけには応じることができる。

③ 小学校1年生。読み、書き、数などの理解は年齢相応にある。しかし、授業や集団行動で課題に集中することがあまりなく、そのためか授業内容が理解できない。授業中なのに、音が気になり席を立ち、窓の外を見に行ってしまうこともある。また、授業中に自分の好きな絵をノートに書き続けていることも多

い。注意を受けてもいったんその場では言うことを聞くが、5分も経たずにまた同様のことをする。

④ 小学校2年生。活発で感じたことを素直に表現する無邪気な児童。しかし、人の容姿に関することなど相手が嫌がること、失礼に当たることでも悪気なく平気で言ってしまう。そのため、周囲の児童とけんかになることが多く、一部の児童からは排除されている。指摘されても同様のことを繰り返してしまう。

⑤ 小学校3年生（特別支援学級）。興味あることについての知識は突出している。例えば大人でも読めないような難解な漢字をたくさん覚えている。と同時に漢字を擬人化して捉えており、特定の漢字を特定の芸能人と関連させていることもある。それぞれの漢字には性格づけがあり好みがある。街中にある漢字に常に関心を向けている。漢字を巡る話題について、相手の関心にかかわらず途切れなく話を続ける。

⑥ 小学校5年生。明るく人付き合いが良く、誰とでも仲良くなる。他児との会話もスポーツもごく自然に楽しんでいる。ゲームも対等に楽しんでいる。しかし学習面では実技科目以外は数学年下の学習内容の理解であり、同学年の内容は繰り返し教えても理解が困難である。

⑦ 中学校2年生。他者の言動を過度に被害的に受け取ってしまい、衝動的に相手に暴言を言うことが目立つ。突然、学校からいなくなり帰宅してしまうこともある。本人も気分が鬱々としていることが多く、気持ちをもてあましている。

⑧ 中学校3年生（特別支援学級）。空想上のキャラクターと現実の人間を重ねて、巧みに状況を絵に描きストーリーをつくる。ストーリーを文章化することもあり文章力は小学校高学年のレベル。ただし、イメージした段取り通りにいかないとその実現を執拗に要求し、時には混乱して周囲の人を困らせてしまうことがある。

⑨ 高校1年生（特別支援学校）。質問には応じず会話にはなりにくいが、要求は単語をいくつか並べて表現する。視覚的パターンに関する個性的で独特のセンスをもっている。特定のものを並べ、特定の行為の順番をパターン化して行うことにこだわる。また、幾何学的で細密な絵を飽きずに描き続ける。ただ時々、過敏さから気持ちが混乱して、自分で自分を激しく叩くことがあり、周囲が危険を感じるほどになる。

⑩ 20歳。共感的で自然な会話を人と交わすことができる。ただし、親しくな

った相手に頻繁に電話連絡をしてしまい結果的にその人に疎まれてしまうことがある。いっぽう、店や駅の雑踏や交通機関では音に過敏で、時に情緒的に不安定になることがある。突然過去の不快な出来事を思い出し、その場で混乱して泣き出したり、倒れ込んだりしてしまい警察に保護されたことがある。

⑪ 30歳。中度の療育手帳を所持している。日常的な会話ができ、冗談を言い合うことも楽しむ。一人暮らしをしている。清掃、洗濯、料理は基本的に可能だが、細かな配慮はできず、家事のペース維持と食事の偏りを防ぐための見守りとして、居宅介護のサービスを受けている。また、障害者雇用により店舗での作業に従事している。仕事は本人向けに手順が明確化されていて、本人も独力で着実にこなす。陸上競技が趣味で黙々と練習し、障害者スポーツの大会に出場する。いっぽう、書類を読むことや文章を書くことはたどたどしい。2桁どうしの加減の計算は難しく、買い物はお金を多めに払っておつりをもらう。契約行為や財産管理は難しい。金銭管理のサポートを受けている。

これら仮想事例の姿やエピソードには通常その生活年齢では、あまり見られないものがある。いっぽう、状況によってはあるいは一時的には誰にでもある行為も含まれている。しかし、このようなエピソードが頻繁にあることで、生活のしづらさ、学びのしづらさ、人間関係のこじれが生じる場合、なおかつそれが心的外傷など心理的原因で起きているのではなく、また、他の精神疾患や身体疾患が影響しているのでもない場合、発達障害を想定することになり継続的な支援を行う。

2. 解説

① 3歳であれば標準的には歩行しており、会話が可能であり、周囲のさまざまなことに好奇心をもち人や物と関わり合う。そのような姿ではないことから重度の知的発達症と重度の身体障害が重複していることが考えられる。こうした場合、姿勢を起こし、働きかけを意識的に行い、機会を見て外気に触れさせ陽の光を受けるようにし、生活や活動のなかで触覚、味覚、嗅覚、視覚やゆさぶりを経験させるなどして、快不快を基盤に意識の芽生えを促していく。既にまとまった睡眠と覚醒のリズムができていて、働きかけの手がかりがある。

　【関連事項】知的発達症、重症心身障害

② コミュニケーションへの意欲があり、状況を含めた言語理解の力がある児童である。しかし発語がない。このような状況で確定的な診断は難しい。表出性の言語症という言語理解はあるが言語表出が遅れている状態で、これが一時的なものである可能性もあり、あるいは知的発達症が明確になっていくかもしれないし、自閉スペクトラム症をはじめとした発達障害の特性が徐々に顕わになってくるかもしれない。いずれにせよ無理に発語を促すのではなく、共感的なコミュニケーションの機会を促しながら見守る。

　　【関連事項】言語症

③ このような場合、知能は平均以上か境界域であることが多いが、衝動制御が困難で集団活動から逸脱するために目立ってしまう。注意欠如・多動症を想定することになるが、養育環境その他の環境要因にも気を配る。いずれにせよ、興味を生かした場面への動機づけを考慮し、集中できる条件を把握しながら、環境調整と学習支援を行っていくことになる。

　　【関連事項】衝動制御、注意欠如・多動症、環境調整、学習支援

④ 人間関係の状況と文脈が理解しづらいために感じたことをそのまま言葉にしてしまっている。欲求不満による攻撃的言動という場合もあるため、主要因が心理的なものである可能性を検討する。それが除外できるなら、自閉スペクトラム症など社会性の障害をもつ発達障害圏の児童であることを想定する。いずれにせよ、コミュニケーションの仲立ちをしながら適切な対人スキルを伝えていく。

　　【関連事項】自閉スペクトラム症、社会性の障害

⑤ ものごとに対しユニークな関心をもっており、興味あることでは突出した知識をもっている。興味が限定的でコミュニケーションが過度に一方向的な場合には自閉スペクトラム症を想定する。このような児童のなかにはものごとを擬人的に捉えたり、共感覚[1]をもちやすい者がいる。ユニークな関心と行動が社会的な場面での摩擦につながらないように見守り支援する。

　　【関連事項】自閉スペクトラム症、限定反復的様式、共感覚

⑥ 年齢相応のコミュニケーションが可能で、他児との遊びがおおむね対等に楽しめるものの、学習面が全般的に数学年下の理解という場合には、軽度から境

---

[1] ある刺激に対する本来の感覚様相以外にほかの感覚様相が生じること。例えば音を聞いて色を見るなど。

界域の知的発達症であることを想定する。学習能力に極端なかたよりがある学習障害の可能性もありうるので見極める。このような場合には、学習面に焦点を当ててサポートを行う。学習面でのつまずきで学校という場所自体がストレス要因にならないように支援する。

　【関連事項】 知的発達症、学習障害、学習支援

⑦　心理的要因で周囲に攻撃的になっていることがありうる。しかし、衝動制御が苦手であるところに、養育環境のなかで否定的評価を受け続けて不全感が高まり、ますます衝動をもて余して攻撃的になったということも考えられる。年齢的に自己を客観視できるようにもなっているため自尊心が低くなり、無力感で抑うつ的になっている。いずれにせよ、クールダウンする手立てを共に考え、現実場面で実地に示唆を与える。

　【関連事項】 注意欠如・多動症、衝動制御、クールダウン

⑧　自閉スペクトラム症を想定する。現実と空想が入り交じった語りは、どこまでが現実のことか、どこからが空想上のことかが他者からは分かりづらい。想定した段取り通りに進まないと感情が抑えられなくなるパターンがよく見られる。この種の行動には応用行動分析の考え方で対処方法を検討し対応していくことがある。

　【関連事項】 自閉スペクトラム症、応用行動分析

⑨　単語による意思表示が中心であり重度の知的発達症および自閉スペクトラム症を想定する。感覚過敏と特定の感覚への強い関心との間で揺れ動いていることが考えられる。穏やかに接し、環境調整を図り、好んで描いている描画を通じて活動を広げていく。

　【関連事項】 知的発達症、自閉スペクトラム症、感覚過敏

⑩　一見、コミュニケーションは円滑かつ良好で、課題を抱えているとは見えない。しかしエピソードからは感覚過敏が想定される。刺激量が一定以上になると情緒的に混乱し、また人間関係できっかけがあると過度に被害的になりがちである。何らかの発達障害が考えられるが、ほかの障害の精神症状にも当てはまる面がある。生育歴を確認しながら発達障害の可能性を考慮し、感覚過敏への対処策を共に検討し、対人行動に関して具体的に助言する。

　【関連事項】 感覚過敏

⑪　中度の知的発達症の方。日常や社会的な場面では障害があるとは見えない。

抽象度の高いことがらや複雑な社会的なルールの理解に限定して制約がある。悪意ある他者から差別され、搾取されないように権利擁護の視点で見守り、金銭管理のサポートを行うことがある。

　【関連事項】　知的発達症、療育手帳、障害者雇用、権利擁護

Ⅱ．発達障害の定義と範囲

1．発達障害の定義

発達障害の定義はおおむね次のようなものである。

（1）　広義の発達障害

太田（2006）によれば発達障害とは、「胎生期を含めた発達期にさまざまな原因が作用して、中枢神経系に障害が生じた結果、認知、言語、行動、運動および社会性などの機能の獲得が障害される状態」のことである。具体的には、認知・言語面に着目するならば知的発達症（知的障害）、学習障害、発達性の言語症（言語障害）である。社会性を含む行動面に着目するならば、自閉スペクトラム症、注意欠如・多動症である。運動面に着目するならば発達性協調運動症（発達性協調運動障害）、チック症などである。このあたりが広義の発達障害の範囲である。

なお、情緒面に着目すると、分離不安、不安障害、抑うつ、不登校などが児童には見られるが、そのうち発達障害がベースにあって二次的に生じていると考えられるものがある。心理的原因によるものとは表面上区別しづらいことがある。

（2）　狭義の発達障害

発達障害者支援法ではその第2条で、「発達障害」とは、自閉症、アスペルガー症候群その他の広汎性発達障害、学習障害、注意欠陥多動性障害その他これに類する脳機能の障害であってその症状が通常低年齢において発現するものとして政令で定めるもの、と定義を示している。同法では主に知的発達症（知的障害）を除いた範囲を想定しており、これはその範囲の発達障害をクローズアップする近年の傾向を反映している。

いずれにせよ発達障害とは、発達期（主に乳幼児～学童期、遅くとも18歳まで）に顕在化し、脳機能に起因する／するとされる認知や行動、社会性の障害で

表 2-1　発達障害とは

①　生来の素質的要因（一部は出生前後の脳の受傷要因）による脳機能の特性ないしは機能障害を想定することが妥当なもので、
②　発達経過のなかで、環境との相互作用をふまえて認知や行動や社会性の面で持続的に顕在化してくるもので、一過性のものではなく、
③　学びのしづらさ、生活のしづらさ、他者との関係の結びにくさのいずれか、あるいはいくつかが生じがちで支援や見守りが必要な状態である。

ある。さまざまな定義の共通項を表2-1に示した。注目すべきは生来の脳機能障害が前提になっていることである。

ただし、行動面だけで脳の原因を特定することはできず、画像診断（医療機関で受けられるレベル）でも個人の脳機能の異常を特定することは現状では困難である。ここ

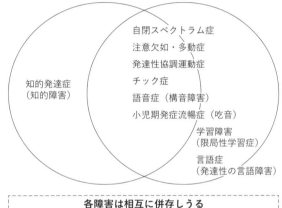

図2-1　発達障害の範囲（主なもの）

に大きなジレンマがあり、発達障害に含まれる個々の障害の診断では脳機能の異常を特定することを条件にしているわけではない。心理的な原因や他の精神疾患、身体疾患によることが明らかなもの、一過性のものを除外することにより行動面から脳機能障害を推定する形を取る（⇒第5章）。

発達障害にはさまざまな障害が含まれており、それぞれ神経発達のあり方が絡んでいると考えられている。神経発達は認知機能や運動機能の全体にさまざまな影響を与える。そのため個々人が呈するその状態は複数の障害として併存しやすい（図2-1）。

2．知的障害（知的発達症）、身体障害、精神障害と発達障害の関係

日本においては障害を身体障害、知的障害、精神障害に分類し、これを「3障害」と言い、それぞれに法律を定め福祉の対象としてきた。すなわち、身体障

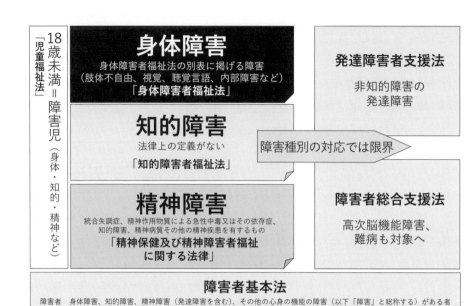

図2-2　日本における障害　法律上の扱い

者福祉法、知的障害者福祉法、精神保健及び精神障害者福祉に関する法律（精神保健福祉法）である（**図2-2**）。また、知的障害を伴わない発達障害は精神障害として位置づけられるものの、支援体系のはざまで放置されやすかった。そこで支援促進のために発達障害者支援法が制定された（2005年施行）。

なお、知的障害者福祉法では知的障害の定義が明確にはされていない。

3. 国際疾病分類ICDと米国精神医学会診断基準DSMにおける発達障害

発達障害は知的障害（知的発達症）を中核として形成されてきた包括的な概念であり、世界保健機関（WHO）の**疾病及び関連保健問題の国際統計分類**（International Statistical Classification of Diseases and Related Health Problems：**ICD**）の第10版では知的障害、心理的発達の障害、小児期及び青年期に通常発症する行動及び情緒の障害の範囲にあたり、米国精神医学会の**精神疾患の診断と統計マニュアル**（Diagnostic and Statistical Manual of Mental Disorders：DSM）の第5版（**DSM-5**）では**神経発達障害群**（neurodevelopmental disorders）にあたる。日本における発達障害概念は、広義には知的発達症およ

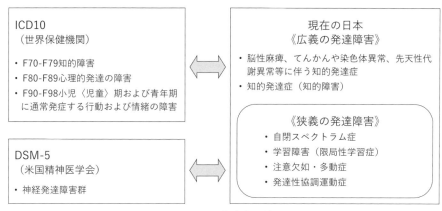

図 2-3　発達障害の範囲

び知的発達症と身体障害の重複障害を含むもので、狭義にはそれらを除く自閉スペクトラム症、学習障害、注意欠如・多動症その他である（**図 2-3**）。

Ⅲ. 知的発達症（知的障害・知的能力障害）

1. 知的機能と適応行動

知的発達症（intellectual developmental disorder）あるいは**知的障害、知的能力障害**（intellectual disability）は、知能の発達が標準的な発達に比して遅れていて、学習や生活のしづらさが生じているものである。米国知的・発達障害協会（American Association on Intellectual and Developmental Disabilities：AAIDD）の「知的障害：定義，分類および支援体系第 11 版」（邦訳 2012）によれば、3つの主たる基準があり、それは、①知的機能に大きな制約があること（知能検査で 2 標準偏差以上低い）、②**適応行動**に大きな制約があること、③発症は 18 歳以前であること、である。つまり、知的機能の指標となる知能検査の数値だけで診断をすることはない。

適応行動は、日常生活において人々が学習し、発揮する**概念的スキル、社会的スキル、実用的スキル**の集合である。その内容は**表 2-2** の通りである。

知的発達症の状態と支援の必要度の目安とするために、最重度、重度、中度、

表 2-2　AAIDD 第 11 版における適応行動

概念的スキル	言語（読み書き）、金銭、時間、数の概念
社会的スキル	対人的スキル、社会的責任、自尊心、騙されやすさ、無邪気（用心深さ）、規則／法律を守る、被害者にならないようにする、社会的問題を解決する
実用的スキル	日常生活の活動（身の回りの世話）、職業スキル、金銭の使用、安全、ヘルスケア、移動／交通機関、予定／ルーチン、電話の使用

軽度と程度を分けることが多い。知的機能（知能）では知能指数（IQ）あるいは偏差知能指数（DIQ）で IQ 20、IQ 35、IQ 50、IQ 70 あるいは 75 をそれぞれの境界線の目安としつつ、適応行動の状態に基づいてその判断を行う。

知的発達症は理論的には人口の 1 ～ 2％と見られている。

コラム 2

知能と知能指数

　知能の概念の展開は知能検査の歴史と連動している。1905 年にビネー（Binet, A.）がシモン（Simon, T.）とともに作成した知能測定尺度がその端緒である。国民皆教育の展開を背景に、就学後の学習困難を予測する必要性から作られたものである。学習困難に対しては叱責や強制では効果がないことが認識され、通常とは別な処遇が必要とされたのである。知能の概念が先にあって作成されたのではなく、教育的な必要性から生まれたのである。
　その後、精神年齢（mental age）という尺度が考案され、ビネーの死後、知能指数（Intelligence Quotient：IQ）という尺度が導入された。その後、集団の標準偏差（数値のばらつきの度合い）をもとに個人の数値を偏差知能指数（Deviation IQ：DIQ［標準偏差を元に同じ数値なら同じ全体順位になるようにした数値］）に変換する方法も用いられるようになった。これにより、その年齢集団のなかでの相対的位置が示せるようになった。このように、知能検査の歴史は数値化することによって知能の個人差を分かりやすく示す物差しを編み出してきた歴史でもある。しかし、数値という単一尺度で評価する危険性もまた繰り返し指摘されてきた。知能の優劣という評価とその序列化、知能の過度な単純化につながるというものである。
　いっぽう、知能の概念そのものは知能検査が何を測定しているのかを分析（因子分析）するなかから発展し、流動性知能、結晶性知能をはじめ、知能を構成するさまざまな因子が見いだされながら各種の理論が構築されてきた。

（山崎晃史）

2. 個人差としての知的発達症

　知能には個人差があり、同年齢集団に知能検査を実施するとIQは正規分布する性質のものである。つまり、その分布の分散はIQ 100から離れた数値ほど少なくなる。そこで生活年齢基準に比して70％の課題達成である比率IQの70前後はごく少数となり、そのラインを境界に実際に学習や適応面で困難さが生じることが多くなる。また、同年齢集団で統計的に2標準偏差分マイナス側であるDIQ 70のラインも統計学的には約2％でごく少数であり、同様に知的発達症を判別する基準のひとつとなる。

　このように、知能の個人差がマイナス方向に大きい状態として知的発達症を考えることができ、その原因は明確でないことが多い。虐待や監禁などにより知能の発達に影響が出るという環境要因、心理的要因によるものもあるが、教育や福祉の環境が整った現代社会ではそのようなものはまれである。知的発達症の多くは遺伝的要因を含みながらも原因不明であり、身長に個人差があるように、知能にも個人差があるとしか言いようがない。こうした原因不明なものを**生理的要因**と呼ぶことがある。軽度の知的発達症では特にこの傾向が強い。

3. 器質的原因が想定される知的発達症

　脳性麻痺では受胎から新生児の時期に生じた脳の器質的損傷により、身体機能に麻痺や失調が生じるが、加えて知的発達症が生じることがある。また、フェニールケトン尿症など**先天性代謝異常**のなかには脳の形成に影響を与え知能の発達を阻害するものがある。さらに、21トリソミー（ダウン症）をはじめさまざまな**染色体異常**も知能の発達に影響を与える。その他脳炎、脳症により脳に障害が生じることがあり、先天的に脳の形成に異常が生じることもあり、知能の発達に影響を与える。これらを**病理的要因**による知的発達症と呼ぶことがあり、中度や重度の知的発達症に多い。

コラム3

重症心身障害と医療ケア

　重度の知的発達症と重度の身体障害（運動機能が座位まで）が重複する状態（重複障害）を日本では重症心身障害と呼ぶ。大島の分類と呼ばれる表において1〜4領域がそれに当たり、ケア度が高いことの根拠として用いられる。

大島の分類

					IQ
21	22	23	24	25	80
20	13	14	15	16	70
19	12	7	8	9	50
18	11	6	3	4	35
17	10	5	2	1	20
走れる	歩ける	歩行障害	座れる	寝たきり	0

　いっぽう、病院を退院しながらも経管栄養、喀痰吸引、導尿、酸素療法という医療的ケアが必要な場合があり、重症心身障害の方にはそのような方が多い。従来は家族ないしは看護師が見守りケアを行う必要があるとして、居宅で常時家族が介護するか、重症心身障害向けの施設で生活するしか選択肢がなかった。

　そうしたなかで2012年より「喀痰吸引等研修」（厚生労働省所管）という制度ができたため、介護職でも研修を受ければ一定の医療的ケアが可能になった。そのため、居宅介護やショートステイ、通所サービス利用の可能性が広がり在宅地域生活の見通しが少しもてるようになった。しかしながら、それでも家族が常時ケアをしなければならない状況はまだまだ多い。例えば、毎日親が学校に付き添うことを要求する地域も多く、柔軟な対応が切望されている。

（山崎晃史）

課題

調べましょう

- ☑ 身体障害や精神障害にはどのような障害が含まれているのか、発達障害と併存あるいは関連するものがあるのかを含めて整理しましょう。
- ☑ 脳性麻痺の症状と生じやすい課題について調べましょう。
- ☑ 知的発達症を伴うことが多い染色体異常や先天性代謝異常について代表的なものを調べましょう。

考えましょう

- ☑ 知的発達症の人がどのような生活のしづらさや学習のしづらさを抱えやすいのかを、適応行動の分類に照らして考えましょう。

コラム4

発達障害概念の歴史

　1960年代のアメリカにおいて知的発達症（当時は精神遅滞[mental retardation]と呼ぶ）に関する諸課題への包括的対応の必要性が認識されるとともに、同様の対応がその周辺障害にも必要だとされた。この過程でその範囲が発達障害（developmental disabilities）として概念化された。そして1970年のアメリカ公法 PL91-517 で発達障害が定義づけられた。すなわち「精神遅滞、脳性麻痺、てんかん、または精神遅滞と同様の状態にある個々人によって要求される治療・処置と同じ治療・処置を必要とし、保健・教育・福祉（HEW）長官によって認定された神経学的症状に限定した障害（disability）」であり、「18歳までに生じ」、「将来にわたって本質的なハンディキャップを構成するもの」である。さらに1975年の公法 PL94-103 では定義に自閉症が記載された。また、1978年の公法 PL95-602 の定義では疾患名ではなく「精神もしくは身体の機能障害（impairment）、あるいはその合併に起因するもの」として重複障害を含んだ包括的な表現になり、日常生活での制約があることや、持続的なケアや治療が必要な状態などであることが示された。このように発達障害は疾患そのものというよりも支援の必要性を公的に根拠づける包括的な概念として展開してきたのである。

　なお、日本においては近年、知的発達症ではないが自閉スペクトラム症、学習障害、注意欠如・多動症であるような範囲を発達障害と表現する傾向が強まっている。知的発達症や身体障害に当てはまらず支援が行き届かない状況に光を当てるという啓発的な意味が強い。反面、注目されるに伴い発達障害の範囲が拡大し、個々の障害も過剰診断（本来その診断基準には合致しないものの一部の症状などにより診断される状況）の傾向が指摘されている。

　　　　　　　　　　　　　　　　　　　　　　　　　　　　　（山崎晃史）

文献

有馬正高監修　熊谷公明・栗田広編（1999）発達障害の基礎．日本文化科学社．
米国知的・発達障害協会用語・分類特別委員会編，太田俊己・金子健・原仁・湯汲英史・沼田千妤子訳（2012）知的障害：定義、分類および支援体系第11版．日本発達障害福祉連盟．
米国精神医学会編　髙橋三郎・大野裕監訳　染矢俊幸・神庭重信・尾崎紀夫・三村將・村井俊哉訳（2014）DSM-5 精神疾患の分類と診断の手引．医学書院．
中村淳子・大川一郎（2003）田中ビネー知能検査開発の歴史．立命館人間科学研究，6, 93-111.
日本精神神経学会精神科病名検討連絡会（2014）DSM-5 病名・用語翻訳ガイドライン（初版）．精神神経学雑誌，116(6), 429-457.
岡田喜篤監修　小西徹・井合瑞江・石井光子・小沢浩編（2015）新版重症心身障害療育マニュアル．医歯薬出版．
太田昌孝編（2006）発達障害．日本評論社．

第3章

診断論2
診断的理解とアセスメント

山崎晃史

> 知的発達症以外の発達障害を整理して理解するとともに、診断がもたらす意味を整理し、診断や理解に資するアセスメントについて全体像を把握する。発達障害の各障害は相互に排他的ではなく一部を除き併存しうる。アセスメントでは聞き取りや面接、観察を行うとともに、目的に沿ったアセスメントツールを用いる。状況が許せばアウトリーチを行い、日常生活場面での聞き取りや観察を行う。アセスメントで得た仮説（見立て）は支援し関与しながら随時更新していく。

事例3

　注意欠如・多動症の診断をもつ24歳の女性。大学を卒業して企業に就職し総務の事務職をしている。仕事ではミスが多く注意を受けることが多い。ある時は、期日を指定された事務処理を完了することができなかった。同時並行して行っていたほかの仕事に気を取られてペース配分を誤ったのである。最初は明るく面白い人だと思われていたようだが、最近では皆が離れていくように本人自身も感じる。就職して2年経つ現在、上司だけでなく同僚にも呆れられているようだ。

　小さな頃から、友だちとなぜかトラブルになることが多く、授業でも常にそわそわしていた自分を思い出す。親や先生にいつも小言を言われていた。課題や宿題がこなせず成績がふるわなかったが、なぜか数字や図形にだけは関心が高く、計算や問題を解くことに没頭して算数、数学は好成績だった。このことをほめられるのが支えだった。数学の成績だけで高校受験、大学受験は共にどうにかクリアできた。大学では多くの授業で持続して出られず単位を取ることに苦労した。誰とでも親しくなれる特技があり、友人の協力を得て単位を修得できた。しかし、学園祭の準備で調子よくサークルを一手に仕切り準備をしていたところ、不備がたくさん表面化して皆からの信用を失った。この出来事で精神的に不調になり、精神科クリニックを受診した。そこで診断を受けたのである。今までのうまくいかなさが自分のせいではないということに幾分ホッとしたが、いっぽうでは「障害」という言葉の重みの前に暗い気持ちになった。

　現在の職場では自らの診断は誰にも伝えていなかった。このままだと居場所がなくなり退職を促されないかと心配だ。カミングアウトした方が良いのか、しかしそうするとさらに避けられてしまわないかと不安が募る。というのも、大学時代の出来事で、診断をサークルの人たちに伝えたときに、理解してくれた人がほとんどだったが、「障害があると何でも許されるのか」と言った友人がいて深く傷ついた経験があるからだ。

Ⅰ. 知的発達症以外の発達障害

1. 自閉スペクトラム症

　発達障害のなかで、今まで**広汎性発達障害**（pervasive developmental disorders：**PDD**）と呼ばれていた一群は DSM-5 では**自閉スペクトラム症**（自閉症スペクトラム障害、autism spectrum disorder：**ASD**）と呼ばれるようになり、日本においてもそのように表現されるようになっている。これには従来の**自閉症**（自閉性障害）と**アスペルガー障害**を含む。

　ウィング（Wing, L.）は自閉症の特徴を**社会性の障害、コミュニケーションの障害、想像力の障害**という3つに整理し（**3つ組**）、診断基準に影響を与えた（**図3-1**）。DSM-5 では自閉スペクトラム症となるのに伴い「社会性の障害」と「コミュニケーションの障害」は「社会的コミュニケーションおよび対人的相互反応」として包括的に整理された。

　スペクトラムは連続体という意味であり、虹の色のように境目が明確ではない連続した状態を意味する。自閉スペクトラム症も共通の特徴をもちながらもその状態は多様であるため、この一群をスペクトラムと表現したものである。そして、従来は区別していた自閉症とアスペルガー障害も一連の連続体のなかの相対的な違いだとされ、自閉スペクトラム症のなかに包括された。

　知的発達症を伴う一群が従来からの自閉症（自閉性障害）の中核群であり、知的発達症を伴わない一群がアスペルガー障害の中核群である。

　自閉症は人口の 0.1% であるとされ、まれなものだと考えられていた。しかし、従来診断を受けていなかった知的発達症を伴わない群の診断が増加し、自閉の傾向をマイルドにもつ表現型[1] の

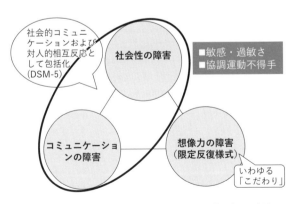

図3-1　自閉スペクトラム症の3つの柱（3つ組）

人々（例えば、Broader Autism Phenotype：BAP など）もクローズアップされるようになっている。そのような背景もあり自閉スペクトラム症は全体では人口の1～2%であるとされる。

表 3-1　自閉スペクトラム症のすがた

社会的コミュニケーションおよび対人的相互反応	社会性の障害	・視線が合わない ・身ぶりや表情などでのやりとりが乏しい ・親を求めない ・迷子になっても平気 ・共感し合うコミュニケーションが少ない ・逆手でバイバイする ・要求をクレーン動作で行う（他者の手を持って要求） ・興味あることを一方的に話し続ける ・状況や相手にかかわらず率直な言動 ・仲間関係に関心がない、あるいは年齢にふさわしい関係づくりが難しい ・状況や相手に応じた行動が難しい
	コミュニケーションの障害	・言語発達の遅れ ・会話を開始、維持することが難しい。身ぶり、手ぶりで伝える努力をしない ・オウム返しにそのまま言う（反響言語） ・コマーシャルや会話の記憶をそのまま反復して言う（遅延反響言語） ・人称代名詞の反転（「私」と言うべきところを「あなた」と言うなど） ・疑問文で要求する（何かをしたいときに、「～やりたいですか」と質問型で表現するなど） ・発達水準相応のごっこ遊びや物まね遊びをしない
想像力の障害 （限定反復的様式） 《行動、興味、または活動の限定された反復的な様式 DSM-5》 →融通がきかず制止すると強く抵抗し情緒的に動揺しがち		・常同的行動（並べる、回す、叩く、飛び跳ねるなど） ・同　性保持（順番、位置、道順、同じ食べものにこだわるなど） ・限局的興味（特定の知識豊富など） ・感覚への過敏さ、鈍感さ（光、音、声、泣き声、鳴き声への過敏さ。痛みや暑さ、寒さに無頓着など） ・特定感覚への強い興味（肌触り、におい、光の具合、換気扇等の動きのある物体への興味など）

1　生物の外見上の形質のこと。遺伝子の構成（遺伝子型）が違っても表現型は類似することがある。

自閉スペクトラム症では**表 3-1** のようなすがたが各領域から挙げられる。診断は当てはまる症状が一定の基準で認められ、社会的な場面で制約が生じていることが必要である。また、その症状は発達早期から顕在化していることが前提になっている。

乳児期には大人しく手がからないか、気難しく手がかかるかの両極であることが多いとされる。言語の遅れや人に関心を向けない、物への興味が強い、過敏であるなどから気づかれ、1歳6ヵ月以降の乳幼児健診の機会や保育所、幼稚園就園の頃には特徴的な行動が顕在化する。以降、以下のような姿を見せるようになる。なお、行動や表出はそれぞれで違い、一律に同じ姿を見せるわけではない。

言語面では言語の獲得が遅れるか、会話が成り立ちづらく、オウム返しやパターン化した言語表現が多いなどの姿がある。

コミュニケーション面では視線や表情、態度での交流に関心が薄いなど人に伝えようという意欲が薄いか、あるいは一方的なコミュニケーションを行うなどの姿がある。社会的場面では周囲に合わせることなく行動が突出して目立ってしまいがちなことがある。また、幼児でも親を頼りにせずひとりでいることを苦にしないなどの姿もある。

行動面では、興味ある同じことを飽きずに延々と繰り返したり、幾何学的なパターンや回転運動に強い興味を抱いたりするなどが見られる。これは俗に「こだわり」と表現されている。

情緒面では、ちょっとした刺激やなじみのパターンの変化で、過度に不安が高まり、不安定になりやすく混乱が生じやすいことがある。不安が恐怖にまで至ると混乱して、泣き叫んだり、あばれたり、自他を傷つけるような行為をしたり、「こだわり」が亢進して過度になってしまう。これは俗に「パニック」と表現されている。

運動面では、協調運動が苦手な場合があり、目と手の協応動作や身のこなしに過度なぎこちなさが生じることがある。

なお、**感覚過敏**（感覚への過敏さ）と**感覚鈍麻**を併せもっていることも多い。感覚過敏は視覚、聴覚、味覚、触覚、嗅覚の過敏さであり、特定の感覚に過敏になり回避しようとする行為とそのことで極度に不穏になることで気づかれる。しかし、ほかの感覚ではけがをしても痛みを訴えない、気候と不釣り合いな服装をするなど鈍麻の傾向となっていることがある。こうした感覚の偏りが情緒的混乱

を引き起こし、自傷や他害などのきっかけになっていることがあり、支援においては極めて大きな課題となる。本人は不快さを表現しない（できない）ことが多く、周囲の者が気づいて環境調整や配慮をすることも必要になる。

視覚の過敏さの例としては、部屋の照明を過度に強くまぶしく感じていて不快、目に入る装飾や壁紙の色で落ち着かない、などがある。聴覚の過敏さの例としては、子どもの泣き声で不快になり混乱する、騒がしい場所で耳をふさぐ、ベルや自動ドアの開閉音を怖がる、などがある。味覚の過敏さの例としては、極端な偏食や特定のメーカーの食品でないと受け付けないなどがある。触覚の過敏さの例としては、爪切りで不快を感じて混乱する、肌に触れる材質から特定の服しか着られない、歯磨きができない、などがある。

限定的興味や常同的行動は、それが楽しみとして発展し意味ある余暇活動につながれば生かしていくべき強みとなる。しかし一方では生活に支障が出るほどの強迫的な行為になり、他者を過剰に巻き込むものになれば、それは行動障害とされる。それが特に強い強度行動障害では支援が困難になり、生活や活動の場が狭まる悪循環に陥ることがあり、支援における大きな課題である（⇒第14章）。

2. 注意欠如・多動症

注意欠如・多動症（attention-deficit/hyperactivity disorder：**ADHD**）は**注意欠如・多動性障害**という診断名も使用される。

不注意と**多動・衝動**がこの障害の2つの症状の柱であり、不注意が優位な型と多動が優位な型、両者の混合型とに分けられる（**図3-2**）。児童期には症状が顕在化しており、複数の場面で認められること、反抗的態度や理解ができないからではないこと、ほかの精神障害、疾患では説明が付かないことが前提である（**表3-2**）。

不注意は、「集中できない」「ぼんやりしている」「上の空」「心ここにあらず」と見える行為で、「怠けて

図3-2　ADHD 注意欠如・多動症

表3-2 DSM-5における注意欠如・多動症（診断基準の概要・要約）

《前提条件》
- 発達水準不相応
- 社会的および学業的／職業的活動に直接、悪影響を及ぼしている
- 6ヵ月持続

不注意
(a) しばしば綿密に注意することができない、または不注意な間違いをする。
(b) しばしば注意を持続することが困難である。
(c) 直接話しかけられたときに、しばしば聞いていないように見える。
(d) しばしば指示に従えず、義務をやり遂げることができない。
など9項目から6つ以上（17歳以上は5つ以上）

多動性・衝動性
(a) しばしば手足をそわそわ動かしたりトントン叩いたりする。
(b) 席についていることが求められる場面でしばしば席を離れる。
(c) 不適切な状況でしばしば走り回ったり高いところへ登ったりする。
(d) 静かに遊んだり余暇活動につくことがしばしばできない。
など9項目から6つ以上（17歳以上は5つ以上）

いる」「不真面目」と解釈されがちなものである。多動・衝動は落ち着きがない、衝動が制御できないとされる行為である。がまんすることを躾けられていないと解釈されがちなものである。これらは一過性のものなら誰にでもあり得る行動で、一つひとつの行為そのものは特殊なものではない。しかしこの種の行為が長期にわたって繰り返されれば、周囲との摩擦が生じ、学習が困難になり、集団行動から逸脱してしまう。そこで支援が必要となる。

有病率は学齢期で報告により3〜5％と幅があるが、発達障害のなかでも数が多い障害であり、行動が目立つために支援の対象になりやすい。

3. 学習障害

学習障害（learning disabilities：**LD**）は米国精神医学会のDSM-5では**限局性学習症**（**限局性学習障害**、specific learning disorder：**SLD**）とされているものであり、WHOのICD10では**学習能力の特異的発達障害**とされているものである。知的能力に大きな遅れがないものの、特定の学習領域でのみ努力しても改善しない課題があるものである。大まかに、**読字障害**（**ディスレクシア**［dyslexia］）：読むことの困難さがあるもの、**書字表出障害**：書くことに困難さがあるもの、**算

表3-3　DSM-5における限局性学習症（診断基準の概要・要約）

- 学習に困難さがあり、援助を得ても以下の少なくとも1つが6ヵ月持続。
　①読字の困難さ、②読んでいるものの意味理解の困難さ、③綴字の困難さ、
　④書字表出の困難さ、⑤数字の概念習得や計算の困難さ、⑥数学的推論の困難さ
- 個別施行の標準化された到達尺度などで確認する必要。
- 知的能力障害群、矯正されていない視力や聴力、ほかの精神・神経疾患、心理社会的原因などによるものではない。
　（など、一部項目、文言省略）

数障害：数の概念、計算や数学的推論に困難さがあるもの、という3パターンがある（**表3-3**）。

　学習障害は学習のつまずきによって気づかれることになるが、努力不足や意欲の問題とされてしまい、適切な学習支援が行われていないことも多い。

　学習障害では何らかの認知処理過程の特性ないしは偏りが想定され、反復練習によって解決することが困難で、その特性に合った配慮を行うことになる。したがってアセスメントが重要になる。

　なお、これらが知的発達症やその他の精神障害や学習の習熟度によるものではないことが学習障害の条件であり、端的には知能検査などで測定された知能と特定の学習技能との差異が大きいことが診断の前提になる。

4．その他の発達障害

（1）　コミュニケーション症群（communication disorders）

　DSM-5で「コミュニケーション症」とされる一群であるが言語機能に関わる広範な範囲をカバーしていてほかの発達障害と重なるところが大きい。ICD10では「会話及び言語の特異的発達障害」とされている。以下のような下位分類がある（**表3-4**）。

　言語症（**言語障害**、language disorder）は話すこと、書くことに必要な言語を獲得し、使いこなすことの困難さを特徴とするものだが、知的発達症としては説明し難いことが前提となる。語彙が少なく、限られた構文で話し、会話を構成することに制約がある。ICD10では言語理解の問題である受容性言語障害とされているものだが、言語表出にも影響が出るためICD10における表出性言語障害にも該当することが多い。

表3-4　その他の発達障害

コミュニケーション症群（communication disorders）
・言語症…言葉を使うことの困難さ　例）コミュニケーションへの意欲と理解力は良いものの言葉が使いこなせない
・語音症…構音障害　例）年長児になっても時計をトテイと発音
・小児期発症流暢症…いわゆる吃音
・社会的コミュニケーション症…自閉スペクトラム症の基準には合わないが社会的な文脈が理解しづらい

運動症群
・発達性協調運動症…発達段階に比して極端な不器用さ
・常同運動症…強迫的に同じ動き。時に自傷的になる
・チック症群…運動チック、音声チック、トゥレット症

語音症（語音障害、speech sound disorder）は一般には**構音障害**と呼ばれている。構音（発語発声）がうまくできない状態である。言語聴覚療法で構音の改善が可能な場合がある。

小児期発症流暢症（childhood-onset fluency disorder）は発達期早期発症の**吃音**である。

社会的（語用論的）コミュニケーション症（social [pragmatic] communication disorder）は言語の理解と獲得の問題ではなく、言語を使う文脈や相手との関係性を理解する（語用論と言う）問題によりコミュニケーションに支障が出るものである。自閉スペクトラム症の基準のなかで限定反復的な興味の項目には該当しないながらも、特に社会的文脈の理解が困難な一群とも考えられる。

(2)　運動症群（motor disorders）

運動機能に偏りや抑制の困難さがある一群である。以下のような下位分類がある。この一群もほかの発達障害と併存していることが多い。

発達性協調運動症（発達性協調運動障害、developmental coordination disorder：DCD）はICD10で運動機能の特異的発達障害とされているものである。目的に沿って目と手、両手、手と足、全身など複数の動作を協調させて使うことが極端に苦手で、日常生活や学習を進める上で著しい制約があるものである。

常同運動症（stereotypic movement disorder）は、反復的に外見上無目的な運動行動を行うものである。体を揺すったり、両手を動かしたり、手を叩いたりすることなどがあり、さらに頭部、目、手などを叩く、つつく、噛むなどが昂じ

て自傷行動に至ることもある。

チック症群（tic disorders）は意図せず、突然、体が動いたり声が出たりすることが一定期間続く障害群である。以下のような分類がある。

運動チック…まばたきをする行為、首を振る行為、顔をしかめる行為、肩をすくめる行為などを頻繁にする。飛んだり跳ねたりする複雑な運動をするものもある。

音声チック…せきばらいをする行為、鼻をすする行為、音を出す行為などを頻繁にする。場にそぐわない卑猥な言葉、汚い言葉を繰り返す場合もある。

トゥレット症…運動チックと音声チックの両方が慢性的にあるもの。

Ⅱ．診断の意味

診断は医療行為の一部を構成するものであり、通常は治療を行うための前提となる行為である。診断が確定することで対処方法や選択肢が明確になる。しかしながら発達障害が通常の傷病とは違い治癒する性格のものではないため、診断行為が状況の理解と対処の手がかりにならないと意味がない。ここでは発達障害の診断の両義性を確認する（図3-3）。

1．支援者や専門家にとっての診断

（1） 予測と方針の手がかり

支援者や専門家にとっては診断を得ることで、①サービスを提供する根拠をもつことができる、②検証が重ねられてきた標準的な支援方法を適用することができる、③発達や状態の予測をもつことができる。しかし、必ずしも確定診断がなくても仮説として留保しながら支援を先行させることができる。

（2） 共有のためのラベル

いっぽう、診断が親や支援者、関係者間の共通認識の手がかりとなり、協議、連携、協働がしやすくなるという利点がある。診断を元に肯定的な目標が共有されるのであれば有意義なことである。

（3） 説得のためのラベル

支援者が望ましいと考える環境や支援方法へと誘導するために、養育者や本人を説得する材料として診断が使われることがある。当事者の立場からすると不本

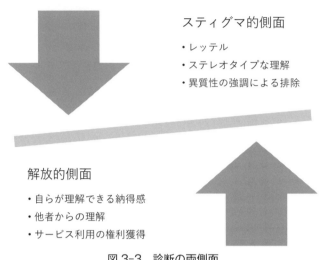

図3-3 診断の両側面

意な選択の根拠に使われる場合がある。それが排除的なものなのか、合理性のあるものなのかを検討する留保の権利、第三者の見解を得る権利、十分な情報を得た上で自己決定する権利を保証する必要がある。

2. 社会にとっての診断

(1) スティグマとしてのラベル

精神科領域の診断は発達障害も含めて**スティグマ**（stigma）となりがちである。スティグマとは社会的烙印(らくいん)のことであり、ほかとは違う性質をもつことを明示するものであり、ただそのことによって社会から軽んじられ疎外される危険性を伴うものである。障害があるというだけで避けられてしまうというように、現状では診断が差別、排除の契機として使われてしまう可能性がある。発達障害を含めた精神障害の診断の意味自体に社会通念の変容が必要になっている。

(2) 特別扱いのためのラベル

障害に対する配慮のために人的、物理的、制度的な手立てを講じるためには、公的な負担が生じる場合もある。行政としてはその根拠が必要となる。そのひとつが診断である。

(3) 啓発のためのラベル

「個々の発達障害の特性その他発達障害に関する理解を深め」、「自立及び社会

参加に協力する」ことが国民には求められている（発達障害者支援法第四条）。自然な支え合いのためにも啓発が必要で、その目印になるラベルが診断名である。

3. 本人にとっての診断、親にとっての診断

（1） 診断の否認と受容

診断が親に心理的な負荷をかけ、**悲嘆のプロセス**を生じさせることがある。ドローター（Drotar, D.）らによればショック→否認→悲しみと怒り→適応→再起というプロセスをふむとされ、これが**障害受容**の段階モデルとして一般的である。しかし直面することを無意識に避け、診断を受けたことが無かったかのようにふるまう場合、あるいは育つことによりいずれ問題は解消すると理解する場合もある。

（2） 解放のきっかけとしての診断

いっぽう、子どもの状態が育て方のせいと評価される怖れを感じている親にとっては、診断により過度な精神的負荷から解放される。診断を得てほっとしたという感慨をもつ方も多いのである。診断が誰にとっても一律に悲嘆につながるわけではない。

（3） 発達障害児童にとっての診断

自己を反省的に捉えることのできる児童ならば診断の意味が理解できる。その影響はさまざまであるが、親が特性を中立的、肯定的に伝え扱うか、否定的に伝え扱うかといったことによっても違う。前者であれば、自己の特徴を受容しやすく情緒的な安定につながりやすい。反対に、できないことの強調と、それが障害だからと否定的に伝えることに終始すれば、診断は児童の疎外感を助長することになる。

（4） 発達障害成人にとっての診断——先天障害の中途診断

ニキリンコ（2002）は自らがアスペルガー障害の診断を成人後に受けた経験から重要な視点を示した。成人してからの診断は**先天障害の中途診断**であり、人生のなかで抱えてきた不全感が正当なものであり名前が付くものであり、怠惰、悪意、横着からのものではないと証明する「汚名返上」、あるいは「故意に手を抜く健常者」から「それなりにがんばってきた障害者」への「所属変更」の意味があると主張する。

それまでうまくいかなかった自分の姿について、診断を初めて得ることで「だからそうだったのか」と腑に落ちる経験をしたと語る発達障害成人は多い。診断

が自己理解のリセットの機会になっていると言えよう。

しかしながら、診断が受け容れられないという心情で否認、拒絶する成人もいる。それを批判すべきではないのはもちろんである。

このように、診断は状況により多義的であり、さまざまな機能をもっている。診断を積極的に求める人々から、診断を受けることに葛藤逡巡している人々、診断はできれば避けたいと考えている人々までさまざまである。いずれにせよ、インクルーシブな支援においては、診断が肯定的な影響を及ぼしたと実感できるようにし、さまざまな場で排除されないように取り組むことが必要である。

Ⅲ. アセスメント

1. アセスメントの範囲と留意点

（1）アセスメントとは

診断と密接に関連するのが**アセスメント**（査定）である。診断（医学的診断）とアセスメントは同義ではない。特定非営利活動法人アスペ・エルデの会（2013）が示しているように、①発達障害児者として支援を受けられるようにするためのアセスメント、および②日常生活で困っていることを減じてQOLを高めるための有効な支援を実施するためのアセスメント、③実際の支援の有効性を評価するためのアセスメントという3段階の過程があり、医学的診断は①に含まれている。つまり、アセスメントは診断と支援の過程における評価全般を指している。そしてそれは、支援を進めていく上での仮説構築と支援結果の検証を進めるためのものである。重要なのは医学的診断を経なくても、②のような支援方法の仮説を得るためのアセスメントから始めることができるということである（⇒第11章Ⅰ.）。

アセスメントは調査や**行動観察**、および**心理検査**をはじめとした**アセスメントツール**により行われる。調査はアンケート記入、面接による聞き取り、資料（記録、通知票や学習成果物、写真やビデオなど）から必要に応じて選択する。行動観察には、客観的な観察と関与しながらの観察があり、観察場面としては面接室のような個別的な場面と日常の生活や学習場面がある。アセスメントツールは①一般的な知能検査、発達検査、認知機能検査、人格検査や、②発達障害のスクリーニング用質問紙や行動チェックリスト、③発達障害用のアセスメントツールを

選択して用いる。このように幅広く情報収集をしながら仮説を構築する。

(2) アセスメントの留意点

　発達障害に関連するさまざまな特性や行動は、状況によって顕れ方が違う。単一の心理検査の結果やプロフィールだけで認知傾向や得意不得意を評価すべきではなく、各発達障害の傾向の有無を判断することはできない（表 3-5）。特に**ウェクスラー児童用知能検査（WISC）**に対しては、得意不得意が分かる、学習障害かどうかが分かる、発達障害かどうかが分かるといった過度な期待が一般に流布しているので、公認心理師・臨床心理士としてはこの種の心理検査の結果の用い方を家族、関係者に十分に啓発しなければならない。

　保育所や学校で多動・衝動や不注意があっても、個別的な面接や検査場面では落ち着いているように見える場合がある。あるいは、知能検査もその実施時点での覚醒度や集中のしかたで結果のプロフィールに変動がある可能性も考慮する必要がある。また、ふだんの行動から予想された認知特性と結果のプロフィールに大きな違いがあることもある。

　矛盾する情報にこそ個別性理解の手がかりがある。単一の検査結果や直感的印象から特定の情報だけを拾いあげて断定的に説明を構成すべきではなく、説明が困難な部分は、情報がさらに蓄積するまで保留することも必要である。矛盾する情報を説明しうる上位の仮説が得られると、より深い理解と支援具体策につながる。ただし、過度に不明さを強調した検査結果報告は不誠実であり、その時点での日常の姿と検査結果を照らし合わせて仮説を提示することは必要である。バランス感覚が求められる。

　そこで、一時点でのアセスメントだけではなく、支援をしながら情報を集め仮説を更新していく。また、守秘義務の課題をはじめ適切に状況が整えば、保育所、幼稚園、学校、放課後児童クラブ、養護施設、通所福祉施設などの日常の生活や学習場面にアウトリーチして行動観察や聞き取りを行うことも重要である。

　公認心理師・臨床心理士としては、本人、保護者、所属機関や関係者の理解を得ながら、必要に応じてこのような能動的なアセスメン

表 3-5　アセスメントの留意点

・単一の検査結果のみで診断や認知傾向評価はできないこと
・矛盾した情報に理解の手がかりが潜在していること
・日常場面の情報と照合しながらアセスメントを進めること
・支援を進めながら情報を集めること
・アウトリーチによるアセスメントも考慮すべきこと

トにも取り組むべきである。

2. 公認心理師・臨床心理士が用いるアセスメントツール

(1) 目的に沿ったアセスメントツール

図3-4にあるように、さまざまな領域をターゲットにアセスメントツールが開発されている。知能検査や発達検査は特によく使用されるので次項で説明する。ここでは各領域のツールを概観する。

適応行動は生活技能の獲得を評価するもので、Vineland-Ⅱ（ヴァインランド）適応行動尺度が国際的に用いられており注目されている。コミュニケーション領域、日常生活スキル領域、社会性領域、運動スキル領域、不適応行動領域および各領域にさらに下位領域があり、到達度を把握できる。

情動と行動の問題は、生活や学習の質を低下させる要因となり無視できない。この問題の状況を客観的に捉え支援ターゲットを定め、効果検証のためのベースラインを設定するためにも、この領域のアセスメントツールが必要であり海外では開発されている。しかし、まだわが国では積極的に活用されているとは言い難い。CBCL/YSR/TRF、SDQ、異常行動チェックリスト日本語版（ABC-J）な

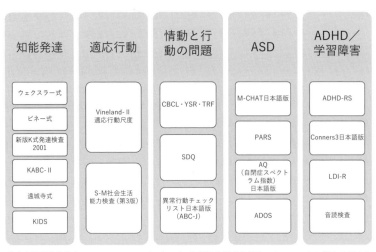

特定非営利活動法人アスペ・エルデの会（2013）発達障害児者支援とアセスメントに関するガイドライン．厚生労働省平成24年度障害者総合福祉推進事業．による分類により構成．

図3-4　アセスメントツール

どがある。

　自閉スペクトラム症に関するアセスメントツールはスクリーニングのためのものと診断に資するためのものがある。M-CHAT、PARS、AQ はスクリーニング的に用いられ ADOS は診断の段階で用いられる。

　ADHD の症状把握のためには ADHD-RS や Conners 3 日本語版などが用いられる。学習障害に関しては LDI-R による状態把握が試みられることがある。読み書きに関連するつまずきが想定される場合には、音読や読み書きに関するアセスメントツールが用いられる。

(2) 知能検査、発達検査

1）WISC-Ⅳ（ウェクスラー児童用知能検査第 4 版）

　5 歳～ 16 歳が適用年齢で、10 の基本検査（下位検査）から 4 つの**指標得点**が得られる。語彙の豊かさや知識を含む推理を中心とした聴覚処理に関する指標（**言語理解指標：VCI**）、流動性推理や視覚情報処理に関する指標（**知覚推理指標：PRI**）、一時的に情報を記憶しそれを活用する能力に関する指標（**ワーキングメモリー指標：WMI**）、情報処理のスピード要因を反映した指標（**処理速度指標：PSI**）である[2]。また、全般的な認知能力をあらわす**全検査 IQ**（**FSIQ**）も得られる。指標得点と全検査 IQ を**合成得点**と言う。

　検査結果の解釈は測定誤差をふまえ全検査 IQ で全体的な知的水準を把握しながら合成得点間の**ディスクレパンシー比較**や下位検査間の大きなばらつきである**強い能力**、**弱い能力**などにより個人内差を把握する。合成得点は個人間差を同時に見ていることにもなるため、同年齢のなかでのおおまかな位置を知ることもできる（2022 年に WISC-Ⅴ が発売された）。

2）WAIS-Ⅳ（ウェクスラー成人知能検査第 4 版）

　WAIS-Ⅳは成人版で、2018 年にⅢから改定された。適用年齢は 16 歳～ 90 歳である。10 の基本検査を実施することで、全検査 IQ（FSIQ）、言語理解指標（VCI）、知覚推理指標（PRI）、ワーキングメモリー指標（WMI）、処理速度指標（PSI）の 5 つの合成得点が算出できる。児童版同様、「ディスクレパンシー比較」、

---

[2] VCI は、言葉の理解力や表現力、習得した知識などを示す指標だと考えられている。PRI は、非言語の推理と思考力（対人認知にも関連）、および視空間の認識能力、視覚運動協応能力（例えば、漢字書字や描画など）を示す指標だと考えられている。WMI は、聴覚情報をその場で一時的に記憶しておく力であり、注意力、集中力とも関連がある指標だと考えられている。PSI は、プランニングの力、早く正確に（要領よく）作業する力を示す指標だと考えられている。

「強み」と「弱み」の判定などにより、個人内差の分析が行える。また、FSIQからワーキングメモリーと処理速度の影響を減じた**一般知的能力指標（GAI）**を求めることもできる。

3）田中ビネー知能検査Ⅴ

ビネー式の知能検査は1905年の**ビネー**（Binet, A.）らによる知能測定尺度の開発以来、さまざまな研究者による改定を経ながら現在に至っている。わが国では田中ビネー式が最も一般的である。最新版である田中ビネー知能検査Ⅴは適用年齢が2歳～成人で、知能を領域別に分けることはせず、**一般知能**を測定しているとされている。**知能指数（IQ）**を**精神年齢（MA）**と**生活年齢（CA）**の比率によって求める方法を取る。ただし、14歳以上は原則、精神年齢は算出せず**偏差知能指数（DIQ）**で示す方法となり、「結晶性」、「流動性」、「記憶」、「論理推理」の各偏差知能指数が算出できる。一般的には本検査は全体的な知能水準を評価する際に用いられることが多い。

4）新版K式発達検査2001

適用年齢は0歳～18歳以上で、姿勢・運動（P-M：postural-motor）、認知・適応（C-A：cognitive-adaptive）、言語・社会（L-S：language-social）の3領域で課題を実施し、検査記録用紙に通過項目と不通過項目の境界線を描くことでプロフィールを視覚的に捉えることができる。発達年齢や発達指数を算出することができるが、本検査は数値の算出が主目的ではない。検査実施場面を通じて児童の問題解決過程を浮き彫りにする一種の**構造化面接**であると理解し、関与しながらよく観察することが必要である（現在は"2020"に改訂された）。

5）KABC-Ⅱ

適用年齢は2歳6ヵ月～18歳11ヵ月である。認知処理過程（**認知尺度**）と習得度（**習得尺度**）を測定する検査である。

認知尺度は**継次処理**（ひとつずつ順次に情報処理する能力）と**同時処理**（全体的、空間的に情報処理する能力）、**計画**（課題解決の計画とその適切な遂行をチェックする能力）と**学習**（新たな情報を適切に学習し保持する能力）の4尺度からなる。これらを総合したものが**認知総合尺度**である。

習得尺度は獲得した基礎的学力に関するものであり、**語彙尺度**（語彙の知識、理解力、表現力）、**読み尺度**（文字の読みや文の読解力等の程度）、**書き尺度**（書字や作文力の程度）、**算数尺度**（計算力や文章題解決の力の程度）の4尺度から

なり、これらを総合したものが**習得総合尺度**である。

これらの尺度のプロフィールに基づき、認知尺度と習得尺度間の比較分析や認知尺度間の個人内差および個人間差の把握と分析など、さまざまな角度から分析する。

さらに本検査は知能の **CHC 理論**[3] に対応した7つの広範な能力（**長期記憶と検索尺度、短期記憶尺度、視覚処理尺度、流動性推理尺度、結晶性能力尺度、量的知識尺度、読み書き尺度**）別に個人内差を捉えられるようになっており、違った角度からの分析が可能である。

課題

調べましょう

- ☑ 世界保健機関 WHO による国際疾病分類第 11 回改訂版（International Statistical Classification of Diseases and Related Health Problems：ICD11）では発達障害の各障害がどのように分類されているか整理するとともに DSM-5 と比較してみましょう。
- ☑ DSM-5 における自閉スペクトラム症、注意欠如・多動症、限局性学習症の診断基準を確認しましょう。
- ☑ 公認心理師・臨床心理士養成大学院課程の学生およびアセスメント担当実務者は、各種アセスメントツールの適用範囲や特徴、項目について調べて整理しましょう。

考えましょう

- ☑ 重度の障害は支援度が高く、軽度の障害は支援度が低いと一概に言えるのか、さまざまな局面を想定して考えてみましょう。
- ☑ 軽度の障害をもつ方が診断を周囲にカミングアウトすること、しないことのそれぞれのメリット、デメリットを検討しましょう。

---

[3] 多様な知能因子の構造を包括的に整理した現在最も有力な知能理論。なお WISC-Ⅳ においても指標得点の解釈は CHC 理論に沿って整理されている。

コラム5

disorderの翻訳としての「障害」と「症」

　米国精神医学会「精神疾患の診断と統計マニュアル第5版」(DSM-5) に関する「病名・用語翻訳ガイドライン」が日本精神神経学会により取りまとめられた。その過程でdisorderの翻訳に関する議論が行われた。disorderは通常「障害」と訳されるが「症」に変えようというのである。例えばautism spectrum disorderは通常「自閉症スペクトラム障害」と訳されるが、これを「自閉スペクトラム症」と訳すのである。
　これは次のような理由からである。
　① 児童青年期の疾患では、「障害」とすると児童や親に大きな衝撃となる。
　② もともとdisorderは症状という一過性のニュアンスのある英語であり、固定的、不可逆的な状態を意味しない。
　③ 同じく「障害」と訳されるdisability（能力障害）と混同される。
　しかしながら、「症」とすることは過剰診断、過剰治療につながる可能性があるという反対意見も出された。そこで、最終的には児童青年期の疾患など一部に限り変えることになり、「自閉スペクトラム症／自閉症スペクトラム障害」などと併記する形となった。
　このような動きが物語っているのは、診断を受け容れやすい形に変えて支援が行き届くようにしようという意図と、そうすると障害の範囲が過剰に広がってしまうとする危機感との葛藤が、臨床現場で起きているということである。

（山崎晃史）

文献

米国精神医学会編　高橋三郎・大野裕監訳　染矢俊幸・神庭重信・尾崎紀夫・三村將・村井俊哉訳（2014）DSM-5 精神疾患の分類と診断の手引．医学書院．
神尾陽子企画（2018）発達障害．最新醫學別冊 診断と治療のABC 130．最新医学社．
日本精神神経学会精神科病名検討連絡会（2014）DSM-5病名・用語翻訳ガイドライン（初版）．精神神経学雑誌，116(6), 429-457．
ニキリンコ（2002）所属変更あるいは汚名返上としての中途診断―人が自らラベルを求めるとき．石川准・倉本智明編著，障害学の主張．明石書店，175-222．
田中千穂子・栗原はるみ・市川奈緒子編（2005）発達障害の心理臨床．有斐閣．
田中康雄（2006）ADHDの明日を信じて．そだちの科学，6, 2-9．
特定非営利活動法人アスペ・エルデの会（2013）発達障害児者支援とアセスメントに関するガイドライン．厚生労働省平成24年度障害者総合福祉推進事業．
辻井正次監修　明翫光宜編集代表　松本かおり・染木史緒・伊藤大幸編（2014）発達障害児者支援とアセスメントのガイドライン．金子書房．

第4章

障害論
障害の構造的把握と心理支援

山崎晃史

> 医学的診断は治療を前提として傷病、疾患を特定する医療的な行為である。いっぽう、「障害」の概念は傷病や疾患の範囲よりも幅が広く、日常生活、社会生活で支障が生じることを想定した包括的なものである。本章では、障害という概念が人権との関連において展開してきたことを確認し、障害を構造的に把握する見方を学び、心理支援に生かせるようにする。

事例4

保育所に入所した4歳の知的発達症中度で自閉スペクトラム症の診断を受けている児童。要求を単語で訴える。興味があることを周囲の状況にかかわらず続ける傾向がある。他児が一斉に行動する場面や、場面転換には当初応じられなかった。徐々に周囲の状況に関心を向けるようになり、保育士の働きかけには応じないが、穏やかな性格の年長児数名からの働きかけには応じることが分かった。屋外での遊びではその児童に自分から近づいていく様子が見られる。

なお、保育所は本児のために保育士を個別に加配している。その保育士が見守りながら要所要所で言葉がけと活動に関連した実物を見せるようにしている。それとともに、自由遊び場面の一部では本児が関心をもっていることに合わせながら、やりとりのある遊びに誘い、持続するように関わっている。本児も加配保育士の関わりを受け入れ、頼るようになった。障害児童の保育所入所にはやや懐疑的だった園長や主任保育士もその変化を実感している。

事例5

自宅から就労継続支援事業B型に通所する22歳の脳性麻痺で軽度知的発達症をもつ女性。ふだんは会話を楽しみ明るい。反面、不安が強い部分もあり、慣れない相手や場面だと自己表現をほとんどしない。両下肢に麻痺がありトイレや着替えでは介助を必要とする。両上肢は使え、車椅子を自力で動かせる。ただし、外出や家族不在時にはホームヘルパーが見守るか付き添う必要があり、移動支援や居宅介護のサービスを利用している。

金銭の扱いを含めた買い物、鉄道の利用、窓口での申し込みなどは、介助者に任せているため経験がない。介護の必要からホームヘルパーとの関係が強くなり、その関係を楽しむことで満足するため、友だちなどの人間関係が広がりにくい。

好きなアイドルグループのコンサートに行きたい思いがあるが、家族は付き添いには気乗りせず、サービス提供関係者も遠方の会場に長時間付き添うことができず、かなえられないでいる。

Ⅰ. 障害に関連した概念

障害に関連して用いられるのは**表4-1**のような概念で、impairment、disorder、disabilityは共に「障害」と訳されることが多い。しかし、その意味内容には相互に違いがある。

機能障害と訳されるimpairmentは本来の機能が原因はともかく損なわれている状態である。障害あるいは〜症と訳されるdisorderは調子が乱れた状態のことであり、固定的ではなく変動しうることが含意されている。**能力障害**と訳されるdisabilityは「できない」ことにポイントを置いた概念である。

また、これらimpairmentやdisorderやdisabilityの元に明確な疾患diseaseが存在することもある。さらに、**社会的障壁**と訳されるbarrierが障害のある人

表4-1 障害に関連した概念

英語	日本語	意味
disease	疾患、病気	病名のある病気
impairment	機能障害	機能が損なわれている状態
disorder	障害、〜症	不調、変調を意味し、変動しうることを含意
disability	能力障害	できないことがあること
barrier	社会的障壁	障害をもつ人の社会参加を制約するあらゆる要因
handicap	社会的不利	不利な条件により社会参加に制約があること

の社会参加を阻み、**社会的不利**（handicap）を生じさせていることがある。

日本語で「障害」と言うと静的、固定的な状態が連想されるが、英語圏ではその状態を示すためにニュアンスの違う諸概念を使い分けている。

以下で、障害観の変遷の歴史をたどりながら理念を整理する。

Ⅱ. ノーマライゼーションから障害者権利条約へ

1. ノーマライゼーション

（1） ノーマライゼーション

デンマーク社会省の担当官であった**バンク＝ミケルセン**（Bank-Mikkelsen, N.E.）は、知的発達症をもつ人の大規模入所施設の隔離的で劣悪な環境という現実を知り、その改善を求めていた親の会の活動に共鳴していた。ミケルセンは親の会の要望の実現に向けて尽力し、デンマークの1959年法の制定に関わった。そのなかで世界で初めて**ノーマライゼーション**（normalization）の理念が法的に打ち出された。障害をもつ人も障害をもたない人と同じ生活を送れるようにすべきであり、そのための条件整備を行うべきだとする考え方である。障害をもつ人をノーマルにするのではなく、ノーマルな生活を送れるようにするのである。

ノーマライゼーション理念は福祉のあり方に世界的な影響を及ぼし、障害をもつ人を大規模に収容し衣食住と活動を一括提供する政策（**コロニー政策**[1]）から、地域生活のための条件整備を行い個々に支援を行う政策（**地域福祉政策**）への転換を促した。

（2） ノーマルな生活の条件

ニィリエ（Nirje, B.）はノーマライゼーションの理念を発展させ、ノーマライゼーションの原理を8項目にまとめ、その具体的な姿を明示した（**表 4-2**）。

こうしたノーマライゼーションの理念は、国際的には1971年の**知的障害者の権利宣言**に「可能な限り通常の生活にかれらを受け入れることを促進する必要性」として取り入れられ、1975年の**障害者の権利宣言**でも同様に取り入れられた。

---

[1] 障害をもつ人々が安心して暮らせる理想郷をつくる目的で機能集中の大規模施設を配置する政策。実際には、この種の施設では閉鎖的で人権侵害が起きやすい環境となることから1960年代以降（日本ではさらに後）は縮小、解体されてきた。

表 4-2　ニィリエによるノーマライゼーションの原理

1	ノーマルな 1 日のリズム	家族や介助者、施設の都合によるのではない一般的な生活のすごし方
2	ノーマルな 1 週間のリズム	目的に沿った場の利用、居住－学校／職場－余暇－居住というリズムがあるすごし方
3	ノーマルな 1 年間のリズム	休日、祝日をすごすこと。儀式や伝統的、文化的行事への参加や四季の変化の体験
4	ノーマルなライフスタイル	一般社会における年齢にふさわしい生活のなかで発達段階を経験する
5	ノーマルな自己決定の権利	自己決定権が重視され市民として参画する。言語表現が難しい場合も読み取る
6	生活している文化圏にふさわしいノーマルな性的生活のパターン	異性がいる環境での自然な生活。生活の一部としての官能や性。分かりやすい性教育
7	生活している国にふさわしいノーマルな経済的パターン	基本的な経済水準保障および補助的経済援助により経済文化活動に参画
8	生活している社会にふさわしいノーマルな環境面の要求	一般市民と同じ居住環境。ノーマルな場所、ノーマルな水準と広さの住居であること

ニィリエ，B.　ハンソン友子訳（2008）再考・ノーマライゼーションの原理―その広がりと現代的意義―．現代書館．第 3 章を元に筆者作成．

（3）完全参加と平等

　ノーマライゼーションはさらに、**完全参加と平等**をスローガンにした 1981 年の**国際障害者年**を契機に日本を含め広く認識されるようになった。その行動計画である**国際障害者年行動計画**（1980 年）に述べられている「ある社会がその構成員のいくらかの人々を閉め出すような場合、それは弱くもろい社会なのである」という一節は、ノーマライゼーションを表現した特徴的な文言である。また同計画には「障害者は、その社会の他の異なったニーズを持つ特別な集団と考えられるべきではなく、その通常の人間的なニーズを満たすのに特別の困難を持つ普通の市民と考えられるべき」とあり、もはや「普通の市民」と対置された「障害者」ではなく、「通常のニーズを満たすのに困難」を抱えている「普通の市民」と捉える障害（者）観になっている。これは理解の前提を 180 度転換した画期的なものである。

2. 障害者権利条約に結実した諸理念

ノーマライゼーションの実現はつまるところ普遍的な人権が障害をもつ人にも当然適用されることの保障である。国際社会はその方向で進んできており、法的拘束力をもつ**障害者の権利に関する条約**（Convention on the Rights of Persons with Disabilities［通称：**障害者権利条約**］）が2006年に国際連合総会で採択されたことにより国際的な合意が形成されている。2014年に日本も本条約を批准し、条約に合わせて国内法を整備した。ノーマライゼーションは日本の政策においても人権との関連において当然の前提として位置づけられるに至っているのである。

障害者権利条約は障害をもつ人の人権（自由、尊厳）の確保と実現を目的とするもので、ノーマライゼーションの理念を含む最も進んだ障害観を示している。本条約のポイントとなっていることを以下に挙げる。

(1) インクルージョン（inclusion）

本条約の理念は一般原則に示された「社会への完全かつ効果的な参加及び包容」という条文に特徴的に示されている。社会参加と社会のなかに包む込むことを目指すこと、社会のなかでほかの人々とともに生きることを保障する、という側面を強調するのが**インクルージョン**という概念である（**表4-3**）。

(2) 社会モデルの取り入れ

本条約には「障害者には、長期的な身体的、精神的、知的又は感覚的な機能障害であって、様々な障壁との相互作用により他の者との平等を基礎として社会に

表4-3 「障害者の権利に関する条約」の第3条「一般原則」

この条約の原則は、次のとおりとする。
(a) 固有の尊厳、個人の自律（自ら選択する自由を含む。）及び個人の自立の尊重
(b) 無差別
(c) 社会への完全かつ効果的な参加及び包容（Full and effective participation and inclusion in society）
(d) 差異の尊重並びに人間の多様性の一部及び人類の一員としての障害者の受入れ
(e) 機会の均等
(f) 施設及びサービス等の利用の容易さ
(g) 男女の平等
(h) 障害のある児童の発達しつつある能力の尊重及び障害のある児童がその同一性を保持する権利の尊重

完全かつ効果的に参加することを妨げ得るものを有する者を含む」と障害者の定義がなされている。その人がもつ機能障害（impairment）と「様々な障壁との相互作用」によって社会参加が妨げられていることが障害に含まれることが明示された。この障害観は個人に全てを帰さず社会的要因を考慮した社会モデルを取り入れたものである。個人の機能障害要因をクローズアップする医学モデルを補うものである。

（3） 合理的配慮

合理的配慮の考え方の導入が本条約の特徴の1つである。その定義として「障害者が他の者との平等を基礎として全ての人権及び基本的自由を享有し、又は行使することを確保するための必要かつ適当な変更及び調整であって、特定の場合において必要とされるものであり、かつ、均衡を失した又は過度の負担を課さないものをいう」とある。

これは先述した国際障害者年行動計画に述べられていたことの具体化であると考えられる。すなわち「通常の人間的なニーズを満たすのに特別の困難」があることを解消するために個別的な配慮を行うことである。本条約は診断、障害種別や障害程度で一律にサービスを決めるのではなく、個々のニーズに応じた柔軟な対応を基本とする考え方に立っていると言える。重要なのは合理的な配慮を行わないことは差別に当たると明確に規定していることである。直接的な差別のみではなく支援を行わないという間接的な差別の存在を明確にしたことも本条約の特徴なのである。社会参加やインクルージョンが見かけだけの参加や支援なしの放置にならないようにするための規定と言える。

（4） ユニバーサルデザイン

近年広く一般にも認識が浸透してきている**ユニバーサルデザイン**の考え方も示されている（第2条、第4条）。それは、各種製品やサービス、施設、設備が障害をもつ人を含めたあらゆる人にとって使い勝手の良い仕様にしておくことである。一般原則（f）「施設及びサービス等の利用の容易さ」につながるものである。

（5） 機会均等化

1993年に国際連合総会で採択された**障害者の機会均等化のための標準規則**によれば、**機会均等化**とは、「それを通じてサービス、活動、情報、資料等の社会の様々な仕組みや環境がすべての人々、特に障害のある人々に利用できる過程」である。これを言い換えれば、障害をもつ人がほかの人と同じスタートラインに

立って社会参加ができるように措置を講ずることである。障害者権利条約はこの考え方を引き継ぎ位置づけている。

　機会均等化は合理的配慮と表裏一体である。また、教育や労働領域では障害の有無で、教育を受ける権利の制約や労働機会や待遇の格差が大きくなりやすく、機会均等化に意識的に取り組む必要がある。

（6）障害当事者の参画

　「障害者が、政策及び計画（障害者に直接関連する政策及び計画を含む。）に係る意思決定の過程に積極的に関与する機会を有すべき」とされており、当事者が政策立案過程に参画する機会を求めている（前文(o)）。

（7）そのままの状態で尊重されること

　「全ての障害者は、他の者との平等を基礎として、その心身がそのままの状態で尊重される権利を有する」（第17条）とある。これはことさらに能力向上や障害克服の努力を強いられることからの解放であり、等身大の姿で尊重されることの明言である。障害をもつ人は、障害を克服するというステレオタイプな美談的ストーリーを人々から期待されることがあり、本人も家族もそれに苦しめられることがある。地味な条文だが、障害観の根本的な転換が図られている象徴的な文言なのである。

Ⅲ. 日本の法律に反映された障害観の転換

1. 障害者基本法

　障害者基本法は日本の障害に関する施策の基盤となる法律である。ノーマライゼーション志向の国際的な潮流を受けて改正が行われてきたが、近年は障害者権利条約の批准に向けて条約との整合が図られた。つまり現行障害者基本法は障害者権利条約と同一方向を目指したものになっている。

　表4-4に示したように、障害における社会モデルの取り入れ、インクルーシブな社会（共生）を目指すこと、社会的障壁の放置も含めた差別の禁止と、合理的な配慮を行うことが骨格となっている。また、国及び地方公共団体の責務、国民の理解と責務、障害者週間の実施、障害者基本計画の策定などが定められている。

表4-4　障害者基本法の理念

内容	条文（抜粋）	関連する理念概念
目的 第1条	全ての国民が、障害の有無によって分け隔てられることなく、相互に人格と個性を尊重し合いながら共生する社会を実現するため	ノーマライゼーション インクルージョン
障害者の定義 第2条	身体障害、知的障害、精神障害（発達障害を含む。）その他の心身の機能の障害（以下「障害」と総称する。）がある者であつて、障害及び社会的障壁により継続的に日常生活又は社会生活に相当な制限を受ける状態にあるもの	社会モデル 機能障害 社会的障壁（障害者権利条約の「様々な障壁との相互作用」に対応）
社会的障壁の定義 第2条	日常生活又は社会生活を営む上で障壁となるような社会における事物、制度、慣行、観念その他一切のもの	社会モデル 社会的障壁
共生 第3条	(1) 社会、経済、文化その他あらゆる分野の活動に参加する機会が確保される (2) 可能な限り、どこで誰と生活するかについての選択の機会が確保され、地域社会において他の人々と共生することを妨げられない (3) 可能な限り、言語（手話を含む。）その他の意思疎通のための手段についての選択の機会が確保されるとともに、情報の取得又は利用のための手段についての選択の機会の拡大が図られる	機会均等 ノーマライゼーション インクルージョン
差別禁止 第4条	(1) 障害を理由として、差別することその他の権利利益を侵害する行為をしてはならない (2) 社会的障壁の除去は、それを必要としている障害者が現に存し、かつ、その実施に伴う負担が過重でないときは、それを怠ることによって前項の規定に違反することとならないよう、その実施について必要かつ合理的な配慮がされなければならない	差別禁止 社会的障壁の除去 合理的配慮

2．障害者差別解消法

　障害を理由とする差別の解消の推進に関する法律（以下、**障害者差別解消法**と略す）は障害者権利条約と障害者基本法における差別禁止に関する理念を具体化するための法律で2013年に制定され、2016年に施行された。これは行政機関や事業者による不当な差別的取扱いの禁止と合理的配慮の提供を求めたものである。

　不当な差別的取扱いとは、障害のある人に対して、正当な理由なく、障害を理

由として差別的取り扱いをすることである。具体的には、「サービスの提供を拒否することや、サービスの提供にあたって場所や時間帯などを制限すること、障害のない人にはつけない条件をつけることなどが禁止」[2]される。

合理的配慮は、「障害のある人から、社会の中にあるバリアを取り除くために何らかの対応を必要としているとの意思が伝えられたときに、負担が重すぎない範囲で対応すること（事業者に対しては、対応に努めること）が求められるもの」（同上リーフレット）とされている（今後は義務化される）。

このように、行政機関や事業者による差別を禁止し、合理的配慮を求めている。障害者権利条約に結実した障害をもつ人の人権擁護の潮流はここに至り日本でも法律的に明確に基礎づけられたのである。

Ⅳ. 国際生活機能分類（ICF）

1. 国際生活機能分類に至る流れ

知的発達症（知的障害）の領域から発信されたノーマライゼーションの理念は人権の十全な実現というテーマと融合して最終的には障害者権利条約へと至った。そのなかで障害の捉え方が社会モデルを取り込んで包括的なものになった。

このような国際的な潮流のなかで医学的な診断分類としては ICD や DSM がありつつも、障害の領域についてはより包括的な評価のあり方が求められてきた。**国際生活機能分類**と訳され、**ICF** と略称されている International Classification of Functioning, Disability and Health は WHO（世界保健機関）が 2001 年に採択した障害の新たな分類法である。ICF では障害の有無に関わらず人が生活している姿を肯定的な側面から包括的に捉えることができる。

ここではまず ICF に至る前段階の ICIDH について整理する。

2. 国際障害分類（ICIDH）

WHO が 1980 年に発表した **ICIDH** は International Classification of Impair-

---

[2] 内閣府　障害者差別解消法リーフレット・平成 28 年 4 月 1 日から障害者差別解消法がスタートします！

図4-1 ICIDH：WHO 国際障害分類（1980）の障害構造モデル

ments, Disabilities and Handicaps の略であり**国際障害分類**と訳されている。この ICIDH は障害を構造として捉えようとする試みであった（図4-1）。

①**病気・変調**は例えば脳性麻痺や自閉スペクトラム症という病気や障害のことになる。②ここから、麻痺や認知の偏りといった**機能障害**や、疾患によっては身体の欠損や骨の変形といった**形態障害**が生じる。③さらに、歩くことの困難さやコミュニケーションの困難さという**能力障害**が生じる。④その結果、社会参加に支障が出ることもある。これを**社会的不利**と言う。

このように障害を機能レベルのもの、能力レベルのもの、社会生活上のものに分けそれぞれは独立的に扱う。つまり「機能・形態障害」が障害の全てではなく、それがあっても「能力障害」を改善できる場合があり、あるいは「社会的不利」に陥らないように周囲の意識や環境を改善できる場合がある。

この障害観では社会モデルの導入を試みていて、かつ構造的な把握を試みている点で当時としては画期的なものであった。しかし、一方向の矢印が病気の進行のような運命的な流れをイメージさせてしまうこと、環境の諸要因が想定しにくいこと、マイナス面のみに焦点を当てていることなどの点で限界があった。

3. 国際生活機能分類（ICF）

国際生活機能分類（ICF）はこの ICIDH の長所と短所をふまえ、諸要因の相互作用という視点で一人ひとりを把握しようとするものである。ともするとマイナス面を見ることになりがちな障害観から生態学的な視点に立った全人的で包括的な障害観への変更である。

障害をもつ人には、できること、支えがあればできること、周囲の理解があれば支障がないこと、補助する手段（道具）があれば問題がないこと、周囲の関わり方を変えれば問題にならないこと、個性として尊重されるべきことなどのさまざまな姿がある。多様な要因との関わり合いのなかで制約が生じたり、生じなかったりする。

ICFは個々人を巡るこうした多様な要因を網羅的に整理して、共通の視点で把握できるようにした。しかもマイナス面に偏らない中立的な表現で把握しようとする。

図4-2において**心身機能・身体構造**と**活動**と**参加**という真ん中の一列全体を**生活機能**（functioning）と捉える。その

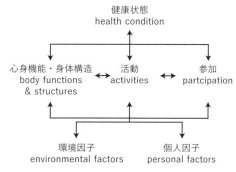

図4-2　ICF：国際生活機能分類（2001）の相互作用モデル

生活機能も、その他のさまざまな要因との相互作用的な影響のなかにある。

「生活機能」のこれら3領域は、それぞれICIDHの「機能・形態障害」、「能力障害」、「社会的不利」に対応しているが、根本的な違いがある。ICFでは肯定面を含んだ全人的な姿として記述する。

「心身機能・身体構造」は体や精神の働きの様子である。「活動」は日常生活をはじめとした社会生活上必要な行為であり、個人レベルの行為である。「参加」は社会的に役割を果たすことを含めた社会参加である。例えば、学校に通うこと、友だちと遊ぶこと、買い物に出かけること、親としてふるまうこと、スポーツ活動に関わること、仕事で役割を果たすこと、選挙で投票をすることなどで、社会へのコミットの状況である。この生活機能の3つのレベルに応じて、マイナス面としては**機能障害**（impairment）、**活動制限**（activity limitation）、**参加制約**（participation restriction）がそれぞれ生じる。ICFではこれらを包括して障害（disability）とする。

環境因子は、バリアフリーな環境かどうかや福祉用具の有無などの物理的環境、人間関係のあり方や周囲の人の価値観など人的環境、サービスの状態など制度的環境といったものである。

個人因子は、その個人の年齢、性別、民族、生活歴、性格などであり、ものの捉え方の傾向、生き方、困難に対処するための諸経験と能力などである。

健康状態は、病気や変調というICIDHの領域を含みつつ、健康な面も含めて心身の状態を幅広く指している。また、妊娠、高齢、疲労など病気ではないものの生活機能に影響を与える心身の状態を含む。

これらの諸領域が影響をしあってその時々の個人の生活機能が定まっていく。矢印が双方向なのがそのことを示している。単純な因果関係で理解するのではなく、相互作用として理解するのも ICF の大きな特徴である。

発達障害の児童の多動を想定してみる。責められるばかりだったのが、人から理解され認められるという経験を積み重ねたとする（「環境因子」の変化）。また、薬物療法により、「心身機能」が一時的にも落ち着くという変化を生じることがある。これらが、自尊心という「個人因子」に影響を与え、安定した情緒という「心身機能」につながり、周囲と調和した「活動」により、友だち関係の発展や学習場面への「参加」が安定する。この「参加」状態が周囲の人からの肯定的理解を呼び込み「環境因子」に逆に影響を与える。こういった相互作用が生じ得るということになる。

この ICF モデルによる状況把握は発達障害の有無にかかわらず、全ての人に用いることができる。重いケガや妊娠などは通常では「障害」とは言えないものの、生活機能の評価によっては支援が必要な状態と捉えることができる。

V. 障害の構造的把握と心理支援

このように、障害は個人の固定的属性ではなく、社会的障壁を含めた多様な要因のなかで顕在化する活動や参加が制限、制約された相対的な状態だとする理解が進展してきた。また、その前提としてノーマライゼーションやインクルージョンといった人権を具現化する理念により、障害をもつ人々を排除しない社会を実現していこうという世界的潮流がある。

公認心理師・臨床心理士は発達障害とされる一人ひとりを、必要に応じて、ICF モデルをもとに構造的に理解し、肯定的側面を強み（**ストレングス**[3]）として生かすとともに、制約要因を明らかにして社会的障壁の除去や合理的配慮の提供に向けて心理支援の立場から多面的に介入する。

障害をどのように理解するかは一人ひとりの心理に影響を与える。機能障害、能力障害ばかりをクローズアップして、それを個人が克服すべきものとすれば、

---

[3] 英語表記は strength。健康さ、長所、意欲、関心、レジリエンス（resilience：精神的回復力、弾力性）など肯定的側面のこと。また、それらに焦点を当てて支援に生かす視点のこと。

もっぱら本人、家族が機能向上、能力向上の努力をするしかない。それでは精神的に追いつめられていくだろう。ましてや公認心理師・臨床心理士が、機能障害、能力障害による将来の生活上の制約を予告して不安をあおるばかりでは心理支援にはならない。

いっぽう、ノーマライゼーション、インクルージョンの考え方をもとに、ICFで構造的に事態を捉えれば支援可能な領域および支援方法が大幅に広がり、希望がもてる。また、排除的ではない障害観、支援観を取ることで本人や親の警戒心を高めずにすみ、協力関係がつくりやすいのである。

コラム6

古くて新しい「親亡きあと」

「親なきあと」というスローガンがある。これは、日常生活で介助が必要な発達障害をもつ成人の方に関して、主たる介助者である親の加齢に伴い本人の将来の生活を危ぶむ際に、繰り返し掲げられてきたものである。端的に言えば入所施設を確保して親が死んだ後にも生活が困らないようにしてほしいという古くからある切実な訴えである。

いっぽう、現在のわが国では、ノーマライゼーションの理念が広がり地域で暮らすことの権利が当たり前に語られるようになっている。原理的には、住み慣れた地域のなかで、本人の意向を元にさまざまなサービスを組み合わせて自由に生活をデザインすることが可能である。

しかし、サービスの質と量の確保が円滑にいかないこともあり、介護度が高い方については、親もそして時には支援者側も丸ごと預かってもらえるという捉え方をされている入所型施設の方が安心だと考える。

そもそもバンク＝ミケルセンがノーマライゼーションを発信し始めたのは、彼自身がレジスタンス運動のために収容されたナチスの収容所と当時の入所施設の劣悪な環境が似ていることに衝撃を受けたところから始まっている。さすがに現在の入所施設は相当に環境は改善されている。しかし、そこでの生活は制約が大きく管理的にならざるを得ず、さまざまながまんを強いられる面がある。障害をもつ本人たちは訴えることが難しいが、本人自身の願いはどうなのかにもこだわらないと、周囲の安心感の実現ばかりが先行してしまうことになる。

支援者としては、地域でのノーマルな生活の実現に向けて後押しをするのか、入所施設が安心だとする意向を重視するのか、本人が望む生活を把握しようとするのか、葛藤をしながらも誰のための判断かに向き合うことになる。

2016年7月26日に発生した入所者19人が殺害された津久井やまゆり園事件後に、当該入所施設の再建を巡る議論で同様の葛藤が生じた。大規模施設の再建か、施設の小規模分散化と地域生活に向けた本人の意思決定支援か、である。

（山崎晃史）

課題

調べましょう

- ☑ ICF モデルに照らして、自分自身の生活機能の状態を分析してみましょう。
- ☑ 知的障害をもつ人を大規模施設に収容して処遇するコロニー政策について調べ、その問題点を整理しましょう。
- ☑ 2016年7月26日に発生し19人が殺害された津久井やまゆり園事件後の施設再建を巡る議論の経過を調べ、「津久井やまゆり園再生基本構想策定に関する部会検討結果報告書」(平成29年8月神奈川県障害者施策審議会)を要約し、議論の着地点を整理しましょう。

考えましょう

- ☑ 章冒頭の事例をICFモデルに当てはめて分析し、状況を整理し、ストレングスを生かした支援の可能性を考えましょう。

文献

独立行政法人国立特別支援教育総合研究所編 (2007) ICF 及び ICF-CY の活用:試みから実践へ—特別支援教育を中心に—. ジアース教育新社.

花村春樹訳著 (1998)「ノーマリゼーションの父」N・E・バンク-ミケルセン—その生涯と思想—(増補改訂版). ミネルヴァ書房.

ニィリエ, B. ハンソン友子訳 (2008) 再考・ノーマライゼーションの原理—その広がりと現代的意義—. 現代書館.

小澤温編 (2016) よくわかる障害者福祉第6版. ミネルヴァ書房.

佐藤久夫・小澤温 (2016) 障害者福祉の世界第5版. 有斐閣.

上田敏 (2005) ICFの理解と活用—人が「生きること」「生きることの困難(障害)」をどうとらえるか—. きょうされん.

第5章 原因論
発達障害の原因を巡る諸視点

山崎晃史

> 発達障害の原因については心因論から脳機能障害説へと変化した。近年、原因についての議論は一段落して、発達障害をもつ児童や人の、人間関係・生活環境と外在化、内在化した行動や情緒の状態との関連について再考されている。また、反応性愛着障害の児童の行動との類似点と相違点が整理されつつあり、改めて遺伝的要因と環境的要因の相互作用についての単純化しない包括的な理解も必要になっている。

事例6

　ある5歳の児童は、言葉を話さず、回転するものに興味があり、扇風機やエアコンの室外機を探しては見入っている。また、特定の音や感触に対する過度な敏感さがあり、犬の鳴き声を聞くとそれが遠くから聞こえるものでも嫌がり耳を塞ぎ、特定の素材の衣服を避ける。さらに、過度な偏食で海苔（のり）とごはんばかり食べて、いろいろと工夫しても食事の幅が広がらない。

　当初は親も、関わりに苦労して不安や苛立ちが強かった。援助することになった公認心理師や保育所の保育士が基本的な方針を共有し、ものごとを強制せず、穏やかな口調で関わり、根気よくやりとり遊びで働きかけて人への関心を高めるようにする一貫した対応を行った。親もその関わり方を見ながら取り入れた。

　就学した後には、要求は人を見ながら表出するようになり、身の回りのことは促すことでできるようになり、感覚的な興味が中心ではあるものの過敏さは緩やかになり混乱することは少なくなった。

事例7

10歳の児童は父親からの身体的虐待がもとで養護施設に措置されている。落ち着きのなさ、衝動的な行為により施設内の生活でトラブルが多い。他児に暴言を吐いたり、ちょっとした言葉がきっかけで怒りが抑えられず暴力的になるのである。ただし、養護施設内と通っている学校のなかとでは様子が違い、学校ではむしろ大人しいという。児童相談所が保護者から聴き取っていたこととしては、幼児期から落ちつかず、家から勝手に出て行ってしまうこともあり、親の言うことを聞かず、しつけのためにやむを得ず体罰を与えたとの言い分である。

養護施設の公認心理師が気になるのは、施設職員への接触要求が多いことだった。学校ではどうかと授業参観をして観察すると、教師に接触を求めることはなく、大人しいというより覚醒レベルが下がっているようでぼんやりしていた。担任に聞いてもいつも同様の様子だという。

Ⅰ．自閉症理解の歴史──心因論から脳機能障害説への変遷

1．カナーとアスペルガーによる自閉症の発見と理解

発達障害の原因を巡る議論の歴史を自閉スペクトラム症（自閉症）に関してたどる（**図5-1**）。

1943年に**カナー**（Kanner L.）が「情緒的接触の自閉的障害」という論文で極端な自閉的孤立（extreme autistic aloneness）を中核的症状として記述し、1944

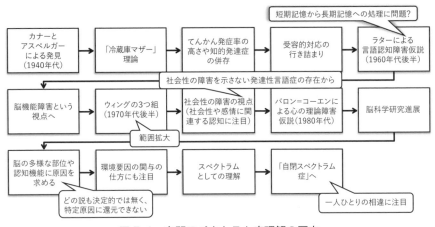

図5-1　自閉スペクトラム症理解の歴史

年には**早期幼児自閉症**（early infantile autism）として概念化したのが自閉症というカテゴリーの端緒である。カナーが概念化した一群は現在の知的発達症を伴う、特に言語コミュニケーションに制約をもつ領域のものでありカナータイプの自閉症とも言われる。

同時期に**アスペルガー**（Asperger H.）は**自閉性精神病質**として、知的発達症とコミュニケーション障害が目立たない一群を概念化し、一種の性格の偏りとして分析していた。この領域は現在、アスペルガー障害ないしはアスペルガータイプの自閉症とも言われる。

アスペルガーは非英語圏のオーストリアの学者であったためか1980年代まではあまり注目されないままであった。いっぽうカナーの報告は注目され、カナー流の自閉症の概念は広まっていった。

カナーは自閉症児童には冷淡な親が多いなどと報告し、特異な家庭環境について言及していた。そこから、極度の不信感から心を閉ざしているという心因論が広まり、受容的な心理療法が行われた。自閉症の母親の特徴が**冷蔵庫マザー**（refrigerator mother）と評され、その愛情不足が自閉症の原因であると解釈された。

これにより自責の念を感じる親も多かった。原因論として不適切であったばかりでなく、愛情不足などと指摘したところで事態が変わらないことは明らかであり、未熟な方法であった。

2. 言語認知障害から社会性の障害へ

ラター（Rutter, M.）は、自閉症が早期から顕在化するものであり、だとすれば通常以上に重篤な家族病理があるはずのところ、それほどのものは見当たらないことを指摘した。そして、言語認知の障害が一次的にあり、そこから自閉的孤立などのコミュニケーションの障害が二次的に生じるという**言語認知障害仮説**を提示した（1960年代後半）。これ以降、自閉症の原因に関しては認知機能＝脳に原因があるという外因（器質）論、ないしは内因（素質）論が中心になっていく。そもそも知的発達症やてんかんとの合併が通常以上に多いことからも、脳機能という生物学的レベルの問題として捉えるのは合理的であった。

その後、社会性には障害がない発達性言語障害の存在が明らかになり、言語認知の障害が中核ではなく、**社会性の障害**が中核ではないかと考えられるようにな

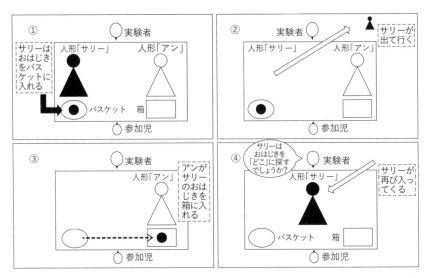

出典：Baron-Cohen, S., Leslie, A. M., Frith, U. (1985) Dose the autistic child have a "theory of mind"?. Cognition, 21. 37-46. を一部改変

図5-2　サリー・アン課題シナリオ

った[1]。そのひとつとして社会性を支える認知機能としての**心の理論**（theory of mind）の獲得に障害があるのではないかとの見解が提唱されている（**心の理論障害仮説**）。心の理論とは、他者の心の状態、考えを推測することを可能にする理解の枠組みで、他者に心があることと、心と行動との結びつきを理解する認知の体系である。これを通常4歳頃から獲得し、そのことによって社会性を獲得していくという。

　この認知能力の確認は**誤信念課題**という課題によって確かめる。**サリーアン課題**がそのひとつである（**図5-2**）。サリーはものの場所の変化を知らないという視点に立てるかどうかがこの課題のポイントとなる。つまり、他者が自分とは違う経験をしていることを理解ができるかどうかである。自閉スペクトラム症ではこの種の課題通過が難しいとされ、これをもって自閉スペクトラム症では心の理論を支える認知機能に障害があるとする。しかし、本課題が可能な場合や成長に伴い可能となる場合があり、また、社会性以外の特徴を心の理論障害だけでは説

1　ウィング（Wing, L.）はこの頃（1970年代後半以降）、自閉症を原因ではなく症状で整理し、3つ組（⇒第3章）の概念で説明するようになった。これにより大幅に障害の範囲が拡大し、幅のあるスペクトラムとして理解されるようになった。

明できない。つまり、心の理論障害の視点だけで自閉スペクトラム症の全てを説明するのは無理がある。

3. 共同注意

心の理論獲得以前の基盤として**三項関係**（triad relationship）における**共同注意**（joint attention）の成立が取り上げられることがある（**図 5-3**）。視線でやりとりすることはコミュニケーションの基盤である。同じものをめぐって子ども本人と親など他者が注視しつつ、相互に視線で注意を促し合い交流する状況であり、これが三項関係と共同注意の成立である。乳児が10ヵ月にもなるとこのようなことが可能になる。しかし、自閉スペクトラム症ではこの状態が成立しづらいか、大きく遅れて可能になる。

この三項関係と共同注意の成立は言語コミュニケーションを含めた全ての社会性の基盤となる。そこで、直接の二者間のやりとりだけではなく、ものを介在したやりとりを通して三項関係を補助することがある。三項関係を意識した働きかけが発達支援のテーマになるのである。（⇒第8章Ⅳ．2．）

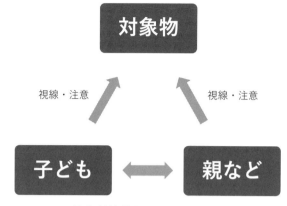

図 5-3　共同注意と三項関係

4. 脳の研究の進展や諸仮説

現在では脳機能イメージング法[2]や神経生理学的研究、神経心理学的研究など、さまざまな角度からの研究が行われており、脳の多様な領域から特徴的な所見が見い出されている。研究対象それぞれの各領域に萎縮、形成異常や機能低下などが報告されている（**図 5-4**）。

また、脳が過形成され、シナプスの刈り込みが不十分なのだという研究結果も

---

[2] 脳内の代謝や血流、電気活動の様相を画像化する技術を通じて脳機能を研究する方法。機能的磁気共鳴画像法（fMRI）、ポジトロン断層法（PET）、SPECT（脳血流シンチグラフィー）や磁気共鳴画像法（MRI）、脳電図（脳波）、脳磁図（MEG）などの方法がある。

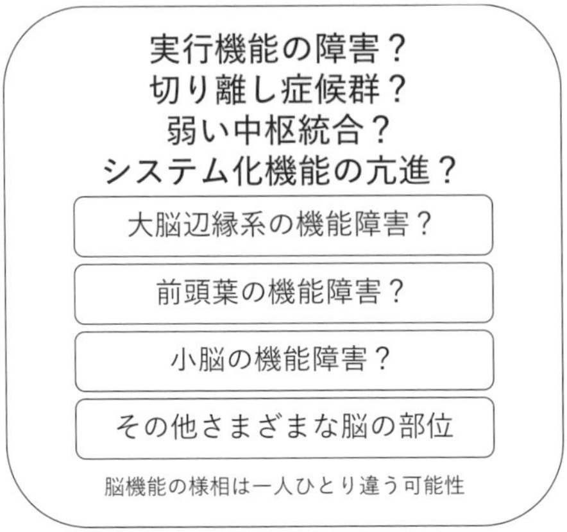

図5-4　自閉スペクトラム症　脳機能障害仮説

（図内）
実行機能の障害？
切り離し症候群？
弱い中枢統合？
システム化機能の亢進？
大脳辺縁系の機能障害？
前頭葉の機能障害？
小脳の機能障害？
その他さまざまな脳の部位
脳機能の様相は一人ひとり違う可能性

提示されており、そのために脳の情報処理が混乱しているのだという仮説もある。

しかしながら自閉スペクトラム症に共通する特定領域の問題が認められているわけではない。そこで、現在では特定の限局的な脳領域に還元できる問題ではなく、社会性、情報の認知・処理や行動の制御に関わる脳の広範囲な機能障害があると理解されている。脳全体のネットワーク機能が弱く、極端な機能局在状態になっているという**切り離し症候群**（disconnection syndrome）という仮説や、情報を総合して意味を抽出して利用する中枢性統合の機能が弱いとする**弱い中枢統合**（weak central coherence）という仮説などがそれである。細部に固執したり、社会的文脈の理解が難しい反面、機械的な記憶やパターンの理解が比較的亢進するのはそのためであるという。

いっぽう、バロン＝コーエン（Baron-Cohen, S.）（2005）は**共感化ーシステム化仮説**（empathizing-systemizing theory）を提示して自閉スペクトラム症はものごとを共感的に見るよりもシステムとして分析することに特に長けた脳機能だと説明する。コミュニケーションに有利な共感性よりもパターンを分析することを強く志向する脳機能だというのである。機能の欠損というよりも機能の亢進として捉えている。

以上のことをふまえ脳の各領域に目を向けると、**前頭葉**、**大脳辺縁系**、**小脳**の機能と症状との関連が注目されている。前頭葉は脳の高度な統合的機能に関わり、社会性、**ワーキングメモリー**（working memory）を含めた**実行機能**[3]や情動の調整、意欲に深く関わっている。自閉スペクトラム症のコミュニケーションの障害や切り替えのしづらさ、情動的な混乱のしやすさなどと関連していることが想

---

[3] 目的やルールを意識しながら行動や思考を維持したり、促進したり、切り替えたり、抑制したりする、記憶の使いこなしも含めた認知機能。ワーキングメモリーはそれを支えているもので、情報を一時的に保持（短期記憶）し処理する機能にあたる。

定される。

　大脳辺縁系は記憶に関わる海馬や情動に関わる扁桃体を含む脳の古い皮質であり、進化的には記憶と情動の結びつきにより危険の察知と回避に関連してきたことが想定されている。また社会性や固執的行動との関連も想定されている。この領域の機能障害が過度な危険察知と情動の混乱を亢進させていることが考えられるとともに、大脳辺縁系と前頭葉のネットワーク全体の機能不全が、自閉スペクトラム症の多様な特徴をつくり出している可能性が指摘されている。

　小脳の異常について指摘する研究もあり、その機能は運動の学習や協調運動と関連が深い。最近では小脳が大脳の認知機能を支えていることが指摘されており、小脳の機能障害が自閉スペクトラム症の言語コミュニケーションや協調運動の苦手さと関連している可能性が示唆されている。

　繰り返しになるが、自閉スペクトラム症は原因の特定には至っておらず、特定の脳の領域にのみ原因を帰すことは困難でもある。ただ、脳機能の不全や亢進を強く示唆する所見が多いことから脳に起因する障害だとされているのである。

コラム7

オキシトシンと発達障害

　オキシトシンは下垂体後葉から分泌されるホルモンで、子宮収縮と乳汁分泌促進作用がある。いっぽう脳内では神経伝達物質としての機能があり、不安や恐怖を抑え、安心を与える作用がある。育児行動のなかで親子双方に分泌促進されるという。オキシトシン受容体は男女ともにあり、愛着や社会性と関連が深いと考えられている。その受容体の様相は幼児期の人間関係のなかで定まっていくとされる。そこで、オキシトシンと愛着障害との関連も取り上げられることがある。また、最近では成人男性に投与した結果、他者との信頼関係を形成しやすくする効果が報告されている。

　このオキシトシンを自閉スペクトラム症の方へ経鼻スプレーで投与する試験が行われている。常同行動と限定的興味がオキシトシン投与で有意に軽減したり、話しかけられる際に相手の目元を見る時間の比率が、オキシトシン投与で有意に増加するなどした結果が得られたとのことだが、社会性を改善する明白な効果が出ているわけではないので過大な期待はできない。

　ただし、愛着の生物学的基盤であるオキシトシンが自閉スペクトラム症の症状改善を多少なりとももたらすとすれば、愛着のシステムと発達障害の背景にある認知のシステムには相互に関連があることを示唆する材料になる。今後の研究の進展が注目される。

（山崎晃史）

Ⅱ. 学習障害および注意欠如・多動症理解の歴史

1. 多動と MBD 概念

　学校教育の進展とともに、視覚に問題がないのに繰り返し教えても読めない＝読字障害や落ち着きのなさ＝多動がクローズアップされてきた。1910年代にエコノモ脳炎の後遺症として多動症状が見られ、脳の器質的障害と多動との関連が示唆された。その後、**ブラッドレー**（Bradley, C.）は中枢刺激薬アンフェタミンがこの種の行動を改善することを偶然発見した。

　いっぽう、1950年代終わりに**ノブロック**（Knobloch, H.）と**パサマニック**（Pasamanick, B.）は**微細脳損傷**（minimal cerebral [brain] damage）という概念を提示して、児童の行動の問題の背後に脳損傷の微細な神経学的徴候を認める場合があるとした。しかし、脳損傷の存在を明確には証明できず、しかも概念が乱用され偏見助長につながる危惧もあり、**微細脳障害**（minimal brain dysfunction：**MBD**）と言われるようになった。機能障害として理解される方向に進んだのである。その後、MBDは「多動」と「学習障害」の2つのグループに分けられていった。

2. 多動性障害と学習障害

　多動に関してはアンフェタミンと構造の似た薬剤**塩酸メチルフェニデート**（MPH）が用いられるようになり、効果が認められるようになった。さらに、注意力の視点が取り入れられ、1970年代後半には注意欠陥多動性障害と称され現在と同様の概念が完成した。

　学習障害（learning disabilities）は1963年、**カーク**（Kirk, S.）が教育領域での支援を進めるために提案した用語に端を発する。**マイクルバスト**（Myklebust, H.）は**心理神経学的学習障害**（psychoneurological learning disabilities）の概念を提唱して、脳機能障害の存在を示唆した。学習障害の概念は1970年代から米国の施策に取り入れられ、その後、診断基準にも取り入れられることになる。

　このように注意欠如・多動症は薬物療法や脳機能との関連で概念化されていき、その効果や諸研究から症状成立の仮説が構築されていった。そして、学習障害は教育的配慮の必要性から概念化されていったものである（**図5-5**）。

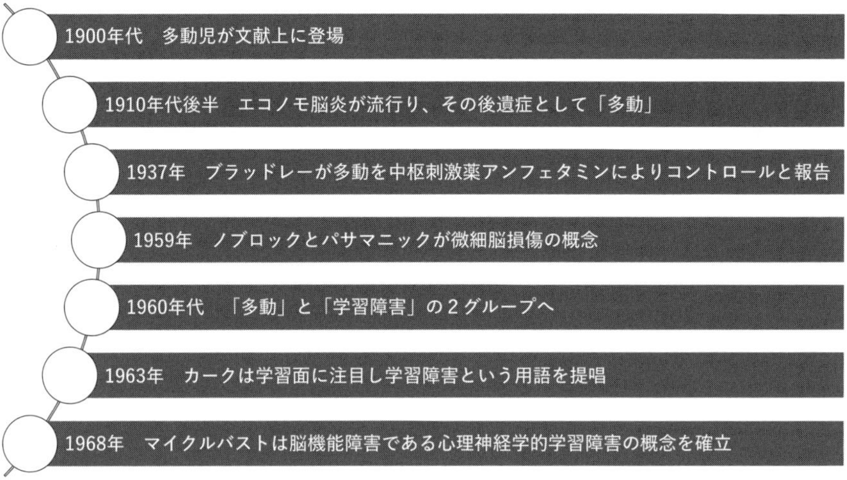

第5章　原因論——発達障害の原因を巡る諸視点　73

- 1900年代　多動児が文献上に登場
- 1910年代後半　エコノモ脳炎が流行り、その後遺症として「多動」
- 1937年　ブラッドレーが多動を中枢刺激薬アンフェタミンによりコントロールと報告
- 1959年　ノブロックとパサマニックが微細脳損傷の概念
- 1960年代　「多動」と「学習障害」の2グループへ
- 1963年　カークは学習面に注目し学習障害という用語を提唱
- 1968年　マイクルバストは脳機能障害である心理神経学的学習障害の概念を確立

図5-5　微細脳損傷から多動・学習障害への変遷

3. 多動衝動・不注意を巡る脳機能の理解

　塩酸メチルフェニデートは覚醒作用がある**中枢刺激薬**であり、その投与により注意欠如・多動症の80％前後で諸症状に改善が見られることから、行動の制御、抑制機能を言わば覚醒させていることが想定された。特に**実行機能**と**報酬系**に作用していると考えられている（図5-6）。

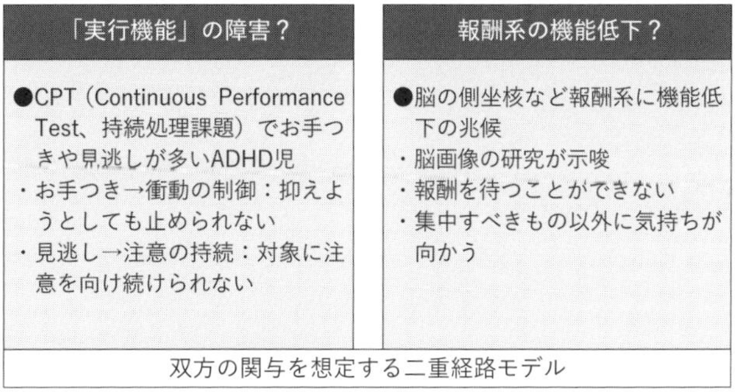

　注意欠如・多動症児童では持続処理課題（CPT）[4]でお手つきや見逃しが多いことから、衝動の制御、注意の持続や選択的な

「実行機能」の障害？	報酬系の機能低下？
●CPT（Continuous Performance Test、持続処理課題）でお手つきや見逃しが多いADHD児 ・お手つき→衝動の制御：抑えようとしても止められない ・見逃し→注意の持続：対象に注意を向け続けられない	●脳の側坐核など報酬系に機能低下の兆候 ・脳画像の研究が示唆 ・報酬を待つことができない ・集中すべきもの以外に気持ちが向かう
双方の関与を想定する二重経路モデル	

図5-6　多動衝動・不注意のメカニズム

4　持続的な刺激提示のなかで、予め指示された特定の標的刺激にのみ反応する課題。

注意の苦手さが示唆されている。これらは実行機能という認知機能と重なり、その障害があるとされる。ただし、同じ注意欠如・多動症でもこの種の課題の遂行結果には個人差が大きく、実行機能の障害という仮説だけでは説明がつかない。

そこで、脳機能イメージング法を用いた研究などから報酬系の機能低下も想定されるようになった。報酬系とは報酬＝ごほうびを感じ取る脳機能であり、機能していれば先にあるより大きな報酬（遅延報酬）を意識することができる。いっぽう、機能が低下していれば目先の小さな報酬（刺激）へと向かってしまう。つまり衝動的になってしまう。この機能には脳の側坐核が関与しているとされる[5]。

中枢刺激薬[6]はこれらの機能双方に作用するとされる。具体的には神経伝達物質ドパミンやノルアドレナリンをシナプス間隙に増加させ、これにより行動や注意の制御が可能になり落ち着き、注意を向けられるようになると考えられている。ただし、この作用機序はまだ十分には解明されていない。

なお、学習障害についても、例えば読字障害に関係する領域の探索が行われるなど脳機能障害を前提にした研究が行われている。

Ⅲ. 養育環境と発達障害の相互関係

1. 脳機能の包括的理解の必要性

これまで見てきたように、発達障害は自閉スペクトラム症と注意欠如・多動症をモデルとして脳機能障害と考えられており、その反映としての認知機能障害があることが社会的合意点になっている。そして症状に対応した脳の部位が探索されている。しかし脳は全体として機能し、かつ身体や環境と相互に影響し合いながら機能していることをふまえると、限局した脳の領域にのみ原因を求めることは適切とは言えない。また、そもそもそうした脳機能が生じた発達経過を考える

---

[5] 最近ではさらに、順序立ててものごとを処理することに関連する時間調節機能の障害も言われている。これには小脳が関係しているとされる。また、安静状態で活性化するデフォルトモード・ネットワークという脳の部位が注目されており、ADHDの場合はその機能低下があるとされ症状との関連が注目されている。
[6] 中枢刺激薬として（商品名）コンサータが使用されている。徐放錠で効果が長く持続し依存性が抑えられる。なお、ADHD症状に対する非中枢刺激薬としてアトモキセチン（商品名：ストラテラ）やグアンファシン（商品名：インチュニブ）といった薬剤もある。

表5-1　発達障害の脳機能障害説を適正に理解するための視点

① 脳の全体性：脳の特定領域の活動は全体の機能が支えている
② 生態学的視点：環境のなかで脳は機能する
③ 素質と環境の視点：脳機能が形成される過程を理解する必要がある

必要もある。

表5-1において①の視点については、既に自閉スペクトラム症の脳機能について、脳の特定部位にその原因を還元しにくいことを見た。ましてやある行動について、例えば「前頭葉の障害があるから」と単純に結びつけることはできない。また、外見上同じ行動でも一人ひとりの脳の機能のしかたは違っている可能性もある。心理教育などで用いられる特定領域の脳機能に還元した説明は納得感を提供するためにあえて単純化したものだという意識が必要であろう。

表の②と③について、以下に項目をあらためて整理していく。

2. 先天的要因と初期環境の視点

(1) 脳内だけで完結しない脳機能

脳の機能をズームアップすればさまざまな特徴が見えてくるが、脳は脳内だけで活動が完結しているわけではない。環境との相互作用のなかにある。

当事者研究[7]のなかでアスペルガー障害の当事者である綾屋（2008）が述べているように、コミュニケーション障害とは一方的な言い方であり、コミュニケーションはお互いで行うものであるから片方だけに責任を帰することはできない。これは障害を社会的障壁によるものとする考え方と共通し、個人内の脳機能にばかり課題を還元する発想自体がコミュニケーションを阻害している危険性を謙虚に考える必要がある。

いっぽう脳機能障害の成り立ちについては、さまざまな段階のさまざまな影響が想定されている（図5-7）。

(2) 先天的要因

発達障害では遺伝的要因が大きいと想定されている。自閉スペクトラム症に関

---

[7] 北海道の「べてるの家」での精神障害の方の支援から始まった、当事者が自身の障害を分析し研究し、仲間と共有する取り組み。

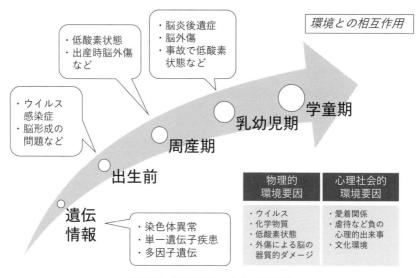

図 5-7　発達経過のなかで顕在化

しては諸研究を総合すると一卵性双生児で一致率が 60 ～ 90％程度、二卵性双生児で 1 ～ 10％程度であり、遺伝的要因が強く示唆されている。注意欠如・多動症においても同程度の一卵性双生児一致率の報告がある。しかし、これは単一の原因遺伝子によるものではなく多数の遺伝子が関与していると考えられており、かつ環境要因も一定程度関与している。

いっぽう、先天的な要因が**染色体異常**という形で明確である発達障害があり、21 トリソミー（ダウン症）、クラインフェルター症候群、ターナー症候群、18 トリソミー、13 トリソミーなどが知的発達症につながる。

また遺伝子異常に伴う**先天性代謝異常**は、その種類は 600 以上あり対処しないと知的発達症をきたし、発育にも重大な影響を与えるものがある。代謝異常に対応した食事療法などで治療可能なものがあり、**新生児マス・スクリーニング**でスクリーニングされ対応されている。

例えばフェニールケトン尿症は必須アミノ酸のフェニールアラニンを別のアミノ酸に変える酵素が欠損しているために、身体にフェニールアラニンが蓄積し結果的に発達に障害をきたす。しかし、低フェニールアラニンミルクによる食事療法で知的発達症に至るのを防止することが可能である。

（3） 出生前母体内環境下の要因

妊娠中の母体のウイルス感染や寄生虫感染が胎児にも感染することがあり、そうなると発達障害や奇形の可能性を高めるものがある。先天性風疹症候群、先天性サイトメガロウイルス感染症、先天性単純ヘルペスウイルス感染症、先天性トキソプラズマ感染症などである。

また胎生期の中枢神経系の発生、脳の形成過程のなかでさまざまな奇形が生じ、それが発達障害につながることがある。

（4） 周産期[8]の要因

医療の進歩により、わが国の低出生体重児[9]の死亡率は激減している。500〜1,000g 未満では死亡率が 1985 年には 41.2% だったが 2000 年には 15.2% にまで改善している。驚くべきことに 500g 未満の出生体重でも 91.2% だった死亡率が 62.7% にまで改善している。

ただし、より低い出生体重での生存例が多くなると障害をもつことになる者の確率も高まる。超低出生体重児の調査で 1990 年出生者で 3 歳時点での総合発達評価が異常となる例が 14.1%、脳性麻痺である例が 12% だが、2000 年出生者ではそれぞれ 19.6% と 16.3% に上昇している（三科, 2006）。

このように、低出生体重児の場合、正期産よりも発達障害となる可能性が高まることが指摘されている。特に、ADHD の合併が一般集団より多いとされている（豊田ら, 2015）。出生時の体重が低いほど脳の形成に与える影響は大きいと一般論としては言えるだろう。

出生前後には新生児仮死に伴う低酸素性虚血性脳症、頭蓋内出血、脳炎や髄膜炎などが生じることがあり、脳に器質的なダメージを与え、脳性麻痺をはじめ、重度の障害につながることがある。周産期は環境の激変期であり、この種のリスクが比較的高い。

（5） 出生後の要因

事故や身体的な虐待による頭部外傷、感染症よる髄膜炎、脳炎などがその後遺症として知的発達症などの発達障害を生じさせる。発達障害が先天的なものだとすると厳密にはそれには含まれないが、発達期に生じるこれらの事態から器質的

---

[8] 妊娠 22 週から出生後 7 日未満までの期間。
[9] 出生時の体重が 2,500g 未満を言う。在胎 36 週未満（早産）の期間短縮によるものと子宮内発育遅延によるものがある。なお、1,000g 未満の出生を超低出生体重児と呼ぶ。

に生じるものも発達障害に準じて扱われる。

3. 養育環境の位置づけ——愛着障害と発達障害の相互関係

　ここでは親子関係、家族関係という環境と発達障害の関係を取り上げる。自閉スペクトラム症における「冷蔵庫マザー」の理屈は深い傷を関係者に残し、現在では家族要因を取り上げることはタブーでさえある。しかし、人間の発達が素質と環境の相互作用によるものだとすれば、発達障害に人間関係要因が関与する可能性があるのかないのかは整理しておく必要がある。

　近年、虐待などで過酷な日常環境に置かれた児童の発達障害に似た行動が注目されている。そして被虐待を含めた愛着障害との比較がなされている。杉山（2007）は第1の発達障害（知的発達症など古典的な発達障害）、第2の発達障害（自閉スペクトラム症）と第3の発達障害（注意欠如・多動症など軽度発達障害）に加えて、第4の発達障害として被虐待体験に基づく反応性愛着障害と解離を背後にもつ多動性行動障害を挙げた。そして虐待が脳にも影響を与える可能性があることを指摘した。

　通常、環境的影響による愛着障害は発達障害とは全くの別ものであるとするが、杉山は脳に影響を与えている可能性があり、長期に及ぶ育ちの支援が必要な状態である被虐待は発達障害と同様の視点で対応していくべきとしたのである。

　実際、被虐待体験児童の抑制的警戒的態度（**抑制型愛着障害**）が自閉特性や不注意と類似していることがあり、脱抑制的過覚醒的態度（**脱抑制型愛着障害**）が多動衝動性と類似していることがある（**図 5-8**）。被虐待においては常時の警戒意識が**過覚醒**の状態を引き起こすことが考えられ、耐えがたい状況から退避するために**解離**という苦痛を感じない処理をする無意識的防衛機制を使っていることが考えられる。そこで解離の防衛機制が働いているかどうかを注意欠如・多動症と反応性愛着障害の鑑別の手がかりとするが、実際には見分けるのが困難なことがある。身体的虐待ではない場合は第三者には過酷な経験をしていることが見えないこともある。注意欠如・多動症の児童がその行動故にストレス耐性の低い親との相互関係のなかで虐待を誘発することも考えられ、そうすると発達障害と虐待の影響が輻輳してしまう（⇒第9章Ⅰ．2．）。

　遠藤ら（2006）は、基盤に生来の多動をもち、そのうえ虐待を受けていた児童が、他害的な衝動性から入院治療となった事例を取り上げている。リスペリドン

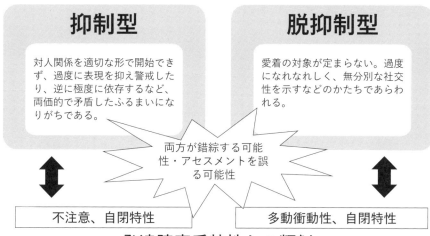

図 5-8　愛着障害（反応性愛着障害）

の投与とともに過覚醒の「ハイテンションモード」と指示の通りの良い「よい子モード」が交替で顕在化し、また、逸脱行動を注意すると一点凝視する解離的な行為が見られたため過覚醒に使用する SSRI（選択的セロトニン再取り込み阻害薬）を使用したところ症状が抑えられ、行動療法的アプローチが可能になり、落ちついたため退院となったという。多動衝動性の背景に過覚醒、解離があり、それらに焦点を当てた薬物療法を行うことで本来の注意欠如・多動症そのものにもアプローチできるようになったと総括している。

　発達障害の特性を理解しないで無理な接し方を続けることで問題が増幅するパターン、家族関係要因と発達障害要因の相互作用で状態が作られていくパターン、またベースに発達障害要因がないが、過酷な家族関係要因のなかで見かけは発達障害で実際は愛着障害のパターンなど、その組み合わせは多様である。一人ひとりの状態像が多様な要因から成り立っている前提でアセスメントを行う必要がある。

4. 二次障害としての外在化障害、内在化障害

　発達障害を形成する素質的要因と人間関係を含めた環境的要因は相互に作用しながら一人ひとりの状態を形成していく。その結果、否定的な側面に顕れて

くるものは**二次障害**と言われ、**外在化障害**と**内在化障害**に分類される（宇佐美, 2016）。叱責や強制を受けやすく、人間関係で心理的負荷を蓄積しやすく、課題遂行や学習場面でのつまずきから不全感を重ねがちで、そうしたさまざまな負の蓄積と悪循環から二次障害が生じるのである。

外在化障害は過度なかんしゃく、反抗・攻撃的行動（反抗挑戦症）、非行（素行症）といった形で顕れた二次障害である。内在化障害は不安障害、気分障害、強迫性障害、摂食障害といった形で顕れた二次障害である。これらが亢進していくとパーソナリティ障害やひきこもり、反社会的行為につながってしまうことがあるとされる。そして、これらは相互に移行しうる。

なお、**重篤気分調節症**（disruptive mood dysregulation disorder：DMDD）は6〜18歳で診断される慢性で激しい持続的な易怒性であり、頻繁なかんしゃくと慢性的な怒りの気分が特徴である。その背景には発達障害を基盤に複雑な環境要因がからんだ不安や抑うつが潜在していることがある。

実際の心理支援では、素質と環境の相互作用の様相を多面的に丁寧に把握し、一つひとつの要素を解きほぐしながら理解し、支援していくことが必要である。また、不安や強迫、抑うつ、摂食障害、攻撃的行動、非行、依存症や衝動制御の困難さなどの背景に発達障害が潜在している可能性を想定しながら心理支援を進めていく必要がある。

コラム8

わが国の発達障害理解と支援の黎明

　知的障害が目立たない発達障害（以下、軽度発達障害と略す）に関するこの20年ほどの理解と支援の歴史的進展は、木村（2006）も述べているように医療化（medicalization）という視点から見直すことでより鮮明になる。医療化とは、それまで医療の対象ではなかったことがらが、医療の対象になり、治療されるべきものへと変容していく現象を指す社会学的な概念である。軽度発達障害はまさにそのプロセスをたどってきた。わが国においてはそれはまずは親や専門家による啓発的活動からスタートした。

　軽度発達障害が日本で社会的に注目されるようになったのは、1980年代後半から1990年代における学習障害（LD）概念の広がりからであろう。子どもの学習における得意不得意を、努力不足という本人の意欲の問題にせず、もって生まれた素質によって生じていると考え、その理解を求める機運が高まった。

　それには、1990年の「全国学習障害児・者親の会連絡会」という当事者組織の設立とそこからの発信が大きな役割を果たした。この頃には、一般市民向けの啓発的なブックレットが出されるようになっていた。また、1992年、日本LD学会が発足し、新聞などのマスコミが取り上げることが増えた。当時の文部省でも同年、通級学級に関する調査研究協力者会議が「通級による指導に関する充実方策について」という報告を出し、そのなかで「学習障害児等に対する対応」という項目を立て、公式に学習障害を取り上げた。文部省はその後「学習障害及びこれに類似する学習上の困難を有する児童生徒の指導方法に関する調査研究協力者会議」を立ち上げ、最終的に1999年に「学習障害児に対する指導について（報告）」としてまとめられた（上野ら，1996；柘植，2002；上野，2003）。

　教育現場や家庭を巡る当事者の声を起点に、研究者も研究や啓発を積み重ね、それを受けた学校教育の領域で認知され、支援の対象として認識されるに至った。ここまでは、佐々木（2011）がADHD概念の日本における導入過程を分析して述べたように、親の会の活動が大きかった。また、当時のガイドブックを見ると、医療、教育、心理の専門家のリードも大きかったと思われる。「私たちの抱える困難さを分かってほしい」という辛さの表明であると同時に、「一人ひとりのニーズは違っており、本人の意欲のなさや家庭の問題として放置されるのではなく、一人ひとりにあった教育を保証してほしい」という訴えであった。

　その後、ADHD（注意欠如・多動症）が日本でもクローズアップされるようになった。佐々木（2011）によれば、ADHDは1990年代までは専門研究誌でもテーマとしてあまり取り上げられていなかった。それが、2000年代に入ると一気に取り上げられる数が増えたという。当時、原（1999）は「現在の『ADHDブーム』は医療や心理学領域のそれではなく、教育領域の対応を問うもの」であるとし、「病院を訪れるADHD児がそれほど多いとは思えない」と述べている。ADHDは学習障害の延長線上で理解され、当初は教育領域での関心が中心で医療での関心は低かったようである。

（山崎晃史）

課題

調べましょう

- ☑ 染色体異常のさまざまな障害や先天性代謝異常について調べて整理しましょう。
- ☑ 高次脳機能障害のさまざまな症状と脳機能との関連を調べましょう。また、発達障害の症状との類似点について調べましょう。

考えましょう

- ☑ 事例6について、このような行動の成り立ちについて、脳機能障害の諸仮説をふまえて説明をしてみましょう。
- ☑ 事例7について、このような行動の成り立ちについて、素質的要因と環境的要因の相互作用の観点から仮説を立てて説明してみましょう。

文献

ADHDの診断・治療指針に関する研究会　齊藤万比古編（2016）注意欠如・多動症— ADHD —の診断・治療ガイドライン第4版．じほう．

綾屋紗月・熊谷晋一郎（2008）発達障害当事者研究—ゆっくりていねいにつながりたい—．医学書院．

Baron-Cohen, S., Leslie, A., & Frith, U. (1985) Does the autistic child have a "theory of mind"?. Cogniton, 21. 37-46.

バロン＝コーエン，S．三宅真砂子訳（2005）共感する女脳、システム化する男脳．NHK出版．

バロン＝コーエン，S．水野薫・鳥居深雪・岡田智訳（2011）自閉症スペクトラム入門—脳・心理から教育・治療までの最新知識．中央法規出版．

遠藤太郎・染矢俊幸（2006）多動と子ども虐待．そだちの科学, 6, 67-71.

遠藤利彦・石井佑可子・佐久間路子編著（2014）よくわかる情動発達．ミネルヴァ書房．

フリス，U．冨田真紀・清水康夫・鈴木玲子訳（2009）新訂自閉症の謎を解き明かす．東京書籍．

浜松医科大学・名古屋大学・金沢大学・福井大学・国立研究開発法人日本医療研究開発機構　2018.6.29 プレスリリース「世界初　自閉スペクトラム症へのオキシトシン経鼻スプレーの治療効果を検証しました」

原仁（1999）注意欠陥・多動性障害の概念と診断．発達障害研究, 21(3), 159-170.

星野仁彦・八鳥祐子・熊代永（1992）学習障害・MBDの臨床．新興医学出版社．

Kanner, L. (1943) Autistic disturbances of affective contact. Nervous child, 2, 217-250.

木村祐子（2006）医療化現象としての「発達障害」—教育現場における解釈過程を中心に—．教育社会学研究, 79, 5-24.

小坂浩隆・藤岡徹・丁ミンヨン（2018）病因仮説．最新医学, 73(10), 1327-1332.

三科潤（2006）低出生体重児の長期予後．日本産科婦人科学会誌, 58(9), N-127-131.

大隅典子（2016）脳からみた自閉症「障害」と「個性」のあいだ．講談社．

榊原洋一（2007）脳科学と発達障害―ここまでわかったそのメカニズム―．中央法規出版．
佐々木洋子（2011）日本における ADHD の制度化．市大社会学，12，15-29．
杉山登志郎（2007）子ども虐待という第四の発達障害．学習研究社．
豊田ゆかり・矢野薫・長尾秀夫（2015）低出生体重児の発達と支援の現状．愛媛県立医療技術大学紀要，12(1)，1-8．
柘植雅義（2002）学習障害（LD）―理解とサポートのために―．中央公論新社．
上野一彦・二上哲志・北脇三知也・牟田悦子・緒方明子編（1996）LD とは―症状・原因・診断理解のために―．学習研究社．
上野一彦（2003）LD（学習障害）と ADHD（注意欠陥多動性障害）．講談社．
宇佐美政英（2016）思春期自閉スペクトラム症の内在化障害および外在化障害について．児童青年精神医学とその近接領域，57(4)，496-504

第2部
ライフサイクルに沿った心理支援

第6章 連携と協働
専門職連携協働実践(IPW)を基盤にした心理支援

山崎晃史

> 発達障害をもつ人々においては、生涯にわたり生活のさまざまな局面で多様なニーズが発生する。そのため、単一の職種や機関のみでは対応できない。そこで連携が必要になるが、それは単一の専門職が一方的に主導するものではない。本人中心、ニーズ中心にそれぞれが立場を越えて協働する。こうした方向性を専門職連携協働実践（Interprofessional Work：IPW）と呼ぶ。本章では、その連携の調整手法としてケアマネジメントを学ぶ。そして、チームの一員として貢献する心理支援のあり方を再確認する。

事例8

27歳の中度の知的発達症成人女性は、18歳の時に障害者雇用の形で企業に就職して以来、仕事にも慣れ、休日にはヘルパーの支援を受けながらさまざまな場所に出かけて楽しんでいる。最近、特別支援学校の同級生の友人がサポートを受けながらひとり暮らしを始めた。それを見て、ひとり暮らしをしたい、自立したいという希望をヘルパーに言うようになった。ヘルパーはそのことを担当の相談支援専門員に伝えた。

相談支援専門員はモニタリングの機会に家庭訪問し、本人との面談で、その希望を確認した。同席していた親は、それは無理だと反対していた。その後、複数の関係者が本人の意思を確認したところ同じことを表明していた。そこで、担当の相談支援専門員は次の期間のサービス等利用計画にその意思を反映させる準備を進めた。

次期計画では「サービス等利用計画」に「本人のニーズ」のひとつとして「ひとり暮らしをしたい」という願いを位置づけた。そして、その「支援目標」を「ひとり暮らしに向けてさまざまな体験をし情報を集める」として「サービス内容」として「グループホームを体験利用する」や「ヘルパーと一緒に日常生活のスキルを確認する」を記載した。

本人、親が参加し支援関係者が集まった次期計画を検討するケア会議では、この新しいプランが検討された。親からは懸念が示されたが、本人は友人の名前を挙げて○○さんみたいに楽しく暮らしたいと話した。ひとり暮らしに向けて、いろいろな体験をしながら一つひとつ懸念材料を検証していくことを次期の課題とすることで本人も親も納得した。参加者の福祉行政担当者が将来に向けて福祉サービス利用援助事業の説明も聞いてみると良いとして、窓口である社会福祉協議会についての情報提供を行った。

> **事例9**
>
> 　放課後児童クラブで自閉スペクトラム症の小学校2年生男児が暴言を他児に吐いてしまうことでトラブルになっている。親は教育相談室でいつも相談している公認心理師に状況を説明して支援を求めた。
>
> 　公認心理師は学校での状況を把握するために在籍する通常学級を訪問した。学校では学級内での机の位置や、周囲の児童との相性にも配慮し、また、気持ちを切り替えるためのさまざまな工夫を行っていて、全体的には落ち着いていた。教師に聴き取ると、かかっている医療機関の作業療法士の助言で感覚過敏への対応を進めているとのことである。
>
> 　その情報をふまえて、課題になっている現場である放課後児童クラブに公認心理師が訪問し行動観察を行ったところ、狭いスペースで多くの児童がすごす状況であり刺激が過多になっていると考えられた。また、対応への焦りがやや強制的な接し方につながり、それが本児と支援員との間に緊張感を増幅させているようだった。そこで、この緊張関係をほぐすような助言をした。学校との情報交換は今までは特になかったとのことだった。学校での安定を聞いてクラブの支援員は驚いていた。
>
> 　本児がかかっている医療機関の併設機関には保育所等訪問の事業所があり、作業療法士が巡回支援を行っている。事業所に連絡を取って確認した上で、放課後児童クラブに対しても巡回支援が可能であることの情報提供を親に対して行った。また、保育所等訪問の利用手続きについて市役所の福祉担当者から説明をしてもらった。
>
> 　この事業の利用をきっかけに、親を含めた医療機関、教育相談室、保育所等訪問事業所、学校、放課後児童クラブの連携がスタートし、月に1回ほどの放課後児童クラブへの作業療法士の巡回支援が始まった。各機関での関わりの様子を簡単なメモで申し送っていくことになった。
>
> 　学校が学習面の着実なステップアップと社会性を育てることを担い、放課後児童クラブはリラックスできる放課後環境に向けて工夫を進め、教育相談室は学校での生活状況を客観的にモニタリングするとともに親の心理的支持を行い、医療機関は薬物療法の調整と協調運動面のリハビリテーションを進めた。そして定期的なケア会議で現状と方向性の確認を図り、横の連携を安定させていった。

I. ケアマネジメントと専門職連携協働実践

　障害領域の支援は**ケアマネジメント**（care management）の考え方で組み立てられている（図6-1）。これは障害をもつ人の地域生活を保障する手段である。地域生活の保障は人権上の要請であり、ノーマライゼーションの理念であり、それは同時に障害者権利条約と障害者基本法の求める世界でもある。

　また、地域生活は単一の支援、単一の機関、単一の専門職だけで支えられるものではなく専門職の連携と協働が必要である。そして、地域生活では、そのなか

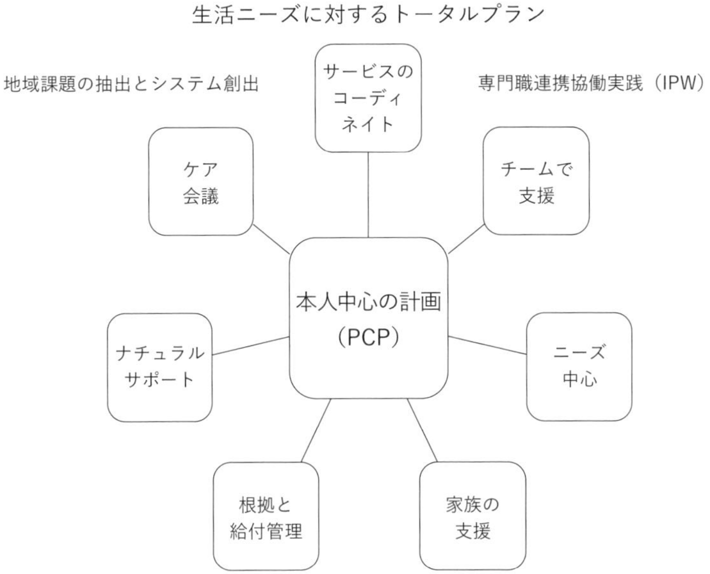

生活ニーズに対するトータルプラン

```
地域課題の抽出とシステム創出        サービスの          専門職連携協働実践（IPW）
                              コーディ
                              ネイト
           ケア                          チームで
           会議                           支援

    ナチュラル        本人中心の計画             ニーズ
    サポート          （PCP）               中心

           根拠と              家族の
           給付管理             支援
```

図6-1　ケアマネジメント

で解決しなければならないことがさまざまな局面で生じる。

その解決を以下のような視点で図っていく。

1. 本人中心の計画

地域で生活するとは障害の有無にかかわらず「健康で文化的な最低限度の生活」（憲法第25条1項）をする権利（生存権）および幸福追求権（憲法第13条）の具体化に他ならない。つまり本人の願いや**自己決定**が尊重される（本人中心）ということであり、お仕着せのもので満足するように促されることとは違う。**本人中心の計画**（person-centered planning：**PCP**）とはこのような権利が実現するように支援を計画することである。

そして、ケアマネジメントは、あくまでも本人中心の実現に向けて、多様な社会資源を活用していく手続きであり手法である。

児童の場合の本人中心は、集団規律中心の論理ではなく**インクルーシブ**（inclusive）な育ちの環境実現を前提としたものである。集団の調和のためには排除されても仕方がないといった発想に対抗する。

本人中心支援を進めていくうえで重要な概念が**アドボカシー**（advocacy）である。弱い立場であるがゆえに積極的に発信できない、あるいはできないように力が削がれてきた事態に対し、権利を回復するために立場を代弁し、弁護していくことを言う。その意味では中立ではなく、本人の立場に立って積極的に支持する。ケアマネジメントは権利擁護のプロセスでもある。

　また、このプロセスではただ支援されているのではなく、本人自らが発信力や自信を高めていくことにもつながり、本人側の視点で言えば**エンパワーメント**（empowerment＝力を発揮できるようにすること）になる。

　従来の心理支援では、本人の立場を積極的に代弁するというよりは自己表現を側面援助するという視点が中心であった。しかし、公認心理師・臨床心理士も、必要な時には踏み込んだ積極的な活動を通じて不利な条件を解消し、主体性と自尊心の回復を後押しする必要がある。

2．ニーズ中心

　本人が必要としていること＝ニーズ（needs）にあくまでも焦点を当てる必要がある（**ニーズ中心**）。ともすると外形的な状況から類型化して、特定のサービスを当てがうということになりがちである。発達障害という理由だけで特定施設に通うべきということになると、場所の特定だけでニーズへの対応になっていない。また、本人の意向を問わず、専門的判断であるとして専ら特定の方向へと誘導してしまうことは、ニーズ中心ではないのとともにパターナリズム（paternalism）となり自己決定と矛盾する。

　ニーズに関しては表明されたニーズである**デマンド**（demand）と、表明されていないもの、潜在的なものも含めた本質的な問題解決につながるものである**真のニーズ**がある。両者が一致する場合もあるが、ずれが生じていることが多い。

　例えば、教室内のある種の音に過敏さがあり、そのために「外へ行きたい」と表現して授業中の教室から出て行く行為がある。ただし、本人はその真の理由は表現できないとする。外へ行きたいというデマンドにそのまま応じるだけで、学習が嫌なのだと捉えたとしたら真のニーズの把握の失敗である。いっぽう、原因を探索して「特定の音や反響音に過敏さがあるので安心して学べない。安心して学びたい」と捉えるところまで到達したとしたら真のニーズの把握になる。そうするとニーズに対応した環境調整を進めることができ、対策により教室内での学

習が可能になる。ただし、よく観察し、丁寧に関わらないとこのような判別はできない。

3. サービスのコーディネート

ニーズは日常や生活のなかで複合的な要因がからみ、さまざまな場で生じる。発達障害をもつ青年について、就労先の人間関係がうまくいかずに休みがちになっているという状況があるとすると、例えば背景に、仕事の内容や進め方とのミスマッチがあったり、依存症の課題があったり、家族関係のこじれがあったりする。そうすると職場の環境調整、医療機関の受診、本人とのカウンセリングやピアカウンセリング、家族関係の調整などが必要となる。これに対し単一機関、専門職のみで対応することはできない。そこで複数の機関が関わることが必要になる。

ただし、本人や家族がさまざまな機関の窓口に支援を依頼し、さらに全体の調整をしていくことは難しい。そこでニーズを把握してサービスにつなげながら全体調整を図る機能＝**コーディネート**を行う役割が支援のなかでは重要である。

このコーディネートは単にサービスに結びつけて終わりというものではない。本人中心に支援のネットワークを維持、発展、引き継いでいくものであり、全体進行を**モニタリング**（観察把握）する機能が必要である。コーディネートは、介護保険のサービス、障害者の日常生活及び社会生活を総合的に支援するための法律（障害者総合支援法）のサービス、児童福祉法の一部のサービスの利用に際しては、介護支援専門員や相談支援専門員の役割だが、それ以外の場合には関係者のなかでその立場が取りやすい者が行えば良い。

4. 専門職連携協働実践（IPW）

このコーディネートの必然の結果としてチームで支援を行うことになる。チームアプローチは従来からその重要性が言われてきたが、機関内、組織内のチームワークの形成が中心だった。あるいは役割分担をすることがチームワークだと考えられてきた。ただ現在では、多様な機関や専門職が本人中心、ニーズ中心で協力し合うことがテーマとなっている。

そして、これをさらに推し進めたものとして**専門職連携協働実践**（Interprofessional Work：**IPW**）の考え方がある（図6-2）。もともとは英国での実践がも

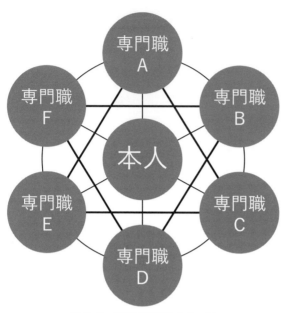

図6-2 IPWの連携イメージ

とになっている。医療過誤や児童虐待事件の検証のなかで関係者間のコミュニケーション不全や連携不足がシステムとして存在すると認識され、多職種が同じ場所で相互に学び合う機会の重要性が認識された。その推進を図る教育プログラムが**専門職連携教育**（Interprofessional Education：**IPE**）であり、英国では政策として取り組まれることになった。

連携と言っても通常は専門職が独自の専門性を主張して、その範囲のなかで行うことに留まりがちである。そうした状況では支援はモザイク的になり、支援のはざまの領域が生じ、重要な情報が見落とされ、ニーズが気づかれず、課題が解決されずに放置されることにつながる。また、自らの専門領域の流儀や術語を用いることで他領域との意思疎通に障壁が生じがちである。

IPWではそうしたことを防ぐために、自らの専門領域を基盤にしながらも、本人中心、ニーズ中心を第一にして連携し協働する。それは役割分担というよりも、自らが一歩踏み出して担う部分を探す姿勢であり、ニーズを満たすために何ができるかを専門職相互に対等な立場で考えることである。加えて、職種間の障壁をつくらないように、専門用語を誰にでも通じる平易な言葉にして用いていく。例えば、心理検査の所見も平易で簡潔明快な表現を用いていく。

心理支援では場所や時間枠などを特定する治療構造を重視するモデルに依拠することが比較的多い。しかし、発達障害の領域では、生活のなかでさまざまな課題が生じるため、アウトリーチを行ってその現場で連携を進めることの必要性が高い。この領域で活動する公認心理師・臨床心理士は、さまざまな立場の専門職

と協働する機会を積極的にもち、柔軟な形で支援を提供するフィールドワーク中心の支援モデルを構築する必要がある。

5. 根拠と給付管理

ケアマネジメントの手法が公的に位置づけられたのが、介護保険法や障害者総合支援法下でのサー

図6-3 制度化されたケアマネジメント

ビス利用システムである（**図6-3**）。これらは保険料や税金が財源であるため、サービスの利用には明確な根拠が必要になる。そこでケアマネジメントのプロセスが公的な根拠として位置づけられる。

また、認められたサービスの支給量のなかで支援を組み立てるルールとなっており、その管理を行う必要がある。これを給付管理という。

6. 家族の支援

家族もさまざまな不安や困りごとを抱えていることが多く、その支援も視野に入れていく。特に、幼児期、児童期においては親を支えていくことが大きな部分を占める。公認心理師・臨床心理士は親の心理状態をふまえて支援を組み立てることになり、かつ親支援を巡り他職種をバックアップする役割がある。

いっぽう、成人の場合には本人の立場を支え、家族からの適切な分離を方向づける必要も時としてある。長年にわたり家族が本人に保護的に接してきたことで、家族の意向が全てになり、本人の願いが問われることなく過ぎていることがある。本人の願いや潜在的な意思を言葉や態度からしっかり受けとめ代弁していくことも公認心理師・臨床心理士の大事な役割である。

7. ケア会議

ケアマネジメントのプロセスにおいて本人中心を具体化したものが**ケア会議**である。これは本人（および保護者や家族）が参加することを前提に、支援関係者

が集まりサービスの計画や課題を確認する会議である。重要なのは本人（保護者や家族）の意思や願いが表明される機会となり、一同でそれを確認するということである。

　ケアマネジメントの考え方が導入される以前には、このような確認過程はなかった。つまり、ケース会議や連携会議はあっても、それは支援者側の検討であり確認であった。本人が参加する方針会議はなく、本人がいると話せない、適切な支援の方向性は専門職が考えるものだという前提があった。しかし、現在では本人参加のケア会議は当然のように行われている。これはパターナリズム的な保護的意識から自己決定の尊重へと支援の考え方が変わったからである。もちろん、現在でも本人の参加しないケース会議や担当者会議は行われている。だが、最終的な支援目標設定や内容決定は本人の意思確認が前提である。

8. 地域課題の抽出とシステムの創出

　このケアマネジメントのプロセスは個別支援に留まるものではない。ニーズ解決のためのサービスがない、手立てがないという場合には、**地域課題**として取り上げて、関係者で協議する材料とする。サービスがないからあきらめるという発想ではなく、いかにしたら、どのようなしくみをつくったら良いのか、当面の対応の工夫としてできることはないのかに智恵をしぼっていく。使える資源（リソース）の改善と創出は地域の支援力の底上げとなり、ケアマネジメントの重要な機能である。

　これを制度化したものが**協議会（地域自立支援協議会）**であり障害者総合支援法第八十九条の三に「地方公共団体は、単独で又は共同して、障害者等への支援の体制の整備を図るため、（中略）協議会を置くように努めなければならない」とある。努力義務であるため設置の有無や力の入れ方には地域間で格差があるが、テーマ別に分科会を作って課題を協議し、対応策を創出している地域も多い。

コラム9

ある市における縦横連携に向けた支援システムの進展（1）

　埼玉県東松山市は大都市近郊の丘陵地帯にある人口約9万の都市である。1990年代から同市では「ノーマライゼーションのまちづくり」をスローガンに掲げ、福祉システムづくりを市全体で取り組んできた。

　当時、地域で障害幼児の通園施設を運営していた社会福祉法人と市とで契約を結び、また同法人は県からの委託を受けて専門職を積極的に地域にアウトリーチさせて、生活の場での支援に力を入れていた。保健センター、保育所、幼稚園、小学校、中学校、特別支援学校を舞台に専門職が協働しながら障害をもつ児童とその家族を支えた。

　当初は障害をもつ児童が保育所や幼稚園に入園しようとしても拒まれることが多かったが、幼児期からの支援を関係者の協働で進めていくなかで受け入れられるようになった。例えば、1996年から受け入れのために公立保育所に保育士が加配された。

　1998年に先述の通園施設の専門職は開設された小児科診療所に移った。また、通園施設自体は保育所、幼稚園が障害をもつ児童を受け入れるようになったのを受けて2004年に廃止された。

　いっぽう同法人は制度のないなかで児童、成人を問わず会費制でレスパイトケア事業（一時預かり）を1992年にスタートさせた。この事業は好評を得て、親しか介助者がいない状況に一石を投じ、のちのレスパイト事業に対する県からの補助制度につながった。グループホームも市内各所にでき始め、入所施設以外の生活の場が広がり始めた。（続く）

（山崎晃史）

Ⅱ．ライフサイクルを通じた縦横連携

1.「障害児支援の在り方に関する検討会」報告書に見る連携と協働

　2014年にまとめられた厚生労働省の「障害児支援の在り方に関する検討会」の報告書は今後の支援のしくみの土台となる重要な視点を提示している（**図6-4**）。これまで本書でも論じてきた人権理念の具体化が基盤になっており、①「インクルージョンの推進と合理的配慮」と、②「障害児の地域社会への参加・包容を子育て支援において推進するための後方支援としての専門的役割の発揮」を基本理念としている。発達支援の専門職はインクルーシブな環境のなかでバックアップをする役割だという考え方である。これは従来の、発達促進を専ら促す専門職の役割とは違ったものになっている。

　また、この土台に立って地域における縦横連携の推進を図るということにな

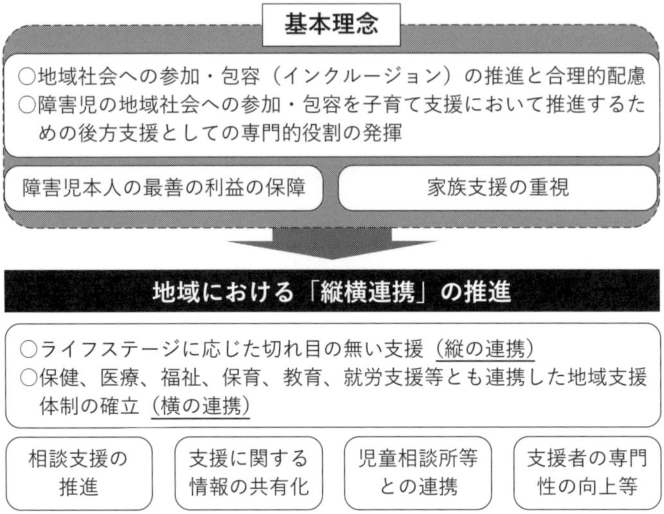

```
┌─────────────────────────────┐
│         基本理念              │
├─────────────────────────────┤
│○地域社会への参加・包容（インクルージョン）の推進と合理的配慮
│○障害児の地域社会への参加・包容を子育て支援において推進するた
│ めの後方支援としての専門的役割の発揮
└─────────────────────────────┘
┌──────────────────┐ ┌──────────────────┐
│障害児本人の最善の利益の保障│ │  家族支援の重視   │
└──────────────────┘ └──────────────────┘

┌─────────────────────────────┐
│   地域における「縦横連携」の推進    │
├─────────────────────────────┤
│○ライフステージに応じた切れ目の無い支援（縦の連携）
│○保健、医療、福祉、保育、教育、就労支援等とも連携した地域支援
│ 体制の確立（横の連携）
└─────────────────────────────┘
┌──────┐ ┌──────┐ ┌──────┐ ┌──────┐
│相談支援の│ │支援に関する│ │児童相談所等│ │支援者の専門│
│ 推進   │ │情報の共有化│ │ との連携 │ │性の向上等 │
└──────┘ └──────┘ └──────┘ └──────┘
```

出典：厚生労働省（2014）今後の障害児支援の在り方について（報告書のポイント）の図を一部改変

図6-4　今後の障害児支援の在り方

っている。縦の連携とは、「ライフステージに応じた切れ目の無い支援」であり、就学、進級、進学、卒業、就労のたびに支援が断絶して一から組み立て直す事態にならないようにするという理念である。横の連携とは、「保健、医療、福祉、保育、教育、就労支援等とも連携した地域支援体制の確立」であり、領域間の縦割りの断絶でニーズが満たされない事態が生じないようにするという理念である。

2. 生涯にわたる支援における学校教育

　教育側でも独立行政法人国立特殊教育総合研究所（現、国立特別支援教育総合研究所）『「個別の教育支援計画」の策定に関する実際的研究』で同様のことを示している。生涯にわたる支援と、各年齢段階における横の連携を学校教育段階では個別の教育支援計画で束ねていく理念になっている。これはそのまま文部科学省の構想にもなっている。

　厚生労働省による検討会や文部科学省系の国立研究所によるプロジェクト研究報告で示されているこのような視点は、社会的な合意点であると言って良い。これらはまさに、ケアマネジメントの理念と重なるものであり、専門職連携協働実

践（IPW）の理念とも同じ方向性である。

Ⅲ．公認心理師・臨床心理士と専門職連携協働実践

　発達障害領域において公認心理師、臨床心理士が行う心理支援は専門職連携協働実践（IPW）の考え方を基盤に地域のフィールドを強く意識したものになる。面接室内の面接であっても当事者の背後に広がるフィールドとそこでのフォーマル、インフォーマルな支援を想定することが必要である。日常の生活や学習のなかでこそさまざまなニーズが生じるのであるから、その場に即した支援が必要になり、場合によっては積極的なアウトリーチが求められる。

　個人の心理や行動は環境のなかで生態学的に規定されているものであり、支援を構成する価値観が陰に陽に影響を与える。ケアマネジメントの手法では個人の願いの実現が中心に据えられており、本人（保護者）の立場からするとこの枠組みは安心感につながる。支援者側としてもチームで進める支援は閉鎖的ではなく開放的であり、柔軟な課題解決を志向することができ、切迫感を抱え込まないですむ。

　公認心理師・臨床心理士はその知見の蓄積と技術を惜しみなく支援チームに提供する。そして、ニーズ解決のための連携と協働を進める。そのなかで特権的な立場を主張するのではなく、他専門職と対等な立場で活動する。

コラム 10

インクルーシブな保育の現場を巡って

　ふだんから巡回支援で関わりがある保育所に遠方からの見学者を筆者が案内した時のことである。知的発達症がある発達障害の児童の保育について、経験が数年という担任の若い保育士は、保育のなかで試してきたさまざまな工夫を生き生きと熱を込めて説明していた。効を奏したものもあればそうでなかったものもありつつ、全体的には参加できる場面が増え成長したことをその過程を含めて語っていたのである。そこには悩みながら時間を共にしてきた当該児童に対する愛着があふれ、控えめながら自負と喜びが表明されていた。虚心に向き合う姿に保育の専門性が感じられた。

　さらに感心するのはインクルーシブな保育が自然に行われていることである。発達障害をもつ児童をやっかいな存在だとして義務的に関わるというパターンもあるなかで、この保育所では、さまざまな児童がいるのが当たり前だとして、共に育ち合うことを大事にしている。

　クラスのほかの児童たちは、どうしたら当該児童のペースと調和しながらすごせるのかを工夫しているという。運動会での対抗の集団競技にどう加わってもらったらチームとして他チームとの勝負になるのかを、子どもたちがいろいろと試していたとのことである。

　この保育所の実践を巡回支援というかたちで定期的に訪問して支えているが、それは成長の様子を確認し、児童のもっている特性を分析し、アイデアを共に考えながら心理的に支援をするという、いわば節目をつくる役割である。むしろ、こちらが保育士の発想や対応の柔軟さに学び、環境と当該児童との相互作用を見ることができ、たくさんの発見をさせてもらっている。専門性を期待されての巡回支援ではあるが、連携はこのように何らかの形で対等で相互的なものなのである。

　見学者たちは、障害児童の支援のあり方について視察に来ていたのであった。保育士とクラスの児童および発達障害をもつ児童との間の強い絆を感じ取り、そしてそれをバックアップする巡回支援という構図に支援のポイントを見い出したようであった。

(山崎晃史)

課題

調べましょう

☑ 居住している地域に障害者総合支援法第八十九条の三に規定されている協議会が設置されているかどうかを調べ、そこで検討されているテーマはどのようなものかを調べましょう。

考えましょう

☑ 章冒頭事例を題材にケア会議の意義を検討しましょう。
☑ 専門職連携協働実践における情報共有の意義を挙げ、個人情報の扱い方について、どのような配慮や手続きが必要か検討しましょう。

文献

独立行政法人国立特殊教育総合研究所（2006）平成16年度〜17年度プロジェクト研究「個別の教育支援計画」の策定に関する実際的研究

厚生労働省障害児支援の在り方に関する検討会（2014）今後の障害児支援の在り方について（報告書）〜「発達支援」が必要な子どもの支援はどうあるべきか〜

野中猛・野中ケアマネジメント研究会（2014）多職種連携の技術―地域生活支援のための理論と実践―．中央法規出版．

野中猛・上原久（2013）ケア会議で学ぶケアマネジメントの本質．中央法規出版．

埼玉県立大学編（2009）IPWを学ぶ―利用者中心の保健医療福祉連携―．中央法規出版．

田中英樹・中野伸彦編（2013）ソーシャルワーク演習のための88事例―実践につなぐ理論と技法を学ぶ―．中央法規出版．

特定非営利活動法人日本相談支援専門員協会（2012）平成23年度厚生労働省障害者総合福祉推進事業「サービス利用計画の実態と今後のあり方に関する研究」報告書．

第7章 社会資源を知る

山崎晃史

> 発達障害をもつ児童や成人の支援のなかで人的、物理的、制度的な社会資源を活用することが、その心理や行動に影響を与える。社会資源の活用は心理支援を構成する要素のひとつである。公認心理師・臨床心理士は制度を含めた社会資源を熟知し、心理支援に生かしていくことが必要である。本章では発達障害支援に特に関連がある制度やサービスおよび人的資源を整理する。

事例10

　自閉スペクトラム症の診断を受けている小学校2年生の男児は通常学級に在籍している。公認心理師が教育委員会の教育相談室で母親の相談に応じている。学校での授業場面で集中ができず立ち歩きが目立つとのことで、それを伝えられた父母はとても不安になっていた。教育相談室で実施した知能検査WISC-Ⅳでは測定した能力は年齢の平均前後に位置し、指標得点間では知覚推理とワーキングメモリーが他に比して若干の低さがあったが有意な差があるとまでは言えない。

　いっぽう医療機関では医師が薬物療法で関わり、行動面に関して作業療法士が関わり視覚運動協調の苦手さに着目してアセスメントをしている。それにより、移動しながらボールの動きを追ったり、板書を目で追いながら手元のノートに写すなど、複数要素をこなしていくことが苦手であることが分かった。公認心理師は保護者と上司の了解を得て作業療法場面に同席してそうした情報を得た。

　公認心理師は保護者、上司と学校長の許可を得て、幼児期の支援をコーディネートしていた保健師から当時の状況を聞き、学校を訪問して行動観察を行った。その際、保護者と学校の了解を得て特別支援学校にも関与を依頼し同校の特別支援教育コーディネーターも同行した。授業参観では次のような様子が確認できた。ノートを開いて書こうとするが注目している場所が他児とは違っていた。その後に衝動的な立ち歩きが認められた。担任が声かけをすると一時的には行動が抑えられるが、5分と経たないうちにまた立ち歩いてしまう。

　参観後、担任や校内の特別支援教育コーディネーター、教頭、特別支援学校の特別支援教育コーディネーター、公認心理師によるカンファレンスが行われた。公認心理師は立ち歩きの背後に協調運動の苦手さから課題に取り組めず集中が途切れてしまう可能性を伝え、取り組むべきことに注目しやすくする工夫や場面による補助者の必要性を話題にして意見を交換した。

　特別支援学校のコーディネーターは学級運営のなかでの個別配慮のコツや学校内資源（リソース）の活用、個別指導計画の作成について助言した。

I. 母子保健

1. 保健師

　保健事業の中核を担っている専門職が**保健師**であり、地域住民や職域の健康の保持増進を担う。「保健師の名称を用いて、保健指導に従事することを業とする者」とされる（保健師助産師看護師法）。地域保健では次項に示す機関を拠点にすることが多く、地区担当制を取ることが推進されており、地域課題を把握して保健事業を行うことになっている[1]。

　母子保健法に基づき、妊婦に対する母子健康手帳の交付（市町村に交付義務）の段階から親子に関わり、必要に応じた妊産婦の訪問指導、新生児の訪問指導や栄養の摂取に関する援助など人生初期の障害の有無が不明確な段階から手厚く関わるのが保健師である。そこで、さまざまな情報を得ることができ、親子と信頼関係が築きやすい立場にある。発達障害（その周辺および疑い事例含む）の領域では、おおむね就園あるいは就学までの期間は保健師が支援をコーディネートし見守っていることが多い。

2. 保健所・保健センター

　保健所と**保健センター**は**地域保健法**で位置づけられており、保健所は都道府県、指定都市、中核市、政令で定める市、特別区に設置される機関であり、保健センターは市町村が設置できる機関である。都道府県の保健所は市町村の保健事業を技術支援する。保健センターは保健の最前線機関と言える。人生初期の全ての児童とその家族を見守る、その中心的な役割を果たすのが保健センターその他母子保健担当組織である。

3. 乳幼児の健康診査と支援のスタート

　母子保健法第十二条で「一　満一歳六か月を超え満二歳に達しない幼児」「二　満三歳を超え満四歳に達しない幼児」に対する健康診査（**乳幼児健診**。以降、「健

---

[1]「地域における保健師の保健活動について」（厚生労働省健康局長平成25年4月19日付け健発0419第1号）

診」と略す）の実施が義務づけられている（**表 7-1**）。前者はいわゆる1歳6ヵ月児健診、後者はいわゆる3歳児健診と呼ばれているものである。これ以外にも市町村は独自に時期を設定して健診を実施している。これら

表 7-1　乳幼児の発達にかかわる保健事業

保健師を中心として、事業内容によって医師、歯科医師、歯科衛生士、栄養士、言語聴覚士、理学療法士、作業療法士、公認心理師、臨床心理士、助産師、保育士、ソーシャルワーカー、家庭児童相談員などが関わる

・保健師が中核を担う（保健所・保健センター）
・母子保健法が根拠の乳幼児健診
・1歳6ヵ月児健診
・3歳児健診
・個別相談（多職種）
・親子教室（経過観察・育児支援・適切な機関紹介）

の健診がきっかけとなって発達障害を含む発達に課題がある児童がフォローされ始めることが多い。そして、健診後のフォローとして保健師、公認心理師・臨床心理士、言語聴覚士、作業療法士、理学療法士などによる個別相談や親子教室が保健事業として行われていることが多い。こうした場で児童、親子を観察し、発達を評価し、親の支援を行い、発達を支える。そして必要に応じて医療その他の機関につなげていくのである（⇒第8章Ⅱ.）。

Ⅱ. 保育と子育て支援

1. 保育士

保育士は「保育士の名称を用いて、専門的知識及び技術をもつて、児童の保育及び児童の保護者に対する保育に関する指導を行うことを業とする者」（児童福祉法）である。子育て支援、保育所、児童養護施設、放課後児童クラブ、障害児通所支援などでその専門性を発揮しており、児童福祉の中核的職種と言える。

2. 保育所、認定こども園、幼稚園と障害をもつ児童

（1）保育と各機関

保育は養護と教育が一体となったものであり、幼児において保育と教育は分けることができない（**図 7-1**）。**保育所**は、「保育を必要とする乳児・幼児を日々保護者の下から通わせて保育を行うことを目的とする施設」とされる（児童福祉

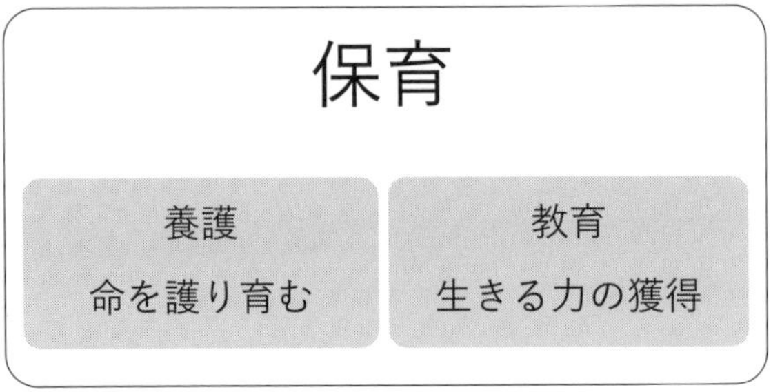

```
┌─────────────────────────┐
│         保育            │
│  ┌────────┐ ┌────────┐  │
│  │  養護  │ │  教育  │  │
│  │命を護り育む│ │生きる力の獲得│  │
│  └────────┘ └────────┘  │
└─────────────────────────┘
       図 7-1　保育の機能
```

法）。「保育を必要とする」とあるように、保護者の就労や疾病その他の事情で家庭で保育することが難しいことが利用の条件となる。保育所では保育士が保育を担う。**幼稚園**は、満3歳から通うことができ、「幼児を保育し、幼児の健やかな成長のために適当な環境を与えて、その心身の発達を助長することを目的」としており、「教諭は、幼児の保育をつかさどる」とされる（学校教育法）。入園には家庭の事情の条件はない。また**認定こども園**は保育所と幼稚園を統合した機能をもつ。

(2) 障害をもつ児童の保育

保育所保育指針解説で「児童発達支援の必要な子ども」に関して関係機関との連携や課題に留意した保育の必要性が言及されており、「医療的ケアを必要とする子ども」に関して医療職との連携や体制整備の必要性にも言及がある。しかし国レベルでの**障害児保育**の実施基準はない。みずほ情報総研株式会社（2017）による自治体へのアンケート調査結果によれば、基準の設定としては、年齢や障害の程度、集団保育の可否、あるいは医療的ケアの必要性がないこと、などがあった。一方、障害の有無や程度にかかわらず全ての子どもを受け入れるという自治体もあった。管内全保育所で障害児を受け入れる方針の市町村は、公立の保育所では回答中78.6%である。民間の保育所ではその割合は46.4%に減少するが、その代わりに「個別の保育所の対応方針に委ねる」という回答が35.9%であった。また内閣府（2018）によれば保育所を利用する障害児童は軽度障害を含めると平成28年度で16,482ヵ所、64,718人である[2]。

幼稚園教育要領には「障害のある幼児などへの指導に当たっては、集団の中で生活することを通して全体的な発達を促していくことに配慮し、特別支援学校な

---

[2] 保育所を利用する特別児童扶養手当支給対象児童は、平成28年度で7,469ヵ所、11,778人である。なお、特別児童扶養手当とは、20歳未満で精神又は身体に障害を有する児童を家庭で監護・養育している父母等に支給される手当である。

どの助言又は援助を活用しつつ、個々の幼児の障害の状態などに応じた指導内容や指導方法の工夫を組織的かつ計画的に行う」（文部科学省，2017）とある。地域や園によって大きな違いがあることが想定されるが、幼稚園にも重度障害を含め幅広い児童が通っている。（⇒第8章Ⅲ．2．）

（3） 保育士、教諭加配制度と特別な扱いを巡る保護者の葛藤

　保育所、幼稚園については障害をもつ児童受け入れ促進のために、保育士、教諭を通常基準に加えて配置するための**加配**の制度がある。国のバックアップを受けながら地方自治体が運用している。保育所では障害の診断や療育手帳などの有無にかかわらず自治体独自に加配を判断する場合もあるが、保護者の申し出がないと加配をしない自治体もある。

　幼稚園でも私立幼稚園に関しては、療育手帳や身体障害者手帳所持などの場合以外では医療機関や専門機関で保護者が診断書や意見書を得ることが必要になる（それを元に幼稚園に補助金が支払われるが、人件費に限らず特別支援教育の実施に要する経費の名目である）。児童の障害を特に認識しにくい幼児期は保護者からのこうした特別な手続きを求めることを巡り支援が滞ってしまうことがあり、また時に関係者からの指摘に、親が不満や拒否感を感じトラブル化することもあるので注意を要する。これは先の保健事業のなかでのフォローの開始や他機関紹介にあたっても同様である。

（4） 子育て支援

　母子保健法には**母子健康包括支援センター**[3]の設置が市町村の努力義務として位置づけられている。その背景には保健系の母子保健と福祉系の子育て支援および関連するさまざま部署の窓口がばらばらであるために、生活のなかで生じる子育て中のニーズに横断的に臨機応変に対応できていないという課題がある。現在、**国は子育て世代包括支援センター**という名称を用いて母子保健と子育て支援の連携をさらに強化しようとしている。情報不足による育児不安、産後うつ、親のメンタルヘルス、親子の疾病、虐待問題、DV、貧困、就労、社会的孤立、発達障害などの課題は相互に関連し合っていることも多く明確な線引きができない。そういうなかで困りごとについて窓口をたらいまわしにされると問題解決につながらない。ワンストップで問題解決までをコーディネートする窓口が求められてい

---

3 母子保健に関連する相談、指導、連絡調整などを包括的に行う施設。

る。

　子育て支援では、保育所の地域開放、**地域子育て支援拠点事業**[4]やさまざまな訪問事業があり、親子を支えている。そうした場では、児童の過敏さや生活リズムが安定しないこと、偏食や食が進まないこと、コミュニケーションの取りにくさなどから育児不安や育てにくさを感じている親に出会うことがあり、児童側の要因が大きい場合、親側の要因が大きい場合、親子で相互作用を起こしている場合などさまざまである。そこには発達障害が隠れている場合もある。

　そのようななかで、子育て支援として保育の場で保育士が不安や困りごとに一つひとつ丁寧に対応することが、専門機関をいきなり紹介するよりも支援になることがある。また、公認心理師・臨床心理士が子育て支援の場にアウトリーチして親を支えるか、保育士にコンサルテーションを行ったほうが良い場合もある。

Ⅲ．ソーシャルワーク専門職

1．社会福祉士

　ソーシャルワークは社会福祉援助技術とも言い、生活上のニーズを解決していくための相談援助の総体であり社会資源の活用と創出を特徴とする。社会福祉学を基盤としており、ソーシャルワークはそれを行う資格や領域ごとにその対象と名称が違う。

　国家資格の**社会福祉士**（social worker：**SW**）は「社会福祉士の名称を用いて、専門的知識及び技術をもつて、身体上若しくは精神上の障害があること又は環境上の理由により日常生活を営むのに支障がある者の福祉に関する相談に応じ、助言、指導、福祉サービスを提供する者又は医師その他の保健医療サービスを提供する者その他の関係者との連絡及び調整その他の援助を行うことを業とする者」とされていて、ソーシャルワーク専門職の中核に位置する（社会福祉士及び介護福祉士法）。

　公認心理師・臨床心理士としても児童から成人までの社会資源の活用やネット

---

[4] 児童福祉法に根拠をもつ。乳幼児及びその保護者が相互の交流を行う場所を開設し、子育てについての相談、情報の提供、助言その他の援助を行う事業。

ワークづくりのさまざまな局面で連携する機会がある。

2. 精神保健福祉士

いっぽう、国家資格の**精神保健福祉士**は、精神科ソーシャルワーカー（psychiatric social worker：**PSW**）とも言え、精神保健と精神科医療で役割を担う。「精神障害者の保健及び福祉に関する専門的知識及び技術をもって、精神科病院その他の医療施設において精神障害の医療を受け、又は精神障害者の社会復帰の促進を図ることを目的とする施設を利用している者の地域相談支援（中略）の利用に関する相談その他の社会復帰に関する相談に応じ、助言、指導、日常生活への適応のために必要な訓練その他の援助を行うこと」と精神保健福祉士法に規定されている。

公認心理師・臨床心理士としては発達障害をもつ成人の精神科医療と精神保健に関連して連携する可能性がある。

3. 相談支援専門員・介護支援専門員

相談支援専門員は、児童福祉法で規定されている「障害児相談支援」および障害者総合支援法で規定されている「相談支援」を担い、児童福祉あるいは障害福祉の個別給付サービスを利用するための障害児支援利用計画あるいはサービス等利用計画を作成する。相談支援専門員は実務経験を基礎に研修を受講して得られる有期限の資格である。

公認心理師・臨床心理士としては連携する機会が増えていくはずであるとともに、障害領域の相談支援実務経験を重ね、本資格を取得する者も増えるであろう。心理支援の専門性を相談支援にも生かしていくことが期待される。

介護保険サービス利用においてケアプランを立てる専門職が**介護支援専門員**いわゆるケアマネージャーである。相談支援専門員も介護支援専門員もケアマネジメントの手法で支援を行う。発達障害の方の高齢化に伴い、障害福祉領域で支援してきた方が介護保険を利用するようになることも多く、両職種の連携の機会が増えている。

4. スクールソーシャルワーカー・医療ソーシャルワーカー

所属機関でソーシャルワーカーの名称を分ける場合がある。

学校教育機関では**スクールソーシャルワーカー**（school social worker：**SSW**）と呼ばれ、社会福祉士および精神保健福祉士の従事が想定されており、学校現場で活動するようになっている。潜在的な問題解決力を信頼し、生態学的視点に立ち、児童生徒のみならず周囲の環境に働きかける[5]。今後はスクールカウンセラーと協働する機会が多くなるであろう。

いっぽう医療機関で活動するのが**医療ソーシャルワーカー**（medical social worker：**MSW**）である。医療ソーシャルワーカー業務指針[6]によれば本専門職は社会福祉学を基にした専門性を発揮して、①療養中の心理的・社会的問題の解決、調整援助、②退院援助、③社会復帰援助、④受診・受療援助、⑤経済的問題の解決、調整援助、⑥地域活動、などを行うものである。

Ⅳ. 福祉行政機関

1. 福祉事務所

福祉事務所は「福祉に関する事務所」（社会福祉法）のことであり、生活保護法、児童福祉法、母子及び父子並びに寡婦福祉法、老人福祉法、身体障害者福祉法及び知的障害者福祉法に定める援護、育成又は更生の措置に関する事務をつかさどる。都道府県および市（特別区）は設置が義務、町村は任意設置となっている。地域におけるソーシャルワーク機関と言える。

2. 児童相談所と児童福祉司・児童心理司

児童相談所は児童福祉法で規定されている18歳未満の児童福祉の中核機関である。

児童福祉施設への入所措置ができ、一時保護機能を有し、児童の非行・触法、家庭の養育機能不全や被虐待の事態に対して、児童の健全育成や生命と人権を守る措置が行える。現在、児童虐待の問題への対応が児童相談所の業務の大きな部分を占めている。

---

[5] 文部科学省，学校等における児童虐待防止に向けた取組に関する調査研究会議（平成18年5月）「学校等における児童虐待防止に向けた取組について」（報告書）pp.75-79
[6] 厚生労働省健康局長通知平成14年11月29日健康発第1129001号

表 7-2　障害者手帳

名称	通称・略称	対象	根拠	目的	障害程度	窓口
療育手帳	都道府県ごとに独自の名称あり	知的障害（知的発達症）	厚生事務次官通知「療育手帳制度について」	①一貫した指導・相談を行う ②援助措置を受けやすくする	最重度 重度 中度 軽度	市区町村障害福祉担当 判定：児童相談所、知的障害者更生相談所
身体障害者手帳	身障者手帳	身体障害	身体障害者福祉法	各種の福祉サービスを受けるためのもの	1級〜6級	市区町村障害福祉担当 必要：指定医の診断書
精神障害者保健福祉手帳	精神障害者手帳	精神障害	精神保健及び精神障害者福祉に関する法律	各種支援策が講じられることを促進し、自立と社会参加の促進を図る	1級〜3級	市区町村障害福祉・精神保健担当 必要：医師の診断書または障害年金証書写しなど

　なお、児童相談所は18歳未満の児童の**療育手帳**の判定を担っている。その他、**身体障害者手帳**、**精神障害者保健福祉手帳**については**表 7-2**の通りである。

　児童相談所でケースワークを担うのが児童福祉法で規定されている**児童福祉司**である。いっぽう、児童相談所運営指針では**児童心理司**が位置づけられており、(1)子ども、保護者等の相談に応じ、診断面接、心理検査、観察等によって子ども、保護者等に対し心理診断を行うこと、(2)子ども、保護者、関係者等に心理療法、カウンセリング、助言指導等の指導を行うこと、と同指針にあり児童相談所における心理職であると言える。

3. 児童福祉における市町村の役割

（1）　児童家庭相談援助

　現在、児童福祉を主に担うのは児童の身近な場に位置する市町村の役割だとされている（児童福祉法）。これを厚生労働省は**児童家庭相談援助**と位置づけている。都道府県（児童相談所）はそれを後方支援することになっている。先述の子育て世代包括支援センターも身近な場で家庭と児童を支援する役割を果たす。また、地域によっては家庭児童相談室や家庭児童相談員などの名称で児童家庭相談

援助の機能を担っている。

また、**児童委員**は児童福祉法に規定された無報酬の非常勤特別職地方公務員であり**民生委員**が兼ねている。児童のさまざまな相談に応じ、市町村や児童相談所と連携しながら役割を果たしている。

(2) 要保護児童対策地域協議会

児童虐待は身体的虐待、性的虐待、ネグレクト、心理的虐待に分けられる。児童虐待を発見した者は市町村、児童相談所に相談、通報の義務がある。

児童虐待の対応では児童相談所のみならず市町村も大きな役割を担う。関係機関のはざまで対応が後手に回ったり、情報共有不足で重大な事態あるいはその予兆の見逃しが生じたりしないように、**要保護児童対策地域協議会**の設置について児童福祉法で規定されている。これは市町村や複数市町村合同で設置して、必要な関係者が集まり情報交換や支援内容の協議を行うものである。

このなかに公認心理師・臨床心理士がメンバーとして参加することがあり得る。本協議会の参加者には守秘義務（児童福祉法）があり、そのことをふまえ児童の人権のために連携を図る。

V. 児童福祉法の発達支援系サービス

1. 障害にかかわる児童期の個別給付サービスの全体像

児童福祉法には主要な発達支援系の個別給付サービスが位置づけられている。障害をもつ児童は「障害」児である以前に「子ども」であるという理解から、障害福祉ではなく児童福祉として位置づけられているのである。ただし、障害者総合支援法の個別給付サービスのなかにも居宅介護やショートステイなど児童が利用できるものがある。さらに児童福祉法系のサービスを利用する際には**障害児相談支援**（**障害児支援利用計画**を作成）という形でケアマネジメントが行われ、障害者総合支援法系のサービスを利用する際には**計画相談支援**（**サービス等利用計画**を作成）が行われる。

児童の場合には、相談支援専門員による利用計画あるいはセルフプラン（自分で計画を立てる）の提出を受けて市町村がサービスの内容と量について支給決定を行い、保護者が各事業の指定事業所と契約を結んで利用する。

2. 障害児通所支援等

(1) 児童発達支援

児童発達支援は障害児通所支援のひとつとして児童福祉法に位置づけられている個別給付サービスである。日常生活における基本的な動作の指導、知識技能の付与、集団生活への適応訓練その他の便宜を提供するものとされる。通所形式の発達支援は、わが国では数十年前から根拠の制度が変容しながら続いてきた。親子で通う方法、親子分離で通う方法、集団対応中心の方法、個別対応中心の方法などさまざまである（**表7-3**）。

問題はこのサービスの存在により障害をもつ児童が保育所、幼稚園で受けとめられることを阻害する可能性があることだ。そこで、厚生労働省（2017）が示した「児童発達支援ガイドライン」でも「障害のある子どもの地域社会への参加・包容（インクルージョン）を進めるため、障害のない子どもを含めた集団の中での育ちをできるだけ保障する視点が求められる。このため、専門的な知識・技術に基づく障害のある子どもに対する支援を、一般的な子育て支援をバックアップする後方支援として位置づけ」（p.5）るとしている。そのため、特に児童発達支援センターでは「保育所等訪問支援」の機能を併せもち、インクルージョンを推進する機能が期待されている。

児童発達支援に従事する公認心理師・臨床心理士は今後、増えていくことが予想される。そのなかで個の発達促進の視点に偏らず、インクルージョンの実現を志向した取り組みが求められる。

(2) 居宅訪問型児童発達支援

居宅訪問型児童発達支援は、通所型ではない訪問型の事業である。重症心身障害などの重度の障害をもつ児童等であって、外出することが著しく困難な児童の居宅を訪問し、日常生活における基本的な動作の指導、知識技能の付与等の支援

表7-3　児童発達支援

- 児童発達支援事業：発達支援の通所機能。
- 児童発達支援センター（福祉型）：児童発達支援事業の機能と地域の発達支援センター的役割。保育所等訪問支援を実施する。
- 医療型児童発達支援センター：児童発達支援センターの機能に加えて治療的機能。重症心身障害をもつ児童の利用を想定したもの。

を実施するもの、とされる。

　医療的ケアを要する幼児にとっては、体調が安定せず日中の保育、発達支援機関に通うということじたいが難しいものの、そのまま家のなかだけですごすと子どもとしての遊びの経験が不足し、家族もケアに行きづまってしまうことがある。そのような時に、このようなサービスが意味をもってくる。

　障害や疾病によって集団保育が難しい場合には、**居宅訪問型保育事業**[7]を用いた個別保育も選択肢である。いずれにせよ、医療的なケアが必要な幼児が徐々に通所に慣れていくために、初期は訪問型のサービスからスタートし、次第に保育所や通所型のサービス利用へと移行させていくというプランが可能になっている。

　親子が外出できずにすごしている状況が、親に与える心理的負荷は疎外感などを含め大きい。訪問型のサービスは児童のためであると同時に、心理支援という観点からも家庭に新鮮な風を送り込む意味がある。

（3）保育所等訪問支援およびその他の巡回支援

　児童福祉法では障害児通所支援のひとつとして**保育所等訪問支援**が位置づけられている。これはインクルーシブな環境と適切な合理的配慮の実現のために、集団生活の場に通う障害をもつ児童を後方支援するものである。集団生活の場に出向き児童に直接関わる方法と、支援先施設のスタッフに助言や**コンサルテーション**を行う方法とがある。集団生活の場としては保育所、幼稚園、小学校、認定こども園、特別支援学校、乳児院、児童養護施設などが対象となり、さらに市町村が認めれば放課後児童クラブ、中学校、高校なども対象となる。

　この方法は市町村が認め、個人と事業所が契約を結び、専門職が集団生活の場に出向いて、特定の児童が集団生活に適応することを支援するもので、ほかの訪問型支援以上に依頼している児童個人、保護者のために行うという意味が強い。「子どもの成長・発達を願う保護者の権利」（一般社団法人全国児童発達支援協議会，2017）として行われるのである。

　従事者は「障害児支援に関する知識及び相当の経験を有する児童指導員、保育士、理学療法士、作業療法士又は心理担当職員等であって、集団生活への適応のため専門的な支援の技術を有する者」となっており、公認心理師・臨床心理士の

---

[7] 児童福祉法に根拠をもつ事業。市町村長が認めた乳幼児（原則3歳未満）の居宅に訪問して保育を行う。障害で集団保育が著しく困難である場合も対象になり得る。

表 7-4　巡回系サービス

・保育所等訪問
・障害児等療育支援事業
・市町村による障害児保育の後方支援としての巡回事業
・特別支援学校のセンター的機能に基づく巡回支援
・私立学校が専門職に依頼して行う巡回支援
・教育委員会が行う巡回支援

役割は大きいと考えられる。

　保育所等訪問支援以外にも**表 7-4**に示したような各種の**巡回支援**がある。しかしほかのものは、依頼元は保育、教育、支援機関の職員やその所属する組織である。間接的には障害をもつ児童個人に利益があるのだが、スタッフの研修という意味が大きい。

　巡回支援における公認心理師・臨床心理士の働きの特徴は、ほかの職種がどちらかと言えば個の認知や運動機能に焦点を当てる傾向があるのに比して、児童と周囲の人々との関係性とその調整を念頭に置くことである。個人の行動や情緒が、周囲の人との関係性によって変容することが多く、したがって児童個人の観察だけではなく、集団やその場の支援者の特性および支援組織の特性の観察を丁寧に行い、システム全体の安定や必要な変容を支援する。また支援者の心理状態の把握と支持を行うのである（⇒第 10 章Ⅲ．2．・第 14 章Ⅲ．）。

（4）　放課後等デイサービス・放課後児童クラブ

　放課後等デイサービスは児童福祉法に規定された障害児通所支援のひとつであり、「学校（幼稚園及び大学を除く。以下同じ。）に就学している障害児に、授業の終了後又は休業日に、生活能力の向上のために必要な訓練、社会との交流の促進その他の便宜を供与すること」とされている。

　従来から、障害をもつ児童の放課後や長期休みの課題として、すごす場所がない、遊ぶ相手がいない、介助者が親に偏り過度な負担がかかっているなどの問題があった。その状況を受けてのサービスであるが課題も大きい。障害をもつ児童だけを集めることでインクルーシブな社会の実現を阻害する可能性、地域資源の開拓を阻害する可能性、放課後まで訓練をさせるという発想が児童の生活の質を阻害する可能性などのマイナス面を考慮する必要がある。

　いっぽう、**放課後児童クラブ**[8]（学童保育）での障害をもつ児童の受け入れを

放課後児童クラブ	放課後等デイサービス
放課後児童健全育成事業 いわゆる学童保育 障害児童は潜在的に多い	個別給付サービス 障害をもつ児童対象 地域社会からの疎外懸念

図7-2　児童福祉法の放課後支援

支援する必要がある（図7-2）。内閣府（2018）によれば、2017年には約56％の放課後児童クラブで障害をもつ児童約36,000人以上を受け入れているという。受け入れているクラブには必要経費が補助されているというが、専門的技術的なバックアップは学校ほどは行われていない。保育所等訪問支援などの巡回支援を行き届かせることが望まれる。

いずれにせよ、障害児支援利用計画などでインフォーマルなサービスの活用や地域生活を豊かにする資源の開拓などを位置づけて、放課後等デイサービスの利用に限定しない放課後のプランを実現していくことが必要である。

Ⅵ. 教育

1. 特別支援教育

特別支援教育は、従来の特殊教育が対象としていた範囲を越えて、知的な遅れのない発達障害も含めて、特別な支援を必要とする児童・生徒が在籍する全ての学校において実施されるというものである[9]。つまり、これは特別支援学校や特別支援学級という場で規定されるのではなく、個々の児童の**特別なニーズ**（special needs）に応じて通常の学級でも提供されるものである（⇒第10章Ⅱ.）。

2. 個別の教育支援計画・個別の指導計画

現在、障害をもつ児童・生徒の教育では、就学前から卒業後までの切れ目無い支援、および医療、保健、福祉、労働などとの連携がテーマになっている。これ

---

[8] 児童福祉法に根拠をもつ。法では放課後児童健全育成事業と呼ぶ。保護者が労働などで昼間いない小学生に、授業終了後遊びや生活の場を与えて健全育成を図る事業。
[9] 2007年の改正学校教育法の施行により特別支援教育が法的に位置づけられた。平成19年4月1日付文科初第125号の「特別支援教育の推進について（通知）」にそのポイントが示されている。

らを一人ひとりにとって実効的なものにするために、保護者と関係機関の参画を前提に、長期的視野に立った**個別の教育支援計画**を教育機関が立てることになっている。また、学校教育場面に引きつけて学年ごとに立てる指導計画が**個別の指導計画**であり、一人ひとりの教育的ニーズに対応して指導目標や指導内容・方法を盛り込んだものである（⇒第10章Ⅱ．3．・第13章Ⅱ．3．）。

　これらは、担任が変わるたびに指導方法が大きく変わってしまう、情報が引き継がれない、学校外の機関との連携がなされない、などの問題が生じることを防ぐ機能がある。

　計画は特別支援学級や特別支援学校在籍の児童・生徒には立てられているが、通常学級に在籍する発達障害の児童の場合には立てられていないことが多い。特別支援教育の趣旨からすると在籍場所がどこであろうとも必要があれば立てられるべきである。

　公認心理師・臨床心理士は計画の内容を把握しつつ、その立案や見直し時期には盛り込む内容に提案をすることも必要だろう。

3．校内体制・特別支援教育コーディネーター

　特別支援教育コーディネーター[10] は、特別支援教育の実施に際して、校内の教師の相談窓口、校内外の関係者との連絡・調整、地域の関係機関とのネットワーク作り、保護者の相談窓口、教育的な支援を行うことが役割である。

　また、支援体制の構築のために**校内委員会**を設定する場合がある。これは、特別なニーズをもつ児童・生徒の実態把握、指導内容、指導体制などについて検討する委員会である。

　現在、**チーム学校**という考え方の元に、校内の多様な人材が総合的にさまざまな事態に対処することの必要性が言われている。**スクールカウンセラー**（SC）も第三者的、外部的な位置にいるばかりではなく、対等な一員として協働する姿勢が求められる。

---

[10] 国立特別支援教育総合研究所「特別支援教育コーディネーターの役割　1（小中学校）」http://forum.nise.go.jp/soudan-db/htdocs/?page_id=57（2019年2月2日取得）

4. 特別支援学校・特別支援学級・通級による指導

　教育の場の形態としては、**特別支援学校**、**特別支援学級**、**通級による指導**がある（⇒第13章Ⅱ．3．）。

　特別支援学校は重度の障害に対応することを想定しているが、現在は重度の障害であることで自動的に特別支援学校だと決まるわけではない。特に特別支援学校の利用が必要だと判断された場合にのみ**認定特別支援学校就学者**とされる。インクルージョンの実現が重要だとすると、特別支援学校は地域の学校を後方支援する役割が今後は重要になる。特別支援学校の**センター的機能**はこのことを志向したもので、小・中学校等教師への支援や特別支援教育などに関する相談・情報提供などを行っている。

　通級による指導は通常学級に在籍する発達障害をもつ児童・生徒が、障害に応じた指導を受けるための教室で、頻度や形態はまちまちである。在籍校に通級指導教室がある場合、他校の教室を利用する場合、個別的な指導の場合、グループ指導の場合などさまざまな形態がある。

Ⅶ. 医療とリハビリテーション職

1. 医療機関

　日本の医療は公的医療保険制度に基づいて診療報酬制度という公的価格の制度により安定的に提供される。そして医業は医師のみが行うことができる（業務独占）。看護やリハビリテーションは業務独占を一部解除して医師の指示で行う形を取っている。医療機関は病院と診療所に大別される。病院は入院設備が20床以上のもの、診療所は入院設備が19床以下のものである。原則的にはどこでも任意の医療機関にかかることができる。

2. 発達障害領域で診療を行う医師

　発達障害に関しては、児童期は小児科系の医師が対象にしている。特に小児神経学会認定の**小児神経専門医**が診療を担うことが多い。小児神経とはけいれん、運動・知能・感覚・行動または言葉の障害など脳、神経、筋に何らかの異常があ

る小児の診断、治療、指導を行う科である[11]。現在、発達障害は神経発達の問題とされているため小児神経科が主な領域となっている。

　青年期から成人となると精神科や心療内科が対象としていることが多い。いっぽう、児童精神科は数が少ない。発達障害の診療を行う病院、診療所は共に増えているが、受診が集中する傾向にあり予約制の機関が多く、初回の診察までに長い待ち時間が生じることがある。

　医師および医療機関の役割として医学的診断があるが、診断があって初めて支援が始まるというしくみだと、医療機関に行かないと支援が先に進まないということになる。そこで、保護者の意向を大事にしながら、困っていること、課題になっていることに即して、できることから柔軟に支援を開始する必要があり、そうしたシステムが求められている。

3. 薬物療法

　医師の役割のもうひとつは薬物療法の実施である。発達障害と特に関連が深い薬物をまとめる（**表7-5**）。当然のことながら薬物療法は対症療法であり、環境調整を含めた心理支援とあいまって効果を発揮すると考えるべきである。

4. 医療機関におけるさまざまな職種

（1）看護師

　看護師は保健師助産師看護師法に規定された療養上の世話又は診療の補助を行う専門職である。発達障害の領域では、医療機関、訪問看護あるいは福祉施設等のなかでケアや健康管理を行っている。また大きな病院では問診などを担うこともある。

表7-5　薬物療法で使われる薬剤

メチルフェニデート（商品名）コンサータ…注意欠如・多動症
アトモキセチン（商品名）ストラテラ…注意欠如・多動症
グアンファシン（商品名）インチュニブ…注意欠如・多動症（小児）
リスペリドン（商品名）リスパダール…自閉スペクトラム症（小児）に伴う易刺激性
アリピプラゾール（商品名）エビリファイ…自閉スペクトラム症（小児）に伴う易刺激性
ピモジド（商品名）オーラップ…小児の自閉スペクトラム症、知的障害の行動面

---

[11] 一般社団法人日本小児神経学会ホームページより。大部分の小児神経専門医は小児科で診療している。

(2) リハビリテーション職

　心身機能が傷病や事故により減退し、それを機能回復あるいは維持させるというのが成人対象のリハビリテーションである。いっぽう発達障害領域のリハビリテーションは発達期であるため、機能回復というよりも発達の支援であり、教育と重なっている。このようなリハビリテーションを**ハビリテーション**（habilitation）と呼ぶことがある。

1）理学療法士

　理学療法士はPT（physical therapist）とも言い、医師の指示で理学療法を行う。理学療法とは「身体に障害のある者に対し、主としてその基本的動作能力の回復を図るため、治療体操その他の運動を行なわせ、及び電気刺激、マッサージ、温熱その他の物理的手段を加えること」である（理学療法士及び作業療法士法）。

　発達障害の領域では運動発達の遅れや身体に麻痺がある児者に対し、運動発達を促したり、関節の変形・拘縮を防止したりする。また、車椅子、椅子、装具の調整に関わり、生活、学習、活動にふさわしい姿勢や移動をサポートする。

2）作業療法士

　作業療法士はOT（occupational therapist）とも言い、医師の指示で作業療法を行う。作業療法とは「身体又は精神に障害のある者に対し、主としてその応用的動作能力又は社会的適応能力の回復を図るため、手芸、工作その他の作業を行なわせること」である（理学療法士及び作業療法士法）。作業とは生活するうえでのあらゆる活動である。

　発達障害の領域では、作業（活動）を通じたリハビリテーションを行う。児童の場合には体や手を使った遊び、日常生活動作を通じた発達の支援を行う。成人では特に就労に関連した技能の練習が多い。なお、児童の領域の作業療法は感覚統合（⇒コラム14）の考え方を基盤にしたアプローチを行うことも多い。

3）言語聴覚士

　言語聴覚士はST（speech-language-hearing therapist）とも言う。言語聴覚士は「言語聴覚士の名称を用いて、音声機能、言語機能又は聴覚に障害のある者についてその機能の維持向上を図るため、言語訓練その他の訓練、これに必要な検査及び助言、指導その他の援助を行うことを業とする者」とされ、「診療の補助として、医師又は歯科医師の指示の下に、嚥下訓練、人工内耳の調整その他厚生労働省令で定める行為を行うことを業とすることができる」とされる（言語聴

覚士法)。医療機関では、言語聴覚療法や集団コミュニケーション療法、摂食機能療法、認知機能検査などを担当している。

発達障害の領域では、言語に関連するさまざまな機能(言語、聴覚、発声、発音、認知)を評価し、言語発達を促し、場合によっては代替的なコミュニケーション方法の活用に向けて支援する。また、摂食嚥下機能の弱い重度の身体障害の児者にはその機能を高めたり、維持させたりする支援を行う。さらには、構音障害や吃音の児者に対するアプローチを担っている。

なお、言語聴覚士は医療機関のみではなく、保健、福祉、教育などの現場で幅広く活動している。(⇒第8章Ⅱ．3．)

Ⅷ．障害者総合支援法のサービス体系

1．基本理念

発達障害を含む障害領域の福祉サービスは児童福祉法で規定されている部分を除き、ほぼ**障害者の日常生活及び社会生活を総合的に支援するための法律(障害者総合支援法)**に網羅されている。

その基本理念として、①全ての国民が、障害の有無にかかわらず、等しく基本的人権を享有するかけがえのない個人として尊重されること、②全ての国民が、障害の有無によって分け隔てられることなく、相互に人格と個性を尊重し合いながら共生する社会を実現すること、③全ての障害者及び障害児が可能な限りその身近な場所において必要な日常生活又は社会生活を営むための支援を受けられること、④社会参加の機会が確保されること、⑤どこで誰と生活するかについての選択の機会が確保され、地域社会において他の人々と共生することを妨げられないこと、⑥障害者及び障害児にとって日常生活又は社会生活を営む上で障壁となるような社会における事物、制度、慣行、観念その他一切のものの除去に資すること、としており、インクルージョンの実現、社会的障壁の除去、合理的配慮の提供という理念が背景にある。

2．全体構造と各サービス

まず市町村が必ず行う事業として**自立支援給付**があり、地域の特性に応じて実

施する事業として**地域生活支援事業**がある。自立支援給付には、**介護給付、訓練等給付、自立支援医療、補装具費支給**の制度がある（**図 7-3**）。

　自立支援医療は、心身の障害を除去・軽減するための医療について、医療費の自己負担額を軽減する公費負担医療制度である。

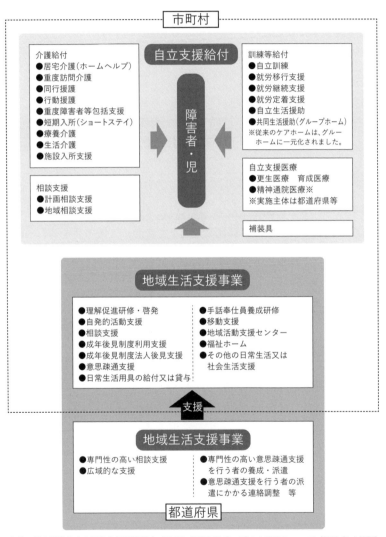

出典：社会福祉法人全国社会福祉協議会（2018）障害福祉サービスの利用について（2018 年 4 月版）.

図 7-3　障害者総合支援法によるサービスの全体像

そのうちの**精神通院医療**は都道府県指定都市が実施主体で通院による精神医療が継続的に必要な者に対するものであり、発達障害も対象となる。
　更生医療は実施主体が市町村で、身体障害者福祉法に基づき身体障害者手帳の交付を受けた者で、その障害を除去・軽減する手術等の治療により確実に効果が期待できる者（18歳以上）が対象である。
　育成医療は実施主体が市町村で、児童福祉法第4条第2項に規定する障害児（障害に係る医療を行わないときは将来障害を残すと認められる疾患がある児童を含む）で、その身体障害を除去、軽減する手術等の治療によって確実に効果が期待できる者が対象である。
　補装具費支給は申請に基づき市町村が支給決定する。補装具とは、障害者等の

表7-6　介護給付

① 居宅介護
　居宅で、入浴、排せつ、食事の介護などを行う。（身体介護、家事援助、通院等介助）
② 重度訪問介護
　重度の肢体不自由者などで常時介護を必要とする人に、居宅などでの入浴、排せつ、食事の介護や外出時における移動支援を総合的に行う。
③ 同行援護
　視覚障害により移動に著しい困難を有する人に、移動に必要な情報の提供や移動の援護などの外出支援を行う。
④ 行動援護
　行動上著しい困難を有する常時介護が必要な人に、危険を回避するための必要な支援や外出支援を行う。（予防的対応、制御的対応、身体介護的対応）
⑤ 重度障害者等包括支援
　介護の必要性が著しく高い常時介護が必要な人に、居宅介護など複数のサービスを包括的に提供する。
⑥ 短期入所（ショートステイ）
　居宅での介護者が介護できない場合に、短期間入所させ、主に夜間において入浴、排せつ、食事の介護などを行う。（福祉型、医療型）
⑦ 療養介護
　医療を要する常時介護を必要とする人に、病院などの施設で機能訓練、療養上の管理、看護、介護および日常生活の支援を行う。
⑧ 生活介護
　常時介護を必要とする人に、主に昼間に施設において入浴、排せつ、食事の介護等を行うとともに、創作的活動又は生産活動の機会などを提供する。
⑨ 施設入所支援
　施設に入所する人に、主に夜間に入浴、排せつ、食事の介護などを行う。

表7-7 訓練等給付

① 自立訓練
　自立した日常生活または社会生活ができるよう、一定期間、身体機能または生活能力の向上のために必要な訓練を行う。機能訓練と生活訓練がある。
② 就労移行支援
　就労を希望する人に、一定期間、就労に必要な知識および能力の向上のために必要な訓練を行う。
③ 就労継続支援（A型＝雇用型、B型＝非雇用型）
　通常の事業所への就労が困難な人に、働く場を提供するとともに、知識および能力の向上のために必要な訓練を行う。雇用契約を結ぶA型と、雇用契約を結ばないB型がある。
④ 共同生活援助（グループホーム）
　共同生活を行う住居で、主に夜間に相談や日常生活上の援助を行う。
　一般住宅への移行を目指す人のためにはサテライト型住居という形態もある。
⑤ 自立生活援助
　施設入所支援や共同生活援助を利用していた者などを対象として、定期的な巡回訪問や随時の対応により、地域生活への円滑な移行を図る。
⑥ 就労定着支援
　通常の事業所に新たに雇用された人が就労継続できるように、その人に必要な支援を行い、事業主や関係機関との連絡調整などの支援を行う。

身体機能を補完し、又は代替し、かつ、長期間にわたり継続して使用されるもの等で、義肢、装具、車いすなどのことである。

　介護給付と訓練等給付は**表 7-6**、**表 7-7** の通りである（2018 年現在）。

　相談支援はケアマネジメント（⇒第 6 章）の手法に基づく障害福祉サービスの調整手続きのことであり、以下のように整理できる。**計画相談支援**として、①**サービス利用支援**は、支給決定前にサービス等利用計画案を作成し、支給決定後にサービス事業者等との連絡調整などを行いサービス等利用計画の作成を行うものである。また②**継続サービス利用支援**は、支給決定されたサービス等の利用状況の**モニタリング**を行い、サービス事業者等との連絡調整などを行うものである。

　地域相談支援として、①**地域移行支援**は、障害者支援施設、精神科病院等を退所・退院し地域生活に移行するために重点的な支援を必要とする者を対象として、地域移行支援計画の作成、相談による不安解消、外出への同行支援、住居確保、関係機関との調整などを行うものである。また、②**地域定着支援**は、居宅において単身で生活している者を対象に常時の連絡体制を確保し、緊急時には必要な支援を行うものである。

障害児相談支援として、①**障害児支援利用援助**は、障害児通所支援の支給決定前に障害児支援利用計画案を作成し、支給決定後にサービス事業者等との連絡調整などを行うとともに障害児支援利用計画の作成を行うものである。②**継続障害児支援利用援助**は、支給決定されたサービス等の利用状況のモニタリングを行い、サービス事業者等との連絡調整などを行うものである。

3. サービス利用の手続き

　サービスの利用に当たっては市町村の障害福祉担当窓口に申請を行う。これと同時に、相談支援を担う指定事業所（指定特定相談支援事業者・指定障害児相談支援事業者）が作成したサービス等利用計画案（障害児通所支援系のサービス利用に際しては障害児支援利用計画案）を提出する。

　市町村は認定調査員による調査を行い、主治医から意見書（医師意見書）を得る。これらに基づきコンピューターによる一次判定を行ったうえで市町村審査会で二次判定を行い、非該当および区分1から区分6（支援度が最も高いのは6）までの6段階の障害支援区分の認定[12]を行う。この区分によって利用できるサービスとできないサービスが決まる。また有効期間も設定される。

　こうしたプロセスを経て、市町村は支給決定を行う。以降は、計画相談支援あるいは障害児相談支援の項で見たような相談支援による調整と、サービスを提供する事業所との契約の段階となり、サービス等利用計画あるいは障害児支援利用計画の作成を経て実際のサービス利用となる。そして、一定期間ごとにモニタリングが行われ計画の見直しがその都度行われる。

12　訓練等給付や地域相談支援の利用や児童の場合には障害支援区分の認定は不要である（2019年現在）。

コラム 11

ある市における縦横連携に向けた支援システムの進展（2）

　東松山市では 2000 年には 24 時間 365 日対応の総合相談が社会福祉協議会の運営でスタートした。また、ケアマネジメント方式の相談活動が障害領域でも試行的に始まり、本人（保護者）がさまざまな希望を表明し始めた。2003 年には福祉サービスが措置制度（行政に決定権）ではなく契約で利用できる制度（支援費制度）に移行したことで、積極的な意思表明の流れが促進された。

　同市内には 2004 年に就労支援センターが開設された。この頃には児童から成人までの地域生活に必要なさまざまなサービスが揃い、ケアマネジメント手法でのコーディネートも本格的に動き始めた。

　2000 年代後半から同市では公立保育所や学校に看護師が配置され、医療的ケアが必要な児童が保育所や学校に通えるようになった。また、同市では 2007 年には就学支援委員会が就学相談調整会議に改組され、学校見学や提供された情報をもとに保護者が就学先を決める方式に変わった。

　2007 年、同市は障害者福祉の関係者の連携と協議の場として地域自立支援協議会を設置した。2018 年の時点で①育ちと学び、②進路、③放課後と長期休業期間の居場所、の各プロジェクトで行政、支援関係者、当事者が活発に協議している。①の障害児童に関するプロジェクトでは、幼児期から就学先の学校へと支援を引き継ぐしくみとして「移行支援シート」を作成し、本人参加の引き継ぎ会議をシステム化して縦の連携のしくみとして定着させた。また、障害福祉担当課、特別支援学校、相談支援専門員、リハビリテーション職などからなるチームを編成して市内小中学校の巡回支援を行って、学童期の横の連携を強化している。

　現在では、幼児期は乳幼児健診がきっかけとなり保健師を基点に支援のネットワークが広がり、就園後は幼稚園、保育所を舞台とした連携と協働へと展開し、就学後は学校を舞台とした連携と協働へと引き継がれている。個々の支援では幼児から成人まで、必要に応じてケア会議や担当者会議が行われており、本人中心の連携と協働が具体化されている。

　これはある都市の縦横連携の進展の姿であるが、各地域にはその事情に応じた独自の進展の姿がある。

（山崎晃史）

課題

調べましょう

- ☑ 相談支援専門員が作成する障害児支援利用計画やサービス等利用計画について実際にはどのようなものか、作成例を調べましょう。
- ☑ 学校教育で作成される個別の教育支援計画や個別の指導計画が実際にはどのようなものか、作成例を調べましょう。

考えましょう

- ☑ 本章にあったような医療、保健、福祉、教育などの制度や社会資源、関連職種を知っているのと、知らないのとでは心理支援上どのような違いが生じるかについて考えてみましょう。

文献

飯野順子・岡田加奈子・玉川進編著（2014）特別支援教育ハンドブック．東山書房．
一般社団法人全国児童発達支援協議会（2017）保育所等訪問支援の効果的な実施を図るための手引書．厚生労働省平成28年度障害者総合福祉推進事業．
柏倉秀克監修（2017）障害者総合支援法のすべて．ナツメ社．
厚生労働省（2017）児童発達支援ガイドライン．
厚生労働省（2018）保育所保育指針解説．フレーベル館．
前川智恵子（2018）母子保健・子育て支援領域における専門職の役割―子育て世代包括支援センターの活動を中心に―．甲子園短期大学紀要，36，47-53．
宮尾益知・橋本圭司編（2017）発達障害のリハビリテーション―多職種アプローチの実際―．医学書院．
みずほ情報総研株式会社（2017）保育所における障害児保育に関する研究報告書．
文部科学省（2017）幼稚園教育要領．文部科学省告示第62号．
内閣府（2018）平成30年版障害者白書．
日本相談支援専門員協会編（2016）障害のある子の支援計画作成事例集―発達を支える障害児支援利用計画と個別支援計画―．中央法規出版．
坂本祐之輔（2008）ノーマライゼーションのまちづくりと就学支援委員会の廃止．身体教育医学研究，9，1-7．
社会福祉法人全国社会福祉協議会（2018）障害福祉サービスの利用について（2018年4月版）．
山崎嘉久編（2015）標準的な乳幼児期の健康診査と保健指導に関する手引き～「健やか親子21（第2次）」の達成に向けて～．平成26年度厚生労働科学研究費補助金（成育疾患克服等次世代育成基盤研究事業）乳幼児健康診査の実施と評価ならびに多職種連携による母子保健指導のあり方に関する研究班．

第8章 初期発達支援
気づきから発達支援へ

山崎晃史

> 乳幼児期の支援は子育て支援であり、かつ発達支援である。この時期は親子を分けることなく包括的に支援し、乳幼児と周囲の人的、物理的な環境の関係が最適なものとなるように支える。初期の気づきの段階から保育を手がかりとした親子の安定化を期し、言語発達の支援や社会性の支援へと進んでいく。本章ではそうした初期支援の全体像を理解する。

事例11

　乳児期から泣き始めると、あやしても、ミルクを与えても、オムツを変えても泣き止まず、夜泣きにも悩まされ、母親は当惑と不安を感じていた。3世代家族で父親の両親との同居であった。母親の実家は遠方で頼ることができず心細いなかでの育児であった。子育て支援センター（以下、センター）に通うことを日課にして、それが気持ちの支えだった。不安を保育士に話すこともあった。よく聴いてもらえてほっとした。そのような日はなぜか夜泣きが少なく、自分もぐっすり眠れた。

　1歳半すぎの乳幼児健診時には言葉が出ていなかった。やりとりのある遊びにもあまり関心を示さなかった。特定のおもちゃを飽きずに並べていた。偏食が強く食べられるものが限られていた。保健師から個別相談の誘いを受けたが、何を指摘されるのかと怖さを感じ断った。

　母親は、センターに公認心理師が来ていることを聞き、相談を申し込んだ。心理師は、子どもの様子を観察しながら、並べるということはパターンを把握する力があり、設定遊びの時間に合わせて日々来ると、内容を覚え、生活パターンができて情緒的に安定するかもしれない、と話した。また、離れて見守ると自分から近づいてくるので、接触や密着に過敏なタイプかもしれず、行動に合わせて声をかけていると、徐々にやりとりがかみ合ってくるかもしれない、とも話した。母親は、なるほどと思い、避けていた設定遊びの場面に合わせてセンターに通い、無理強いせず見守りながら声かけをするようにした。数ヵ月経つと、行動にまとまりが出てきて、手遊びや歌を真似るようになり、発語が進み、心なしかやりとりができるようになってきた実感があり、嬉しくなってきた。

Ⅰ. インクルーシブな環境の重要性

　一人ひとりの発達は素質的要因と環境的要因の相互作用によって独自の様相で展開する。発達障害の元になるものが素質的なものだとしても、実際には環境の多様な要因により独自の展開をもたらす。そこで、発達障害の有無にかかわらず、発達を支えるために必要なのは生態学的な視点をもち、児童と取り巻く環境の相互作用を把握し、当該児童にとっての環境の最適化を促すことである。

　その際、まず前提になるのが**インクルーシブな環境**の実現、つまり障害の有無にかかわらず子どもたちが**共に育ち合う環境**の実現である。そのためには、早期からの一人ひとりに応じた支援を、医学的診断の有無、軽重にかかわらず、生活に身近な場で可能にするしくみが必要である。乳幼児期は多くの場合、保健師が主に調整役を果たしつつ、ゆるやかに支援ネットワークを構築していく。そのなかで、親が育児の手がかりを、指導されるのではなく自然に得て、先の見通しがもてるようにする。

　おおらかで包容的な考え方と状況が親子を支える。**ウィニコット**（Winnicott, D.W., 1960）[1]はかつて「一人の赤ちゃんというものはいない。その意味はもちろん赤ちゃんを見つければそこには必ず母親のケアがある」と述べた。初期の親子はひとつのユニットとして分けることはできず、それゆえ親子を包括的に支えることが重要なのである。親を支えることが児童を支えることになり、児童を支えることは親を支えることになるのである。それが結果的に児童の情緒の安定にもつながる。

　したがって、発達障害を早期に診断して訓練を施すといった、不具合を修理するかのようなスタンスではアプローチしない。児童の存在を排除的に扱わず通常の環境で包容しつつ、親も含めて支援者が共にアイデアを出し合って関わっていこうとする共同の姿勢を浸透させていくことがまずは重要である。

---

[1] 精神分析家で小児科医（1896-1971）。母子の分かちがたい関係性のなかでこそ児童の心理的発達があることを holding environment、transitional object、good enough mother、the capacity to be alone などの概念を通じて論じた。

Ⅱ. 発達障害の顕在化と心理支援

1. 発達障害の気づきと葛藤

　発達障害はさまざまな様子から気づかれる。それは、親であったり、乳幼児健診時の保健師であったり、保育士や幼稚園教諭であったり、かかりつけ医であったり、さまざまな立場からの**気づき**である。気づきには、運動面、言語面、生活面、コミュニケーション面、行動面などさまざまなものがある（**表8-1**）。

　染色体異常など、原因が明確なものは別として、発達障害の特徴は徐々にしか顕れず、また通常の発達（**定型発達**）でも一過的には発達障害に似た行動が顕れることがある。そのために、親を含めて周囲の者が発達障害のことを理解するのに時間がかかる。また、どのように関わったら良いか分からないまま、困惑していることがある。

　乳幼児健診の場をはじめ初期の支援は田中ら（2005）や田丸（2010）が述べているようにジレンマと葛藤のなかにある。障害（の可能性）を発見し親に示唆あるいは指摘することと、育児を支えて親を勇気づけることとの間で、時に両立しづらい鋭い葛藤が生じる。障害やその可能性の気づきを端緒として、支援者が丁寧な共感と支援を行うことで、困っている親と、情緒的、行動的に混乱している児童が、共に安心、安定するように促すことができれば良い。しかしながら、早期の「発見」と「診断」のプレッシャーのみを突出させ、事態を受け止めきれない親の心情をさらに動揺させ、成長を喜び合う素朴な世界を阻害するならば、さ

表8-1　発達障害の気づき

- 座る、立つ、歩くなどの運動発達が遅い
- 言葉が遅い、言葉が広がらない
- 身の回りの生活習慣が身につきにくい
- 関わってもやりとりが成り立ちにくい、目が合わない
- 親から過度に離れられない、あるいは親がいなくても全く平気
- 他児と遊ばず、単独でのすごし方が目立つ
- 過度に落ち着きがない、あるいは衝動的な行為が目立つ
- 同じことをずっと繰り返している
- 過度に過敏である、情緒的に混乱しやすい
- 集団生活に適応しづらい

まざまな悪循環が始まる。また、「子どもを見ずに障害を見る」ような世界に陥るならば、それはインクルーシブな世界から遠ざかる（⇒第7章I.）。

公認心理師・臨床心理士はこのような葛藤状況のなかで、親や支援関係者の心情を理解しケアを行いながら、親にとっても、児童にとっても、そして支援関係者にとっても最適な安定的な状況に向けてガイドしていくのである。

2. 運動発達の遅れからの気づき

運動発達の遅れとして認識される場合があり、これは身体的な障害の場合と外界への関心が向きづらい重度の知的発達症などの場合で顕れやすい。ただし、知的発達症を伴わない発達障害でも乳幼児期に**筋緊張の低さ**があり、運動発達がゆっくりなことがある。

脳性麻痺は新生児期までに生じた脳に起因する麻痺ではあるものの顕在化するまでに1〜2年くらいかかることがある。運動発達の遅れや筋肉のこわばりや筋緊張の低さで気づかれることがある。また、乳幼児健診や小児科受診を機に医師によって気づかれ、専門医療機関につながり、診断や支援に至ることがある。

3. 言語発達の遅れからの気づき

発達の指標として言語面は分かりやすい目安である。認知面の発達やコミュニケーション面の発達は端的に言語の発達と連動しやすい。言語の理解や表現が人としての生活の中心をなすため、通常言葉を発するようになる1歳あたりから、言葉を発しない、言葉が広がらないという訴えが多くなる。この場合も発達の個人差でいずれ言語機能には問題がなくなるということも当然ある。

知的発達症の場合は、言語を理解することと表出することとが全体的にゆっくりと成長することになる。ただし、重度の知的発達症の場合には言語の獲得が難しい場合がある。

コミュニケーション面の障害が中心の知的発達症を伴わない自閉スペクトラム症の場合は、言葉の発達は当初遅いが、その後、言葉を一気に吸収して、言語面はあまり気にならない状態になることがある。しかしその場合も、語彙は豊富だが一方的なコミュニケーションになるなど**語用論**[2]的課題を示すことがある。

諸領域の発達の土台の上に、**言語理解**と**言語表出**が進んでいくものであり、包括的に発達を促していくことが言語発達支援のためには必要である。したがっ

て、発達過程における言語機能の促しは、獲得した言語機能を病気や事故後遺症で失い、訓練によってその機能を回復するという**失語症**などの言語機能訓練と同じように考えるわけにはいかない。しかし、一般的には言語発達の遅れを訓練によって取り戻そうと考える養育者や支援者は多い。

そこで中川（1998）による「ことばのビル」（**図8-1**）のようなツールを用いて、

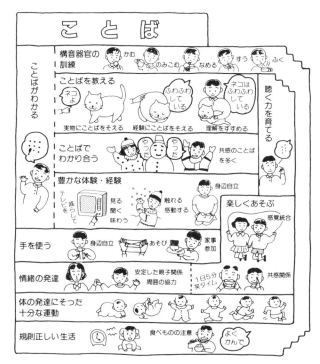

出典：中川信子（1998）健診とことばの相談—1歳6か月児健診と3歳児健診を中心に—．ぶどう社．

図8-1　ことばのビル

言語発達の土台を説明し、日常生活のなかでの経験やコミュニケーションの意義を説明する心理教育的アプローチは重要である。メリハリのある規則正しい生活や体や手を使った遊び、楽しいコミュニケーションなどの当たり前の関わりを十分に行う意義を伝え、言葉を言わせようと教え込むことは効果的ではないことを説明する。また、実際に児童に関わりながら働きかけのモデルとなる。言語面の相談や支援は言語聴覚士が担うことが多いが、公認心理師・臨床心理士も心理支援の側面から言語発達の支援を担う（⇒第7章Ⅶ．4．）。

なお、構音障害は自覚的に構音の練習ができるようになる4～5歳になって構音訓練を始めると成果が出る場合がある。

---

2 言語そのものではなく言語の運用のあり方に着目する立場。言語の意味はコミュニケーションの状況や文脈などにより変化することをふまえたもの。

4. 生活技能獲得の遅れからの気づき

　排泄、食事、服の着脱などは、一定の心身の発達としつけという関わりを通して自分でできるようになっていく。身体機能の成熟、心理的発達、社会文化的背景、人間関係という多様な要因がそこに関わっていて、自他の多様な資質を総動員する必要がある。また、重要なのは親にほめられるという喜びを通じて技能を獲得していくということである。

　標準的な**生活技能**の獲得時期と照らして、それが遅いということになると配慮を要する。そして知的能力や発達障害の特性がこの生活技能獲得に影響を与えていることがある。その獲得の遅れが顕在化するなかで、ほかの面も相俟って発達の特性に気づかれることがある。知的発達症であれば言語理解の制約からしつけの内容が理解しづらいかもしれない。自閉スペクトラム症であれば親からの関わりそのものが意識しづらく、しつけの働きかけ全般が不快なものになっているかもしれない。

　排泄ならば、排泄した不快な状況で泣けばオムツを交換してもらえて快が得られるということの反復が、不快は解消できるという自己効力感の元になる。そして、筋肉のコントロールという身体機能の成熟を基盤に、タイミングを見てトイレに連れて行けば出る、出たことを知らせる、（認知機能の発達とともに）トイレに行くことが分かる、これから出ることを知らせる、間に合うように脱いで自ら排泄をする、トイレの後始末をする、と徐々に段階を追って自立していく。

　したがって、このような過程のどこで滞っているのかを見極め、スモールステップで働きかけていくアイデアを具体的に伝えていく。そして、それが親や保育者との関係をベースに進んでいくことを見守り、支える。

5. コミュニケーション面の遅れからの気づき

　標準的には3ヵ月を過ぎ、あやすと笑うようになり、いないいないばあ遊びなどのやりとりを楽しむようになる（**表8-2**）。6ヵ月頃から、親がいないと不安を示し、見知らぬ人には警戒と不安を示す。9ヵ月あたりから人の顔色を見ながら行動する（社会的参照）ようになる。危険を認識すると親を求め接近する（愛着行動）。人を認識し親を求めるこのような児童からの発信に触発されて、親も積極的肯定的な関心を児童に向け、養育のモチベーションが高まっていく。こう

した**親子の相互作用**がコミュニケーションを進展させ、心理的な絆が深まる。

しかし、視線が合わない、あやしても喜ばない、関わろうとすると嫌がる、人に関心を向けずもっぱらひとり遊びをしている、とい

表 8-2　初期発達の指標

・声を出して笑う　0:3 頃
・首がすわる　0:4 頃
・ひとりで座っていられる　0:7 頃
・人見知り　0:8 頃
・喃語　0:9-0:11 頃
・つかまって立っていられる　0:9 頃
・共同注意　0:9 頃（大人の視線をモニター）
・指さしをする　1:0 頃（要求あるいは叙述）
・初語（単語）　1:0 頃
・歩く　1:1-1:3 頃

う気づきからコミュニケーションの発達の遅れが分かることがある。こうした姿を前に親は育児の意欲を削がれ、肯定的関心を児童に向けることが難しくなる。

この状態の親子を支えるためには、保育環境を提供するとともに、保育者や公認心理師・臨床心理士などが児童に関わり、児童の行動や表情から意欲、関心、感情などを仮説的に増幅して読み込み、親に伝える。また、関わり方のモデルになり、親子のコミュニケーションのきっかけをつくっていく。

6. 行動面の課題からの気づき

行動面の課題は保育所や幼稚園などの利用に伴い気づかれることが多い。日常生活が円滑に進まない、**集団行動**が難しいとして気づかれる。しかし、個々の幼児の気質からくるものもあり、発達障害の兆候と区別するのが難しい場合もある。いずれにせよ、以下のような姿が一過性にではなく、持続的に見られる場合、親子を支える必要があり、配慮が必要になる（**図 8-2**）。

（1）過度に親から離れられない

相互的なコミュニケーションが進みづらいというのとは逆に、過度に親から離れられないということがある。それが強い**分離不安**によるものか、自閉スペクトラム症の特性である限定的な興味、関心の顕れか、感覚の過敏さを防衛するために安心できる親の存在を必要としているのかが不明確なことがある。

（2）ひとりだけ違う行動を続ける

また、集団生活のなかでひとりだけ違う行動を続ける、あるいはひとり遊びを続けるという姿が、ほかに誘いかけたり、場面を変えても（例えば、指示して外

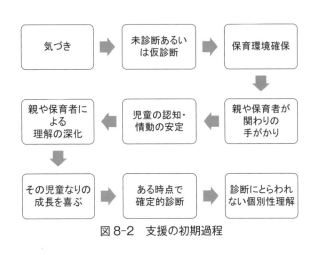

図 8-2　支援の初期過程

遊びから室内遊びへと全員が切り替えても）見られることがある。しかし、これも初めての集団生活の場でもあり、経験不足が影響していたり、気質によるものであったりして、この種の行動の要因は即断はできない。

(3) 動きが多く衝動的になりやすい

好奇心からじっとはしていないのが乳幼児であるが、それが過度であったり、4歳にもなればおおむね周囲の状況に合わせてふるまえるようになるがそうできない、ということから気づかれる。外出時に親から離れても平気で目を離すといなくなってしまう、集団生活のなかでもじっとしていられず走り回り続けていたり、次々とやることを変えたりして、周囲が座って保育者の話を聞いていても、その本人はそれができないなどの状態である。

しかし、これも適切ではない養育や被虐待といった環境的な要因によって同様の行動パターンになることがあり得るので、見極めが必要である。

(4) 一定のパターンを好み、過度に敏感である

同じ手順や段取りにこだわったり、ものを並べたり同じことを反復したりといったことに没頭すること、それを制止されると情緒的に混乱すること、また、いつもの状況との違いや感覚刺激に対して過度に敏感で混乱しやすいこと。こうしたことで生活や保育のなかで周囲のペースとかみ合わなくなり、目立つことになり気づかれるというパターンがある。

例えば、いつも同じ道順を通ること、トイレを見ると水を流すこと、ミニカーを等間隔に並べることなどにこだわったり、ちょっとした周囲の変化に強い不安を示したり、服の肌触りに過敏になり特定のものしか着なかったり、特定の音やにおいに過敏になり回避しようとする。特定のものしか食べないような偏食も感覚の過敏さが背景にあると考えられるものがある。

公認心理師・臨床心理士は、これら(1)から(4)のような行為の背景にある要因を丁寧に把握しつつ、発達障害であろうとなかろうと、不適応状態に陥らないように、また親が関わり方に困り疲弊してしまわないように、次節の項目にあるような環境設定を含めて包括的な支援を進めていく。

III．基盤となる生活陶冶性

1．気づきからの初期対応

　発達障害をはじめ発達に課題がある状況は、このようにさまざまな側面から気づかれる。それに対して課題領域の発達促進や問題とされる行動の抑制を直接的に目標とすると行き詰まってしまう。発達初期ほど焦点化しすぎたアプローチは有効ではない。また行動面は無理に抑制しようとするとかえって問題が大きくなる傾向がある。

　さらには、ことさらに医学的診断を受けるように促し、医療機関の受診を支援開始のきっかけにしようとすると無理が生じやすい。強いられることへの反発や診断への抵抗感で親の問題解決への動機づけを削いでしまったり、親と支援者との**信頼関係**を崩してしまったりする。

　逆に親が医学的診断を求め、診断を受けてステレオタイプな対応方法や訓練至上の考え方へと極端化することもある。訓練をして追いつかせたいという発想にもなりがちである。しかし発達には個人差とその児童特有のペースがあり、働きかけに比例して無限に伸びるという性質のものではないことをふまえなければならない。公認心理師・臨床心理士は親の心情を受け止めつつ児童に合った働きかけに最適化していく調整役を果たす必要がある。

　発達そのものが社会的な関係を内在化させていく過程であり、**発達の最近接領域**（zone of proximal development）[3]に働きかけていくことが必要であるという考え方は発達支援上大きな手がかりになる。手助けをしてできる領域を**足場**とし

---

[3] ヴィゴツキー（Vygotsky, L.S.）（1896-1934）は発達を社会歴史的観点から位置づけた。言語など高次精神機能は、他者との間で行っていることが、個人内の精神機能に移行したものだとする。児童が自力で解決できる水準と他者の手助けによってできる水準の間の領域を発達の最近接領域として、教育はそこに働きかけるとする。

て働きかけていくこと、そうしたなかで使われている言葉や道具の機能を自らのものとして身につけていくこと、そのダイナミックな過程が発達である。したがって、一方的に訓練しても発達の促しにはならない。むしろ発達は児童と親、児童と周囲の人々との間の共同作業である。すなわち、遊びや獲得すべきスキルに豊かに触れることができる環境そのものが重要である。

　一般的には、乳幼児健診やその後の個別相談あるいは各種の発達相談や育児相談、小児科の診察の場面で気づかれ、相談や介入が始まることが多い[4]。そこから、母子保健事業で行われている親子教室や子育て支援のグループ活動が紹介され支援がスタートすることが多い。一部には早い段階から発達障害の診断を求めて医療機関を訪れることもあり、また、児童発達支援の利用につながることもある。

　どのような機関で関わるにせよ、個別相談であれグループ活動であれ、親の気持ちを支えながら児童を観察してアセスメントし、かつ関わり方のモデルを示しながら関わりの手がかりを提供する。そして、保育、福祉や医療の社会資源についての情報提供を行う。さらには、一定の支援を経て保育所や幼稚園などの集団生活の場へと主たるフォローの場を移行させる支援を行う（図 8-3）。

　なお、発達障害の**早期発見、早期対応**が言われ、医療機関や児童発達支援センター、児童発達支援事業への期待が大きく、支援者としては気づきから早期にこのような機関につなげようとしがちであり、かつ全面的に任せる傾向がある。しかし、インクルーシブな支援を目指す方向性からすると、発達障害の専門機関に全面依存するのではなく、目的や期間を限定しての利用や後方支援の役割を期待すべきで、主たる支援はあくまでも地域の保健事業、子育て支援、保育の場で行うことが望ましい（⇒第 7 章 I.）。

親を支える	発達を促す	アセスメント
・不安な気持ちを支える ・関わりのモデルを示す ・成長の発見 ・情報提供	・楽しい遊びを提供する ・経験の機会を提供する ・しつけをする	・児童の観察・評価 ・親子関係の観察・評価 ・ニーズの発見

図 8-3　個別相談や親子教室の役割

---

[4] 軽度の障害の場合は、保育所、幼稚園など集団生活への入園で他児との比較において気づかれることも多い。

2. 保育環境による親子安定化効果

　毎日、日中に通園することで、生活に規則性が生じ、一定のリズムで場面が転換する経験をする。そうした言葉がけと場面、場面と状況が連動する反復のなかで、周囲の環境を児童が整理して捉えられるようになっていく。またさまざまなことに触れることで経験の広がりが生じる。さらに、納得がいくまで遊び、行動することの満足感が生じる。このような過程のなかで認知的にも情緒的にも安定する。

　それを受けて、家庭でも児童がそれまでとは違った姿を見せるようになる。親も児童から離れることで状況を客観視できるようになり、児童の変化を受けて親子関係が好循環へと展開し始める（**親子安定化効果**）（**図 8-4**）。

　なお、軽度以外の発達障害の場合には、児童発達支援センターや児童発達支援事業への通所を勧められる傾向にある。しかし、上記のような環境が重要であることは変わらず、一般の保育所、幼稚園のなかで必要に応じた個別的配慮を提供する準備をしながら、通園する保育の場そのものを提供できれば良い。インクルーシブな環境がまずは検討されるべきである。

　ただし、感覚の過敏さが特に強く過度に混乱したり、限定的な興味、関心が特に強く、頻繁に混乱するなどで、通常の保育環境がそのままでは本人にとって過酷な環境になることがある。その場合には、保護者の希望があれば説明と同意を

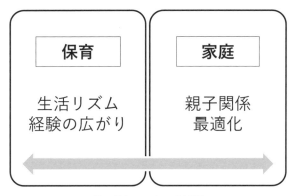

親＝離れることで客観視
児童《環境整理が情動へ》快不快の分化・対人認知へ
園《情報提供》行動の意味、成長の見通しを伝える。関わり方の見本を示す

図 8-4　保育環境による親子安定化効果

経て、合理的配慮検討の材料を得るために児童発達支援の一時的、限定的な利用や専門機関でのアセスメントを計画することがある。また、保育の場への巡回支援を行い、連携しながら支援方法を検討する。例えば、穏やかな関わり方を徹底し、活動内容を視覚的に見て分かりやすいように整え、低刺激な空間を用意して落ち着けるようにするなどの工夫が検討される（⇒第7章Ⅱ）。

コラム12

発達期の支援と教育を表す概念

発達障害児童の育ちを支援する取り組みを表す諸概念を整理する。

① 発達支援・発達臨床

「発達支援」は障害の有無にかかわらず発達を促し支えるあらゆる取り組みを指す最も包括的な概念である。発達障害者支援法にも本概念が使用されている。「発達臨床」は児童の育ちを支える現場そのものと、そこでの個別的な関わりを強調した概念である。

② 療育

昭和17年に医師の高木憲次は、療育とは肢体不自由児に恢復能力と残存能力と代償能力の総和である復活能力を活用させて自立へと育成することだとした。医療と教育的働きかけの総体を療育＝治療教育と呼んだわけである。これが発達障害全般に広げられ発達促進的、訓練的なアプローチ全般を療育と呼ぶようになった。

宮田（2001）は、療育を「障害のある子どもとその家族を援助しようとする努力のすべて」だと緩やかに再定義し、その目標は障害の克服ではなく「地域で生活していける技術」を育てることだとした。

③ 特別なニーズ教育

特別なニーズ教育（special needs education）は特別な教育的ニーズ（special educational needs）の評価に基づき、個に応じた配慮と教育を行うものである。これは、従来の診断カテゴリー、障害の有無、種別、程度で対応を決める発想と根本的に違う。

1994年にユネスコとスペイン政府より出されたサラマンカ声明でこうした理念が発信された。特別なニーズは貧困、差別、虐待、健康状態などあらゆることがらから生じうるという視点も明確にされた。

④ 特別支援教育

特別支援教育は、わが国の学校教育のなかの障害児教育として制度化されてきた特殊教育を、特別なニーズ教育の考え方を取り入れて一人ひとりの特性に応じた教育へと転換したものである。ただし、教育の場の分離＝特別支援学校・学級のしくみを基本的には維持し、そこでの教育は大きくは変えていない。主なねらいは、通常学級に在籍する特別なニーズをもつ児童＝いわゆる軽度の発達障害に支援を広げることにあった。

療育という概念には特殊性の強調と過大な期待が込められがちである。本書では教育以外に関しては、おおむね発達支援という概念で表現している。

（山崎晃史）

Ⅳ. 社会性の初期発達支援

1. 社会性とは

　社会性とは集団のルールが分かり、集団行動ができることだという集団中心の考え方は社会性理解の本質ではない。長崎ら（2009）は自閉スペクトラム症児童をめぐる社会性の考え方として、①社会性とは人と何かを共にし、またそのことを楽しむことであること、②社会性は乳幼児期から発達し、支援の可能性、学習可能性があること、③自閉症児にこそ社会性が必要であること、を挙げている。つまり、**共同行為**とその楽しみこそが人の発達あるいは生活の中核であり、自閉スペクトラム症に社会性の障害があるからといってそこを避けるべきではないことを述べている。

　社会性を育てるには、障害の有無にかかわらず児童と共同で人とともにいる心地よさをつくりあげていく営為が必要である。まず、楽しさや好奇心や期待感を生み出す人と人との関係があって、それが内在化されて個々の児童の安定的な対人意識や**情動制御**が立ち現れてくる。社会性は訓練でスキルを身につけさせるという一方的なものではなく、大人との共同行為の具体的蓄積から生じてくることをまず押さえておきたい。

2. 共同注意をめぐる支援

　社会性の発達にとって既述のように共同行為が重要だとすれば、その際、**共同注意**と**三項関係**の視点がひとつの手がかりとなる（⇒第5章Ⅰ.3.）。これは**指さし**（pointing）などの行為と連動している。また、共同注意の成立と言語機能は密接に連動していると言える。共同注意も通常生後12ヵ月頃になると単に同じものに注意を向けるだけではなく、大人がそれを見ているか、その視線を確認するようになる。またこうした行動と相俟って**社会的参照**（social referencing）と呼ばれる行動も出てくる。これはどう行動すべきか分からない状況において親の表情を手がかりに行動する姿を示した概念である。共同注意が他者の情動理解の発達とも表裏一体であることが分かる。

　共同注意はコミュニケーション発達の重要な指標であり、初期の発達支援の焦点のひとつである。ただし、この領域の発達の制約が障害の中核である場合とそ

うではない場合では支援に取り組む姿勢には違いがある。

　自閉スペクトラム症の中核群では共同注意を巡る社会性の発達の促しには根気強い取り組みが必要となる。そして、どうしても進展に困難さがある場合には無理をせず、生活経験の広がりなど他に展開を図りながら見守ったほうが良いこともある。つまり、この課題に正面から向き合いすぎず余裕をもって取り組んだほうが良い。ただ、その他の場合には、共同注意を巡る諸機能はゆっくりではあっても発達し先へ進んでいくことが多い。

3. コミュニケーションの基盤づくり

　共同注意は、まさに児童と親や支援者との関わり合いの相互作用のなかで生み出されるものである。共同注意に至る過程は要するにコミュニケーションの基盤づくりとも言える。それは、保育を基盤として、親密な他者との身体接触や接近を通じた**愛着**（attachment）[5]の形成を見極めながら、①直接的コミュニケーションを進めるとともに、②共同注意を育てる働きかけを行うことである。これは家庭、保育、心理支援場面などあらゆる場面で取り組むことができる（**図8-5**）。

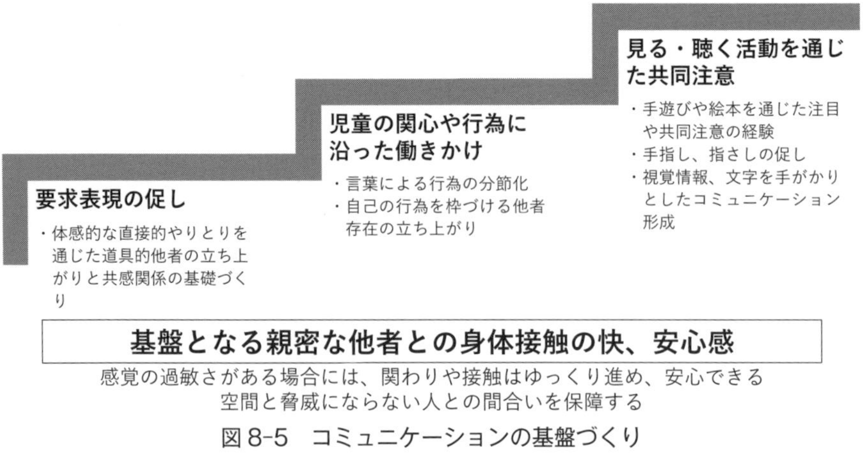

見る・聴く活動を通じた共同注意
・手遊びや絵本を通じた注目や共同注意の経験
・手指し、指さしの促し
・視覚情報、文字を手がかりとしたコミュニケーション形成

児童の関心や行為に沿った働きかけ
・言葉による行為の分節化
・自己の行為を枠づける他者存在の立ち上がり

要求表現の促し
・体感的な直接的やりとりを通じた道具的他者の立ち上がりと共感関係の基礎づくり

基盤となる親密な他者との身体接触の快、安心感
感覚の過敏さがある場合には、関わりや接触はゆっくり進め、安心できる空間と脅威にならない人との間合いを保障する

図8-5　コミュニケーションの基盤づくり

---

[5] 人間が特定の個体に対してもつ情愛的絆のことである。特に危機的状況を認知した際に、親など重要な他者を安全基地（secure base）として接近し安心を得ようとする行動で明確になる。ボウルビィ（Bowlby, J.）が概念化した。

(1) 直接的コミュニケーション

1）要求表現の促し

自閉スペクトラム症や重度の知的発達症をもつ児童などでは視線を合わせることや、親からの働きかけを喜び、要求するということ自体が進展しにくいことがある。このような場合には、直接の体感的関わり（スキンシップ、一緒にトランポリン、だっこなどでゆさぶる、ブランコを押してあげる）やおいかけっこ、イナイイナイバー遊びなどを繰り返して、期待感をもたせながらそこから**要求表現**を促していく。まずは他者の存在が児童のなかに立ち上がるように心がけるのである。当然のことながら、関わる側が機械的に働きかけるのではなく一緒に楽しむ姿勢が重要である。また、感覚の過敏さを見極めて不快な関わりを一方的に経験することにならないようにする。

2）児童の関心や行為に沿った声かけや働きかけ

児童の関心にそって共感的に言葉がけをして、共に行動する。言語理解が難しい段階であれば、行為に合わせて擬態語やかけ声をかける。いずれにせよ、行為を分節して枠づけていく心持ちでこうした働きかけを行う。その際、参考となるのは遊戯療法の視点あるいは**インリアル**（INREAL）[6]と呼ばれる言語発達支援の方法である。両者とも児童の行為の意図や文脈に合わせて働きかけていこうというものである（**図8-6**）。

特に、インリアルは言語発達の基盤であるコミュニケーションの文脈（語用論）への働きかけを分かりやすくまとめたものであり、児童が主導的に行動することに合わせた働きかけであり、家庭や保育のなかでの働きかけの際に参考にしやすい。親に対する心理教育的アプローチではこのインリアルの説明を用いて「教え込むのではなく児童のペースに合わせていくことが重要」「行為の意図に合わせて言葉をかけていくことが大事」と伝えることができる。

このような働きかけで児童のなかに他者の存在が立ちあがり、共同注意や共感関係の基礎をつくることになる。二者関係のなかで視線を合わせたり、情動を共有したり、要求をしたりすることがその指標となる。

---

[6] 日本インリアル研究会ホームページ「インリアルについて」http://www3.kcn.ne.jp/~inreal/INREAL.html（2019年2月3日取得）

コミュニケーションの原則	大人の基本姿勢（SOUL）	大人のことばかけ（言語心理学的技法）
・子どもの発達レベルに合わせる ・会話や遊びの主導権を子どもにもたせる ・相手が始められるよう待ち時間を取る ・子どものリズムに合わせる ・ターン・テーキング（やりとり）を行う ・会話や遊びを共有し、コミュニケーションを楽しむ	・Silence：場面に慣れ、自分から行動が始められるまで静かに見守る ・Observation：何を考え、何をしているのかよく観察する ・Understanding：子どものコミュニケーションの問題について理解し、何が援助できるか考える ・Listening：ことばやそれ以外のサインに十分、耳を傾ける	・ミラリング：子どもの行動をそのまままねる ・モニタリング：子どもの音声やことばをそのまままねる ・パラレル・トーク：子どもの行動や気持ちを言語化する ・セルフ・トーク：大人自身の行動や気持ちを言語化する ・リフレクティング：子どもの言い誤りを正しく言い直して聞かせる ・エキスパンション：子どものことばを意味的、文法的に広げて返す ・モデリング：子どもに新しいことばのモデルを示す

日本インリアル研究会ホームページの説明に基づきまとめたもの

図8-6　INREAL（Inter Reactive Learning and Communication）

（2）共同注意を育てる

相互に役割を交替しながら行う遊び（例：ボールの転がし合い）をしたり、大人が日常よく行う行為をするとその意図を理解して一緒に行ったり（例：大人が片づけを始めると片づける）、動作の模倣を行ったりなどが他者の意図を理解し始めている指標である。こうしたやりとりを通じて共同注意が可能な段階へと進んでいく。

そして、絵本や紙芝居の読み聞かせ、手遊びうたなどの**見て聞いて楽しむ活動**が、共同注意への導入としては役立つ。注目することを促し、対象の活動を共に楽しむ。さらには人と協力して役割を果たすことを経験していく（例：一緒にものを運ぶ）。

こうしたことの積み重ねが共同注意を育て、それを確実なものへと進めていくことになる。

4. 社会性の発達が進展しにくい場合の考え方

　発達障害、特に自閉スペクトラム症では、以上のような社会性の発達支援が順序通り円滑に進んでいくとは限らない。そこで定型的な発達順序にこだわらない柔軟な視点が必要になる。

　例えば、視覚的パターンを好む年長児や学齢児の場合には、文字や記号、絵に興味をもつことがあり、そうした場合にはそれらを提示して興味をひいたり、文字で意図を伝えたりして、コミュニケーションのきっかけにしていく。そうすると、文字や記号を媒介にした三項関係が先にでき、後から視線が合うようになり、直接的なやりとりがより円滑にできるようになることがある。

　また、さまざまな働きかけにもかかわらず社会性を含め発達が先に進まないということがあり得る。そうした場合にもあきらめずに経験の蓄積を図ってさまざまな領域の生活技能（ライフスキル）の獲得を促していく。しかし、発達促進や発達が高い段階にあることを至上の価値とせず、できることに注目して生かし、できないことに関しては補いサポートをするという姿勢がよりいっそう必要である。そして、地域社会の一員として人々とのつながりや絆が維持され続ける未来を一人ひとりに実現していくことが支援者には求められる。どのような発達経過であろうとも、共にその過程を歩むことに価値がある。できるようになること、コミュニケーションが上手になることばかりに価値を置くのではなく、そのままの姿でも調和して生きていける環境を実現することが支援者には求められる。

V. 保育所や学校で初めて顕在化する特性を巡る発達支援

1. 社会性の初期発達をクリアした後の課題

　ここまで見てきた社会性の初期発達については、①大きな遅れがなく通過するがマイペースさが強い、あるいは②言語発達やコミュニケーション面では一時的には先に進みづらいが、時期が来ると一気に話すようになりコミュニケーションへの意欲が旺盛になる、という子どもがいる。これらは発達障害ではない文字通りの一過的な状態だったということもあれば、その後の段階で発達障害の特性が顕在化することもある。

後者の場合には保育所や幼稚園への入園、学校への就学を機に課題が生じることがある。そしてこのような児童の場合には相談場面で個別に会っても、無邪気だ、子どもらしい子どもだといった印象に留まり、なかには非常に落ち着いているように見えることさえある。しかし、いざ集団生活や外出の場面になると、行動や情動が過度に抑制しづらく周囲の児童とトラブルになったり、過度に過敏で特定場面を回避したり情緒的に落ち着かなかったりする。あるいは、自らの興味関心が強く、ひとりで別行動をしたり、目を離すといなくなってしまうなどの課題が生じることがある。知的発達症や学習障害が中心の場合には、小学校就学後の授業が進んできた段階で、学習のしづらさからくる意欲や自信の低下、落ち着きのなさが顕れてくることがある。

　つまり、①衝動制御のしづらさから生じる課題、②限定的な興味関心からくる課題、③過度な過敏さから生じる課題、④学習のしづらさから生じる課題が、単独であるいは組み合わせで集団生活上の課題として顕在化する。

　これらの課題に関しては、保護者や関係者へのインフォームド・コンセントおよび子ども自身に対するインフォームド・アセントをふまえ、保育や学校生活の場での行動観察や聞き取りを含めたより包括的なアセスメントが望ましい。どの場面でも同様の行動や情動というわけではなく、環境に左右されやすい傾向が考えられ、実際に課題が生じている状況に潜在する要因を把握する必要がある。また、児童の行動に影響を与えている強い環境的な要因、特に被虐待の問題が潜在していないかについても見極めていく必要がある。

2. 児童の特性と興味にチューニングした関わり

　保育所や学校など場面それぞれで、個別場面での個別的な関わり、集団場面のなかでの個別的配慮や個別的な関わり（加配支援者等）など、多様な人的、物理的なサポートを個に応じて最適に組み合わせて支援する（表8-3）。

（1）チームで支援

　最も注意しなければならないのは当該児童の支援をひとりに任せきりにしないことである。学級担任以外の支援者が児童に付き添うことがあるが、この形式でひとりに任せ支援がうまくいかなくなると、二者関係のなかで混乱が増幅していき修復不可能になる。また、児童の見方に偏りが生じて潜在的な可能性を見逃すおそれがある。ひとりで関わりがうまく進んでいるにしても、その人が不在にな

るとほかの者が関われず、支援の継続性の面で課題が大きい。チームでさまざまな角度から関わりながら観察し、潜在可能性を見出して

表8-3 児童の特性と興味にチューニングした関わり

- チーム支援
- 物理的配慮
- 補助自我役割とともに行動や情動の制御
- 相互的なコミュニケーションを個別的に学ぶ
- 学習のしづらさへのサポート

いくことが必要であり、支援者の代替可能性を担保して継続性を確保する必要がある。

(2) 物理的な配慮

衝動制御のしづらさや感覚の過度な過敏さをもっている場合には、**物理的配慮**を検討することがある。過敏さの要因を探りながらさまざまな可能な範囲での環境調整を試していくことになる。

聴覚的刺激の苦手さとしては泣き声、鳥の鳴き声、叫び声、甲高い声、反響する音、ベルの音などがよくある。小学生以降で自らの聴覚的な過敏さに自覚がある場合にはイヤホンやイヤーマフを使用することで安定することがある。

視覚的刺激としては光、色、特定の視覚的パターンで心理的負担が大きくなる、あるいは文字や絵がたくさん目に入ると落ち着かなくなるということがあり得る。光の具合や色彩や掲示物の設定を配慮することが考えられるが、幼児期や学童期には気づかれにくい。一般的には、部屋の掲示物を減らすことや物理的に整理する方法を考慮する。

静かな**低刺激の空間**を確保して、情緒的に混乱した際にそこで**クールダウン**できるようにすることで情動の切り替えが円滑になることがある。学級の片隅にダンボールでつくった家を置いてそこを拠点にすることで安定的にすごせるようになることもある。

情動の抑制、制御のしづらさが対人場面で出やすい場合には、特定の相手と刺激し合って相互にエスカレートしていることが多い。そのような場合には、不穏になりそうな際には大人が割って入ったり、相手との位置関係を離すなど距離を取らせることがある（⇒第9章Ⅱ．2．）。

(3) 補助自我役割とともに行動や情動の制御を学習

情動制御のしづらさや限定的な興味関心により、集団生活場面で周囲との齟齬が生じやすい場合には、支援者がその都度付き添って**補助自我**[7]的な役割を担い

ながら、補助を徐々に減らしても児童自身が自己制御できるようにしていく。個別場面で練習しても現実場面では応用できない児童もいるので、日常のなかでの支援が重要である（図8-7）。

ストレートに言いたいことを言ってしまい他児とのトラブルになる場合には、支援者が間に入って双方の言い分を聞いて整理したり、真意をリフレーミングして相手に伝えたり、適切な言い方に言い直したり、一緒に謝ったりしていく。例えば、街中で自分が思う通りにできないときに周囲にいた人々に「このやろう！」と叫んでしまうなどの行為に、「早くやりたいんだね！でも、それじゃ恥ずかしい！ヒソヒソ声で」とその都度言っているうちに、だんだんと大声では叫ばなくなるといった例がある。あるいは集団行動場面で別行動を取ることについて、本人の行動に合わせて共感的に付き合いながら、飽きつつある頃合いを見計らって「みんな〜してるかな？」と本人が興味あることに結びつけて促す。そうすると活動に参加することがある。そういった関わりを続けているうちに、きっかけをつくると切り替えられるタイミングが早くなっていくということがある。

ただ漫然と付き添うのではなく信頼関係をつくったうえで、タイミングを見て気持ちの切り替えを補助し、その補助を減らしたり、付き添わなくても、周囲の流れを意識して自らの行動や情動を制御できるようにしていく。そうなるためには、一時的な訓練ではなく共同行為の蓄積が必要である。

こうしたなかで、限定

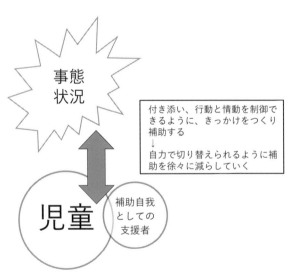

図8-7　補助自我役割とともに行動や情動の制御を学習

7　心理劇のなかで主役の内面を、行動や言語で表現し、助ける役割のこと。ここから拡げて発達障害の場合には、児童本人の意欲を把握し、周囲との仲立ちを行い、行動の促しや抑制を助ける役割。

的な興味関心は、全てを抑制しようとせず、本人の楽しみのために許容し、むしろ肯定的に生かしていくという基本的姿勢で臨む。ただし、電子的なゲームは長時間それだけに没頭しないような配慮が必要である。

（4） 相互的なコミュニケーションを個別的に学ぶ

日常場面での支援が重要であるにしても、個別的な場面での経験練習が無意味であるというわけではない。例えば、ボードゲームでの対戦的な遊びを支援者と行う場合、負けると逆上し、ルールを途中から曲げてしまう児童がいるとする。最初は支援者が勝つ勝負を少しずつ入れていくことから始め、徐々にその割合を増やすことで、負けることへの免疫をつけていく。それを通じて情動の制御を学んでいくことがある。

やはりこれも一方的に教えるというものではなく、信頼関係のなかでの楽しい共同行為の蓄積が必要である。

（5） 学習のしづらさへのサポート

学習のしづらさは児童の情緒や行動に影響を与える。全体的な発達の遅れ＝知的発達症と学習のしづらさの関連は理解されているものの、領域が限局的な学習障害については気づかれていないことがある。学習障害は教科ごとの得意不得意と言うよりも、認知特性の凸凹が各教科の課題の理解に濃淡をつくり出す。その知的能力や認知特性の凸凹を把握して学習支援方法を検討する。

コラム 13

保育がもたらす関係の変容

　筆者が障害幼児通園施設（親子分離通園）で指導員として従事し始めた頃、発達に遅れがあるということで入園した児童のなかに、なかなか泣きやまない児童がいた。登園から降園までその場から動こうとせず、何も触ろうとしなかった。しかし、1週間、2週間と経つうちに徐々に活動に注目するようになり、働きかけに笑うようになっていった。入園当初は表情の硬かった母親も、そうした状況を見てほっとした様子で表情が和らいだ。そして、数ヵ月後にはずいぶん明るくなられた。

　その後、児童の様子は加速度的に変化した。積極的に活動に参加し、期待感をもって笑顔を見せ、抵抗なくさまざまなものを触り、自ら関わってきて遊んでほしいそぶりを見せるようになった。当時の筆者はこのような親子の変化にたいへん驚いた。

　後に母親が教えてくださったのだが、入園前は人に会わないように親子2人で身を潜めて暮らしていたのだという。暗い気持ちで身を寄せ合うなかで児童も経験が不足して過敏になっていたのだろう。この状態を変化させたのは、毎日一定時間、家庭以外の場所で遊びを提供する保育的環境である。そして、児童の変化が母親の気持ちを動かしたのである。同様のことが初期の支援ではよく生じ、児童を支えることが結果として親の心理支援にもなる。

（山崎晃史）

課題

調べましょう

- ☑ 生後数年間の言語発達の過程を調べて整理しましょう。
- ☑ 乳幼児健診とその事後フォローの実際を居住市町村で調べてみましょう。また、発達が気になる児童とその親に介入する際に、配慮している点を従事している保健師や公認心理師・臨床心理士に聞いてみましょう。

考えましょう

- ☑ さまざまな働きかけによっても発達がどうしても先に進まない場合には、どのようにその親子を支援すれば良いのでしょうか。

文献

子安増生編（2016）よくわかる認知発達とその支援［第2版］．ミネルヴァ書房．
宮田広善（2001）子育てを支える療育—〈医療モデル〉から〈生活モデル〉への転換を—．ぶどう社．
長崎勤・中村晋・吉井勘人・若井広太郎編著（2009）自閉症児のための社会性発達支援プログラム—意図と情動の共有による共同行為—．日本文化科学社．
中川信子（1998）健診とことばの相談—1歳6か月児健診と3歳児健診を中心に—．ぶどう社．
中田洋二郎（2009）発達障害と家族支援—家族にとっての障害とはなにか—．学習研究社．
田丸尚美（2010）乳幼児健診と心理相談．大月書店．
田中康雄・佐々木浩治（2005）幼児健診と療育機関との連携．こころの科学，124，22-25．
Winnicott, D. W. (1960) The theory of the parent-infant relationship. International Journal of Psycho-Analysis, 41, 585-595.

第9章 家族支援としての発達支援
統合的な支援の視点

山崎晃史

　発達支援は家族支援と表裏一体である。親子の関係性の様相は児童の行動や情動を方向づける。そしてその関係性は親子を取り巻く家族システム、地域システムや社会システムなどの上位システムの影響を受ける。したがって、発達障害をもつ児童の状態を親の養育の様相に単純に帰すことなく親子を支えなければならない。本章では、このような重層性をまず確認する。その上で、代表的な発達支援の方法を整理する。

事例12

　幼稚園年長6歳男児。園内にて、ちょっとしたことでほかの児童に手を出したり、相手が嫌がる言葉を言ってしまう。冗談で言われたことに逆上して怒りだしてしまう。また自分が一番でないと気がすまず、そうならないとその場で騒いでしまう。先生の話をよく把握できておらず、聞き間違いや忘れ物が多い。全体的にとげとげしくなっている。

　医療機関を受診し、総合的な観点から自閉スペクトラム症と診断された。WISC-Ⅳ知能検査では全体的には平均的知能で、言語理解、知覚推理、処理速度はおおむね平均水準、ワーキングメモリーのみが有意に低かった。保護者了解のうえ、担当公認心理師から幼稚園に環境調整を依頼した。

　母親は幼稚園入園時から続く集団内のトラブル対応に疲弊しており、激しい口調で本児に詰め寄ることが多い。公認心理師は、親子同室面接で本児の好きなボードゲームで遊ぶことを続けた。そして、マイペースさに対し強い口調で制御しようとする母親をその都度柔らかく制しながら、親の大変さにも共感してそのことを伝えた。と同時に推測する本児の気持ちも伝えた。本児が情緒不安定な局面では、心理師は淡々と対応し落ち着くのを待った。楽しんでいる時は一緒に存分に楽しみ、がまんができ譲れた時には大いにほめた。母親はその対応を自らの対応方法に取り入れるようになった。その後、幼稚園でのトラブルは減少した。

Ⅰ. 家族支援

1. 関係性のゆらぎと発達障害

　子育て支援と同様に、発達支援は親子を切り離さずに包括的に支援していく。親は児童の発達の姿やうまく関われないことに、不安や不全感を抱えていることがある。親子、家族の相互的なコミュニケーションや**家族システム**[1]が親子双方の心理や発達に影響を与える。

　したがって、コミュニケーションの基盤づくりの過程は、個々の親やもっと広く考えると保育者の、認知や情動の姿や、社会の制度や価値観とも切り離せない。この考え方はICFモデル（⇒第4章Ⅳ.）と同様である。

　児童の視線、表情、発声や感情表現というコミュニケーション行動と、養育者の視線、表情、言葉や感情表現というコミュニケーション行動が、相互作用をしながらかみ合っていくことで親子の関係性が進展していく。その際、言語は**象徴的コミュニケーション**として意図的なキャッチボールのような相互交渉であるが、情動はあたかも音叉の共振共鳴のように無意図的に伝播し、同時的な性質を帯びている。つまり、親子の情動は共鳴し合う傾向がある。それは、保育者と児童の間にも生じる。肯定的な情動は関係を進展させやすく、否定的な情動の亢進は関係を抑制しやすい。人間の発達はこのような関係性のなかの**情動的コミュニケーション**の基盤の上に成り立っているのである（小林，2008）。

　発達障害においては児童の特性にこの否定的な情動を亢進させやすい要素がある。知的発達症が重度な場合や自閉スペクトラム症では環境からの情報を処理しきれず情緒的に混乱しやすかったり、対人的な発信行為が少なかったりする。軽度の発達障害でも行動を抑制しづらかったり、大人からの働きかけをすんなり受け止められなかったりして、周囲とのトラブルが多い傾向がある。こうした状態に相対する親や保育者は肯定的な意識を児童に向けにくくなり、不安や怒りを感じやすい。

　ただ、これは単純な因果関係ではなく、親や保育者の認知特性、感受性、不安

---

[1] 個々の家族成員の姿を因果関係で捉えずに循環関係で捉える概念。つまり、特定の誰かが、何かが原因ということではなく、多様な要因からなる全体状況が相互に影響を与え合いバランス＝システムを保っていると考える。

耐性や育児スキル、さらには取り巻く人のサポートや社会の価値観などによっても状況が変わってくる。また、親の側にも同様の発達障害特性や被虐待などの特異な特性や経験があれば、親子の関係の様相はさらに複雑化する傾向がある。

多様な要因の布置のなかで否定的な情動の亢進は、親子や保育者のどこからともなく生じ、進み始める。それぞれの人は、危機を察知して不安、恐怖、怒りを感じる。ただ、支援を受けることでそれが抑制されて安心に変われば、一過性のものとして終わる。

公認心理師・臨床心理士はこの全体状況を見極め、親子や保育者のそれぞれをサポートをする。家族システムや全体システムの安定化や変容を促す。心理教育的アプローチや情動を安定化させるためのカウンセリング、児童の安定を図るための保育や学校環境の調整など、さまざまな手段を用いて児童を取り巻く人間関係を最適化する。

2. 情動制御のメカニズム

ここまで見てきたように、家族支援は親子とそれを取り巻く人間関係の全体システムの支援と表裏一体である。ここで、個に焦点を当て、その脳機能と情動の関連を見てみる。大河原（2015）は子どもの感情コントロールと脳機能の様相について、**おちつくプロセス**における脳の働きと、**おちつかなくなるプロセス**における脳の働きとに分けて図式的に説明している（**図9-1**）。

「おちつくプロセス」は、大脳辺縁系や脳幹部レベルで発現する安心感およびその身体感覚と、大脳前頭前野における大丈夫だとする認知的な評価とが相互作用をしながら定着していくことである。

いっぽう「おちつかなくなるプロセス」は、大脳辺縁系や脳幹部レベルで発現する原初的な怒りや恐怖の身体感覚と、大脳前頭前野における危機だとする認知的な評価とが相互に亢進していくことである。そうなると、行動面では攻撃的モードになる**過覚醒**（＝落ち着かない、攻撃する、不眠）か、行動が固まってしまう**解離**のパターンが発現する。

これを二者関係のレベルで見てみる。不安や恐怖を感じるような場面で、親密な人間関係＝ほどよい愛着があることによって穏やかにその情動を抑制することができれば、それが「おちつくプロセス」である。そして、そのプロセスはそばに頼る人がいなくても持続するようになる。これはすなわち、情動制御がうま

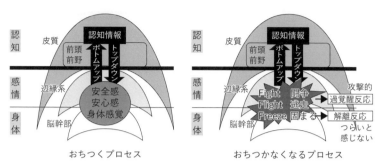

出典：大河原美以（2015）子どもの感情コントロールと心理臨床．日本評論社．

図9-1　おちつくプロセス、おちつかなくなるプロセス

できるようになることでもある。

　いっぽう、不安や恐怖を感じるような場面で、頼るべき親密な人がおらず、いてもその相手も動揺していたり不安に陥っていると否定的情動が抑制できずに亢進していく。そうなると「おちつかなくなるプロセス」に陥る。情動制御がうまくできなくなり、落ち着かなくなったり、攻撃的になったり、あるいは身動きが取れなくなったりする。そして、虐待などの過酷な環境により「おちつかなくなるプロセス」が極度に亢進した姿が愛着障害だと言える。

　愛着の様相だけではなく発達障害の行動特性や認知特性も「おちつかなくなるプロセス」を亢進しやすくする。刺激に左右されやすく不安定な認知評価となるため「おちつくプロセス」よりも「おちつかなくなるプロセス」が主になりがちだと考えられる。こうした観点から見ると、発達障害と愛着障害とで素質的要因か環境的要因かの違いがあるものの、共通した情動制御の抑制と亢進のメカニズムを考えることができる（⇒第5章Ⅲ．3．）。

　そこで、心理支援上重要なのは素質的要因と環境的要因の区別に拘泥するのではなく、いずれにせよ情動制御が適切にできるように、安心できる人間関係のなかで「おちつくプロセス」を蓄積していくことである（⇒第14章Ⅱ．）。

3．家族システムおよび上位システムの最適化に向けた支援

　愛着関係、人間関係、親子関係が重要であるとしても、そこから親がしっかり関わるべきだと「指導」をすることが支援ではない。また、親に対して、集団生活のなかでの問題点をことさらに伝えたり、親の認識や自覚をことさらに促した

り、理想的な関わりを求めたり、保育者、教師側がどう関わったら良いか分からないと策のないことをぶつけたり、といったことは不安をあおり親自身の「おちつかなくなるプロセス」を亢進させてしまう。それでは親子の関係性を崩す結果となるのが必然である。

　そこで、児童が楽しく安定してすごせる保育の場の確保や、家族が協力し合える状況づくり、発達障害特性を問題視しない社会の価値観、発達障害あるいはその可能性があってもごく自然に通常の社会資源が利用でき参加できること、など親子を支える周囲の社会システムの受容的環境をまず実現する必要がある。

　周囲から包み込んでいくことで、親子の絆が結果的に自然にできていくことが望ましい。インクルーシブな環境は単なる理念に留まることなく、発達障害をもつ児童とその親にとっての安定化要因だということを理解しておく必要がある。

　公認心理師・臨床心理士は、インクルーシブな環境の実現を念頭に、親子を取り巻くシステムに働きかけ、親子にとって最適な環境の実現に向けて調整を図る。保健師や社会福祉士、精神保健福祉士だけがシステムに働きかけるのではない。

Ⅱ．代表的な発達支援の方法とその活用

　発達障害に関連する発達支援、心理支援の理論と技法については、特定の方法だけを行うのではない。インクルーシブな環境実現を基本的な方向性として、生態学的な人間理解を基盤に、状況に応じて最適な方法を選択して支援を組み立てていく。ここでは代表的なものを整理する。

1．認知発達に焦点を当てたアプローチ
　　――太田ステージ評価に基づく認知発達治療

　認知発達治療はピアジェ（Piaget, J.）の認知発達理論[2]に基づき太田ら（1992）によって考案された自閉スペクトラム症児童の発達支援の方法論である。その中核は**表象機能**の発達段階をStage ⅠからStage Ⅳに分けて評価し、その段階に

---

[2] 子どもは既存のパターンで働きかけていく「同化」と対象に合わせて微調整する「調節」を繰り返してより高次の認識へと進んでいくとする。認識の仕方は質的に変容していき、感覚的に外界を認識していく感覚運動期、目の前にないものをほかのものに置き換えて表現できるようになる前操作期、具体的な事物を通じた論理的思考が可能になる具体的操作期、現実にとらわれない抽象的な仮説的思考が可能になる形式的操作期へと進んでいくとする。

応じた働きかけをするものである（図9-2）。評価は「LDT-R言語解読検査改訂版」という簡易な検査を用いる。永井ら（2011）によれば、各段階とその目標および日常の関わりの具体的な方法は以下の通りである。

● Stage Ⅰ──シンボル機能がまだ認められない段階

LDT-Rにおける「名称による物の指示」の課題で3/6以下の場合であり、感覚的に世界を捉えていて言葉が出ていない段階である。この段階では、1.「人との愛着を高め、意欲を育てる」、2.「言葉をはじめとするシンボル機能の芽生えを促す」、3.「日常生活での基本的な適応行動がとれるようにする」が目標になる。安定した気持ちで、くり返し根気よく働きかけることがポイントである。

日常の関わりとしては、「スキンシップのある遊びをする」「指さしの理解を促し、要求手段に使えるようにする」「物を機能に沿って扱う」「手遊びなどを楽しみながら模倣を促す」「絵本や写真などを見ながら言葉をかけて理解を促す」「分類やマッチングをとおして物の名前を教える」「その場面で短く声かけをする」「目に見える場所にあるもので、言葉による簡単な指示を出す」「食事、排泄、着替えなどの基本的なスキルを獲得できるようにする」といった働きかけを行う。

● Stage Ⅱ──シンボル機能の芽生えの段階

LDT-Rにおける「名称による物の指示」が通過したうえで「用途による物の指示」で正答が3/6以下の場合である。シンボル機能の芽生えの段階であり、単語を発するようになる段階である。この段階では1.「言葉だけでなく、模倣、指さしなど多くの側面からシンボル機能の芽生えを促し、確実にする」、2.「人への関心の芽生えをよい方向に育てる」、3.「日常生活の範囲での適応行動を身につけさせる」が目標となる。

日常の関わりとしては、「単語レベルの言葉を確実にする」「色や形の名前の理解を育てる」「子

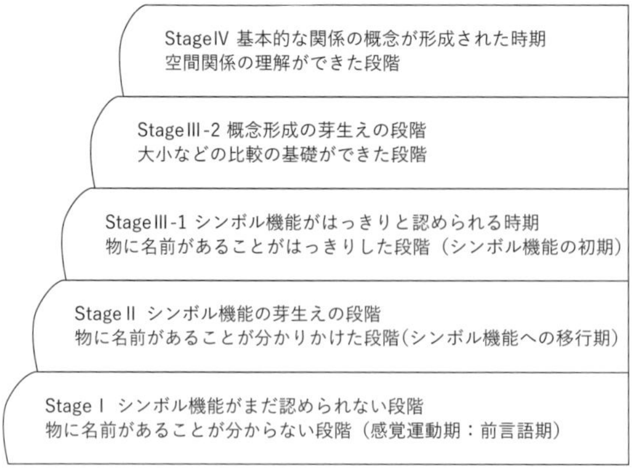

StageⅣ 基本的な関係の概念が形成された時期
空間関係の理解ができた段階

StageⅢ-2 概念形成の芽生えの段階
大小などの比較の基礎ができた段階

StageⅢ-1 シンボル機能がはっきりと認められる時期
物に名前があることがはっきりした段階（シンボル機能の初期）

StageⅡ シンボル機能の芽生えの段階
物に名前があることが分かりかけた段階（シンボル機能への移行期）

StageⅠ シンボル機能がまだ認められない段階
物に名前があることが分からない段階（感覚運動期：前言語期）

出典：永井洋子・太田昌孝編（2011）太田ステージによる自閉症療育の宝石箱．日本文化科学社．（日本文化科学社より許可を得て転載）

図9-2　太田ステージにおけるシンボル機能の発達段階

どもの喜ぶ遊びや好きなおもちゃでイメージの世界を広げる」「子どもへの関心を育てる」「4～5人の小集団の中で行動できるようにする」「徐々に身振りや指さしの補助を減らして、言葉かけだけで分かるようにする」「家事を手伝う習慣をつける」といった働きかけを行う。

● Stage Ⅲ-1 ── シンボル機能がはっきりと認められる時期

　LDT-Rにおける「用途による物の指示」が通過したうえで「3つの丸の比較（大、中、小の◯のうちの小を隠してどちらが大きいかを問う、大を隠してどちらが大きいかを問う、同様にどちらが小さいかを問う）」で誤答がある場合であり、物には名前があることがはっきり分かるようになった段階である。ただし、関係のなかでものを捉えることが難しいので思考に柔軟さがなく「こだわり」が強くなる。この段階では1.「シンボル機能を育て、語彙や言葉の意味を広げる」、2.「コミュニケーション能力や対人関係への意欲を育てる」、3.「日常生活を自立的にできるようにする」が目標となる。

　日常の関わりとしては、「その日の体験や絵本の話を子どもに話しかけたり、問いかけてみる」「イメージの世界を育て、物や事柄の意味の理解を深める」「比較の言葉を生活の中で使えるように促す」「仲間集めやチャンキング（場所や用途などの経験に基づいた集まり＝チャンクとしてまとめる）で、概念の基礎を育てる」「2語文での表現ができるように促す」「基礎的なソーシャルスキルの言葉（例：分かりません、やめてくださいなど）を促す」「あいさつの言葉を促す」「簡単なゲームを通して遊びのルールに気づかせ、"友だちと一緒"を楽しませる」「家庭以外の場面の中で社会的スキルを教えていく（買い物、自動販売機の操作など）」といった働きかけを行う。

● Stage Ⅲ-2 ── 概念形成の芽生えの段階

　LDT-Rでは「3つの丸の比較」が通過したうえで「空間関係」で（1. 犬を取ってください、2. ボタンを箱の上に置いてください、3. ハサミを積木のそばに置いてください、4. 箱をボタンの上に置いてください、5. 積木をハサミのそばに置いてください）の指示のなかで1. から3. のいずれか、または4. と5. がともに誤答であった場合であり、概念形成の芽生えの段階で、比較概念が分かり、文字の読み書きも可能となっていく段階である。この段階では1.「芽生えた関係の理解を基に思考の柔軟性を培う」、2.「対人関係・コミュニケーションを豊かにし、自発性や自我形成を促す」、3.「集団や社会場面での適応行動を形成す

る」が目標となる。

　日常の関わりとしては、「自分で考えて表現したり行動できるように促す」「食事やおやつのときに、数や量、分配などの理解を促す」「社会体験の中で数や文字を応用する」「子ども同士の交流への参加を促す」「子ども同士がやりとりを楽しめるように介助する」「言葉でのやりとりを増やす」「いろいろな公共の場を体験させ、後に一人で利用できることを目指す」「家事の手伝いを自立的にできるようにし、家族の一員としての役割を持ってもらう」といった働きかけを行う。

● Stage IV──基本的な関係の概念が形成された時期

　LDT-Rでは「空間関係」が通過したうえで、「包含」での碁石の数の比較（黒の碁石の数と碁石全部とではどちらが多いか）が誤答の場合であり、基本的な関係の概念を理解している段階で、学習障害的な能力のアンバランスさが目立ってくる段階である。この段階では1.「理解の普遍性を高め、因果関係の理解を伸ばす」、2.「自分以外の視点から考えたり思いやれるようにする」、3.「自己マネジメント力と自己肯定感を育て、よりよい社会適応を目指す」が目標となる。

　日常の関わりとしては、「言葉の意味を楽しみながら広げていく」「どうして？に答えられるようにする」「自分以外の視点から考える経験をさせる」「自分の気持ちや様子を表現できるようにする」「自分で自分に言い聞かせられるようにする」「自分のよいところと苦手なことを自覚させる」「親から離れて一人で行動する機会を増やす」「仲間意識、所属意識を育てる」といった働きかけを行う。なお、Stage IVを通過するとStage V以上となる。

　認知能力が質的に変容していくと、それと連動してコミュニケーションや情動制御のしかた、興味関心のもち方も変容していく。心理支援ではこの視点を生かし、コミュニケーションや自閉の特性であるこだわりや過敏さを認知発達の段階に照らして分析しつつ、その認知発達を促進していくことで児童の行為の質の変容を促す。

2. 環境と行動に焦点を当てたアプローチ

（1）　オペラント条件づけ

　行動（および行動に至る認知過程を含む）に焦点を当てたアプローチを広く**行動論的アプローチ**と言う。**レスポンデント条件づけ**や**オペラント条件づけ**などの

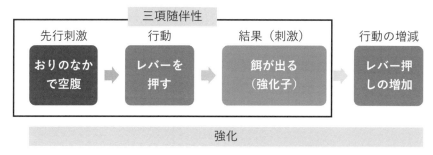

・結果として生じる刺激によって制御される行動の学習
図9-3　動物のオペラント（道具的）条件づけ

学習理論、**観察学習**の理論や認知心理学の諸知見が総合的に用いられる。

　なかでもオペラント条件づけの原理は、動物の行動とも共通しており、目標行動の形成やいわゆる問題行動の改善という視点で意図的、無意図的に用いられている。分かりやすく言えば報酬（限定的に罰）を効果的に用いて行動（自発行動）の形成と改善を図るものである（**図9-3**）。しつけや教育はこれを古来より意図せずに用いてきた。

（2）応用行動分析

　このオペラント条件づけの原理を中心にして適応的な方向へと支援する方法論が**応用行動分析**（Applied Behavior Analysis：**ABA**）である（⇒第14章Ⅴ.）。自閉症の発達支援や問題行動への支援では古くからこの方法が用いられてきた。応用行動分析ではオペラント条件づけで前提となる環境条件をより重視した分析を行う。行動は、ある特定の刺激（環境）のなかで特定のきっかけがありなされるもので、その結果として何かを得る（避ける）という一連の刺激（環境）、行動、結果の連関（**三項随伴性**）のなかに位置づけられる。結果の報酬や罰の部分がクローズアップされやすいが、それは環境の一部と考えられ、むしろ全体の連関（随伴性）が重要である。

　応用行動分析の利点としては、①行動とその環境に焦点を当てるという分かりやすさ、②支援とその効果の検証のしやすさ、③本人を変えるのではなく環境を変えるという視点のもつ包括性、④連携して関わる際の共通言語にしやすいということなどがある。このような視点は人間心理を個人内に還元しない生態学的な理解と親和性が高い。

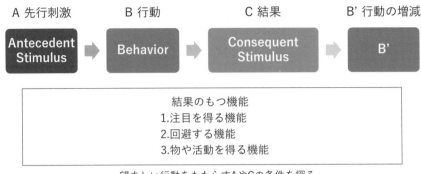

図9-4 機能分析（ABC分析）

応用行動分析では**機能分析（ABC分析）**と呼ばれる分析を行い、それに基づき環境設定や関わりをデザインしていく（図9-4）。

その際、自発行動が増えることを**強化**、減ることを**弱化**、刺激の観点からは自発行動の前になかった刺激が生じることを**正**、行動の前にあった刺激が無くなることを**負**、当人にとって望ましい結果つまり報酬を**強化子（好子）**、当人にとって望ましくない結果を**罰子（嫌子）**とそれぞれ呼んでいる。そして、**正の強化、負の強化、正の弱化、負の弱化**として整理して捉える。

当初、応用行動分析は、発達里程標の順序性に基づいて設定された目標行動に向けて形成していくために用いられることが多かった。ただし、獲得したように見えた行動も、場面が変わるとできなくなるということも多く（般化の問題）、訓練場面で行動形成を図ることから生活場面での関わりが重視されるようになっている。

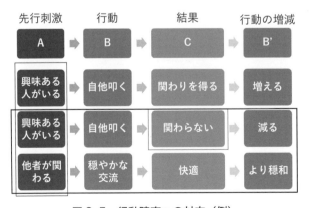

図9-5 行動障害への対応（例）

いっぽう自傷や他傷や周囲に大きな影

響を及ぼすいわゆる行動障害について応用行動分析は効果的である。言語的コミュニケーションが難しく、個人の衝動制御に頼ることが難しい場合に、個人ではなく環境に働きかけるこの方法はきわめて実用的である。

例えば、自他を叩いてしまう行為について、**図9-5**のように機能分析を行い、先行刺激あるいは結果を変えていくことで行動変容を促す。この場合であれば興味をもつ支援者がそばにいることが行動を誘発しているという観察を得て、その支援者が離れて他者が関わるか、当該行動時にその支援者が離れることで、行動が減少した例である。なお、一般的には先行刺激を変える方が効果的である。

(3) 応用行動分析的な諸方法

1) ポーテージプログラム

行動目標を設定し行動形成を図る方法の代表的なものとしては**新版ポーテージ早期教育プログラム**がある。これは発達領域を「乳児期の発達」「社会性」「言語」「身辺自立」「認知」「運動」の6つに区分し、発達の順序性に基づき設定された0歳から6歳までの全576項目について、応用行動分析の手法を用いながら順序を追って取り組んでいくものである。一つひとつの行動目標を達成するための方法、支援の仕方や活動例が明示されている。

この種の方法では親が先を急いで焦って無理をしてしまうということがある。また、課題が先に進まなくなる局面が生じることもある。したがって、発達の最近接領域（⇒第8章Ⅲ. 1）をふまえた関わりや、親の心情をふまえた心理支援に留意していく必要がある。

2) 構造化

構造化とは TEACCH（Treatment and Education of Autistic and related Communication handicapped Children）の中核的な考え方であり、これは**ショプラー**（Schopler, E.）らにより開発された自閉スペクトラム症支援の方法で、1972年以来、ノースカロライナ州の公式プログラムになっている。環境を調整する応用行動分析的なアプローチであり、**物理的構造化、スケジュールの構造化、ワークシステム、ルーティーン、刺激の調整**という要素からなる。自閉スペクトラム症をもつ児者が、状況の理解が難しく刺激に対して過敏になりやすいことから、本人自身を変えるのではなく、個々に応じて環境を整えて安心してすごせるようにしようというものである。

物理的構造化（**図9-6**）は、活動場所と活動内容を対応させて整理して視覚

・活動内容と場所を対応させて整理して視覚的に示す

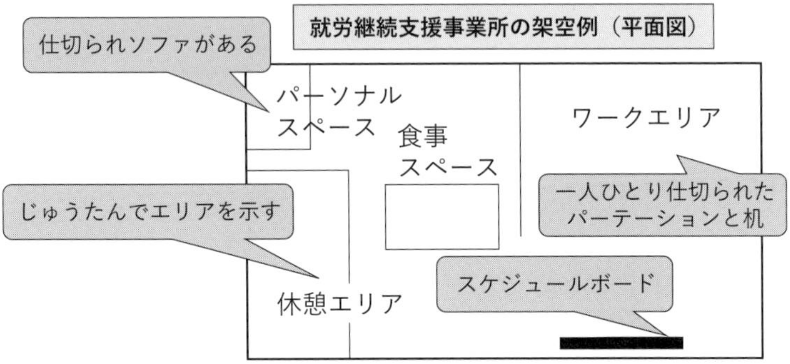

就労継続支援事業所の架空例（平面図）

仕切られソファがある → パーソナルスペース

食事スペース

ワークエリア

一人ひとり仕切られたパーテーションと机

じゅうたんでエリアを示す → 休憩エリア

スケジュールボード

図 9-6　物理的構造化

的に示すことである。これにより何をどこで行うかが分かりやすくなり、どうしたらよいか分からず情緒的に混乱するという事態を防ぐ。具体的には活動の場所、休憩の場所、食事の場所などの目的別に部屋を分けたり、スペースを分けたりする。個々人の認知特性に合わせて分かりやすい提示のしかたをする。

　スケジュールの構造化（図 9-7）は、時間の見通しがもちやすいようにスケジュールを視覚的に分かりやすく示すことである。時間軸に沿って活動を文字、絵、写真など個々の認知特性に応じて最適な方法で明示する。また終了した活動のカードを自分で外したり、現在の活動部分にマグネットなどで目印をつけたりする。これにより、終わりがどこか、何をしたら良いかが分かりやすくなり、すごしやすくなる。

　ワークシステム（図 9-8）は学習や作業の進行や工程を整理し、何を、どのように、どれだけ行う必要があり、次は何をすべきなのかを区切られたスペースのなかで全体像が分かるように視覚的に示すものである。これにより見通しがもちやすくなり、安心して活動できるようになる。

　ルーティーンは、パターンを認知することで安定する場合には、ある程度決まったパターンでの生活を保障することである。

　刺激の調整は、感覚に過敏さがある場合には、その影響を減少させるための物理的な調整を行うことである（⇒第 8 章 V. 2.）。

第 9 章　家族支援としての発達支援——統合的な支援の視点

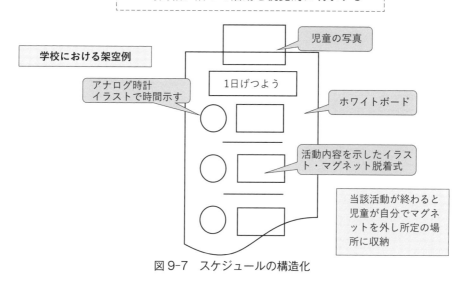

図 9-7　スケジュールの構造化

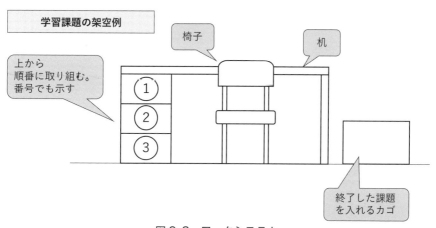

図 9-8　ワークシステム

3) ソーシャルスキルトレーニング（SST）

ソーシャルスキルトレーニング（**SST**：social skills training）は、注意欠如・多動症をはじめとした発達障害児童の支援のために取り組まれるプログラムである。社会的な場面で行動を調整、抑制することが不得手であるため、グループ活動をシリーズで設定し、そのなかで対人的なふるまい方を応用行動分析や観察学習の視点に基づいて学習させていくものである。

さまざまな方法があるが、おおむね以下のようなものになる。

「友だちと楽しく遊ぶための方法」を身につけるためということを親子に理解してもらいながら、親も一部参加しながら1時間30分のセッションを10回程度実施する。各回はルールの確認、宿題の報告、ウォーミングアップ、学習タイム、遊びタイムと親向けのプログラムからなる。学習タイムでは社会的な場面でのスキルをモデリングやロールプレイで学習する。遊びタイムではグループでの遊びをルールを守りながら楽しみ、適切にふるまうとほめられ、ポイントを得ることができる。親はテーマに沿って心理教育的なレクチャーをロールプレイなども含め受ける。日常のなかで行う宿題を持ち帰り、親子で取り組む。

なお、親向けのプログラムは**ペアレントトレーニング**として独立して行う方法もある。これは、親が児童を応用行動分析的な見方で客観視する練習を通じて、関わりの手がかりが得られるように支援するものである。つまり、児童の行動を①「好ましい行動（増やしたい行動）」、②「好ましくない行動（減らしたい行動）」、③「破壊的、他人を傷つける可能性のある行動（すぐに止めるべき行動）」に分類できるようにして、①には「報酬」、②には「無視あるいは冷静に対応し、過度な注目をしない」、③には「限界設定とタイムアウト」で対応する練習をして実際の生活で試行する。その結果を次のセッションで報告し、それを支援者が受容しつつ助言し、親同士も支え合う。

SSTで課題となるのは、発達障害の児童にとっては学習したことの日常生活場面への応用が難しいことである。また、プログラムに集中できる能力と動機づけが必要なことである。毎回参加し続ける、あるいは同じ場でほかの児童と時間をすごすこと自体につまずくことがあるため、その場合には個別的な支援方法を検討する。親のプログラムないしはペアレントトレーニングにおいても、児童に相対すると情動が強く動かされて想定通りに関われず、不全感を抱く親もいるため、そういう場合には別途丁寧な心理支援が必要である。

4）ライフスキルトレーニング

自閉スペクトラム症を中心に、対人関係は最も苦手な領域でありソーシャルスキルの獲得を主要な目標にすると行き詰まることがあるのも現実である。そこで、地域で生活するための一般的なスキルの学習を重視すべきとする考え方がある。それが**ライフスキルトレーニング**の立場である。

梅永（2015）によれば、「身だしなみ」、「健康管理」、「住まい」、「金銭管理」、「進路選択」、「外出」、「対人関係」、「余暇」、「地域参加」、「法的な問題」、などの生活していく上で必須となる10領域のスキルを獲得するように支援していく。獲得したスキル、指導すれば獲得できるスキル、現状では獲得が難しいスキルとに分けて、指導すれば獲得できるスキルに働きかけていく。そして現状では獲得が難しいスキルについては積極的に援助を受けるように勧める。

3. 発達論的アプローチ

応用行動分析などによる行動形成を、支援者主導で個別集中的に面接室などで取り組むスタイルは、分かりやすい枠組みであるために親もそれを望み、支援者も環境を統制しやすいために取り組みやすい面がある。しかしながら、児童が興味をもてない状況が続いたり、ステップアップがしにくい段階が続くと、親子、支援者共に穏やかではなくなり発達促進としてはむしろ抑制的に働いてしまう。また、面接室のなかではできるようになっても日常場面ではできないという問題も生じがちである（般化の問題）。

このような問題認識と、社会性の発達に関する知見から、**発達論的アプローチ**ないしは**包括的アプローチ**と言われるものが提案されるようになっていて、さまざまな方法がある。その共通点は、柳澤（2015）による包括的アプローチの解説をもとに整理すると、①**児童の自発性**をもとに、②**日常生活場面での関わり**を重視し、③そのなかで**児童との相互交渉をすすめて情動共有**を図り、④**発達の全体性**をふまえさまざまな発達領域に働きかけ、⑤**家族の参画**を重視し、⑥**特定の手法や方法論に限定せず柔軟に組み合わせる**、といったものである。以下、DIRモデルとSCERTS（サーツ）モデルを概観する。

(1) **DIRモデル**（The Developmental, Individual-difference, Relation-based model）

グリーンスパン（Greenspan, S., 2009）らによる自閉スペクトラム症の発達支援の方法論で、発達段階（D）と個人差（I）を考慮に入れた、相互関係（R）

に基づくアプローチである（**DIR**）。ねらいは、自発的なコミュニケーション能力の促進であり、初期の発達の6段階を想定し、その段階と自閉の兆候を照合させ対応方法を示して感情や意図に働きかけていく。

この働きかけは、主に家庭や学校などの日常の場で行う。特に家庭では20分程度、親と児童とで遊びを通じた交流を行い、これを**フロアタイム**（Floortime）と呼び重視している。全体的に児童の自発性と、人との感情を通じた相互コミュニケーションを重視している。つまり、教えられ訓練されるかたちではなく、自らの関心をもとに活動することに大人が関わることから相互的なコミュニケーションを促そうとするものである。

(2) SCERTSモデル

プリザント（Prizant, B.M.）らによって提示された自閉スペクトラム症の包括的支援の方法論である。**SCERTS**はSC（Social Communication）＝**社会コミュニケーション**、ER（Emotional Regulation）＝**情動調整**、TS（Transactional Support）＝**交流型支援**の略であり、ここにその方法論のエッセンスが込められている。これら3領域に焦点を当てるのである。

社会コミュニケーションは能動的に社会参加することを支えるものであり、他者と注意を共有する「共同注意」とコミュニケーション手段の象徴表現に関わる「シンボル使用」の能力獲得が課題となる。

情動調整は、児童が適度な覚醒状態を調整することであり、情動の調整不全を起こす状況に直面したときに、援助を求めたり、他者の支援に応じたりする「相互調整」と、情動の安定を自分で維持する「自己調整」の課題がある。

交流型支援は、コミュニケーションのパートナーが言語、情動表出、相互作用のスタイルを調整するなどの「対人間交流」、環境のアレンジや視覚的な援助、教育カリキュラムの修正などの「学習支援」、家族への情報提供や教育、情緒的サポートなどの「家族支援」、教育や治療スキル向上やバーンアウトすることを防ぐ情緒的サポートである「専門家やその他のサービス提供者間の支援」からなる。

これらの各領域は、以下の段階に応じて課題が細分化され支援方法が示されている。すなわち、前言語的なジェスチャーや音声でコミュニケーションを行う**社会パートナー段階**、シンボル（象徴）すなわち音声言語やサイン言語、絵画シンボルなどでのコミュニケーションを行う**言語パートナー段階**、高次な言語すなわち他者への社会的な認識を深め連続的なコミュニケーションを行う**会話パートナ**

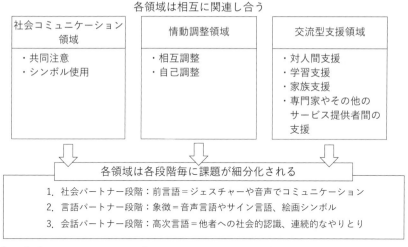

図 9-9　SCERTS モデルの支援構造

一段階である（**図 9-9**）。

　SCERTS モデルは、語用論を含む社会性に関する発達の最近の諸知見を生かしている。日常場面、特に遊びを中心として児童の能動性を手がかりに、支援する側（パートナー、ピア）の関わり方の調整にも気を配り、相互コミュニケーションを重視している。また多様な支援方法を個々に応じて取り入れる柔軟性も特徴としている。

　発達障害の支援領域では、個人内の障害特性や問題点に注目が集まり、その除去や改善ばかりが目標となるなかで、発達論的アプローチが示唆しているものは大きい。人間の成長にとっての人間関係と情動の重要性は発達障害の領域でも変わらないことを示しており、インクルーシブな環境、自然な日常性のなかで発達支援に取り組む意義と可能性を再認識させるものである。日常場面で児童の意欲や関心に合わせていく相互交流重視の方法が、今後の発達支援の基本的な方向性になっていくだろう。

　ここまで見てきたさまざまな支援は、特に幼児期、学童期までは家族支援のなかに位置づける必要がある。繰り返しになるが、児童のみに焦点を当て、親を指導の対象とするのではなく、親子やそれを取り巻く人々の関係性の支援を行うことが必要である。

コラム 14

感覚統合療法

　発達障害児童に対する作業療法の領域で用いられることが多いのがエアーズ（Ayres, A.J.）によって提唱された感覚統合療法である。人間は環境や体内の多様な刺激を脳で適切に統合できるからこそ、行動や情動が安定し、協調運動が可能となり、正しく学習ができる。感覚統合では、発達障害に関する諸課題は、感覚の統合がうまくいかないまま発達が進み、その結果誤学習が蓄積している状態と考える。刺激は、触覚、視覚、聴覚、前庭覚、固有受容覚などで受け止められ統合される。

　前庭覚は耳の内耳で感じ取る感覚で、バランスを維持するために体の動き（重力や加速度）を感じ取るものである。固有受容覚は筋や関節で感じ取る感覚で、体の位置や力の入り具合を感じ取るものであり、自分の身体の位置や動きの認識につながるものである。例えば、前庭覚がうまく機能していない児童は、その他の諸感覚との統合も含めて姿勢保持や眼球運動に影響が出て、落ち着かない状態になる、本が読めないといった行動上の問題となって顕在化することがある。また、固有受容覚がうまく機能していない児童は、その他の諸感覚との統合も含めて体の使い方に極度な不器用さがあるという問題となって顕在化することがある。ほかにも、感覚を感じ取りづらいと刺激を求めて多動になり、感じ取りやすいと刺激を回避しようとするなどの関連も考えられる（覚醒水準への影響）。

　こうした仮説は実際の関わり方を考える上で大きな手がかりとなる。感覚統合療法では、トランポリン、ハンモックなどスイングする諸器具、スクーターボード（うつぶせで乗る転がる車輪付きボード）など大型遊具を多く用いて運動遊びを行い、児童の諸感覚に働きかけていく。ゆさぶり刺激を含めた運動あそびは児童の好むところであり取り組みやすい。心理支援においては、感覚統合療法そのものを行うことはないが、児童への関わりの仮説を立てるうえで参考にするとともに、運動あそびのアイデアを援用して適正な覚醒水準に誘導するなど、導入で用いることがあり得る。

（山崎晃史）

課題

調べましょう

- ☑ 保育所における障害児保育や児童発達支援センターではどのような保育や支援が行われているか、そのなかで公認心理師・臨床心理士はどのような役割を果たしているかを、居住（近隣）市町村で調べましょう。
- ☑ 自閉スペクトラム症児童の支援において遊戯療法はどのように取り組まれてきて、現在どのように総括されているかを調べましょう。

考えましょう

- ☑ 発達支援のそれぞれのアプローチに共通する要因を検討しましょう。
- ☑ 親子双方にとって過度な負担がない継続可能な発達支援にするためには、どのような工夫が必要かを考えましょう。

文献

ADHDの診断・治療指針に関する研究会　齊藤万比古（2016）注意欠如・多動症―ADHD―の診断・治療ガイドライン第4版．じほう．

グリーンスパン, S.・ウィーダー, S., 広瀬宏之訳（2009）自閉症のDIR治療プログラム―フロアタイムによる発達の促し―．創元社．

小林隆児（2008）よくわかる自閉症―「関係発達」からのアプローチ―．法研．

永井洋子・太田昌孝編（2011）太田ステージによる自閉症療育の宝石箱．日本文化科学社．

大河原美以（2015）子どもの感情コントロールと心理臨床．日本評論社．

太田昌孝・永井洋子編（1992）自閉症治療の到達点．日本文化科学社．

太田昌孝・永井洋子・武藤直子編（2015）自閉症治療の到達点第2版．日本文化科学社．

プリザント, B. M.・ウェザビー, A. M.・ルービン, E.・ローレント, A. C.・ライデル, P. J. 長崎勤・吉田仰希・仲野真史訳（2010）SCERTSモデル―自閉症スペクトラム障害の子どもたちのための包括的教育アプローチ―1巻アセスメント．日本文化科学社．

プリザント, B. M.・ウェザビー, A. M.・ルービン, E.・ローレント, A. C.・ライデル, P. J. 長崎勤・吉田仰希・仲野真史訳（2012）SCERTSモデル―自閉症スペクトラム障害の子どもたちのための包括的教育アプローチ―2巻プログラムの計画と介入．日本文化科学社．

佐藤克敏・涌井恵・小澤至賢（2007）自閉症教育における指導のポイント―海外の4つの自閉症指導プログラムの比較検討から―．国立特殊教育総合研究所研究紀要, 34, 17-33．

十一元三（2003）自閉症の治療・療育研究最前線―最近のアメリカにおける自閉症療育の動向―．そだちの科学, 1, 17-26．

梅永雄二（2015）15歳までに始めたい！　発達障害の子のライフスキル・トレーニング．講談社．

柳澤亜希子（2015）自閉症のある幼児への包括的アプローチ．国立特別支援教育総合研究所研究紀要, 42, 1-11．

第10章 児童期1
特別なニーズ教育とインクルーシブ教育

榎本拓哉

　本章では、発達のかたよりなどがあり特別な教育的ニーズをもつ児童生徒に対して、学校および諸機関が「特別支援教育」という枠組みでどのような支援を展開しているかについて学んでいく。まず前半では、教育的ニーズと合理的配慮、共生社会の実現について説明する。そして、障害の程度に合わせた合理的配慮の実例を紹介する。後半では教育機関での特別支援教育に焦点を絞り、特別支援教育コーディネーター、個別の教育支援計画、個別の指導計画、校内委員会の位置づけや役割を紹介し、公認心理師・臨床心理士として学校臨床でどのように専門性を発揮するべきかについて考えていきたい。

事例13

　小学校1年生の男児。幼稚園からの申し送りで集中力にやや課題があるとは学校側も聞いていたが、保護者からは特段の話はなかった児童である。入学当初から落ち着きがなく、授業中に座席に座っていることが難しい。担任教師は、何度も注意をして、興味をもちそうな教材で授業を行い、授業中に休憩時間を設けるなどの手立てを考え実行したが、特に変化がみられなかった。

　授業を行うことが困難になってしまったため、担任が本児のことを管理職に相談したところ、特別支援教育コーディネーターにも意見を求めるようにとのアドバイスを受けた。そこで、担任が特別支援教育コーディネーターに相談したところ、発達のかたよりがあるかもしれないこと、授業に参加できないことは本人にとっての困りごと（特別なニーズ）であること、行動のパターンをよく分析する必要があることなどの意見を得た。そして、本児への対応について校内委員会にて話し合うこととなった。

　校内委員会では、①スクールカウンセラーと特別支援学級教師に授業中の行動観察を要請すること、並行して②保護者と面接を行い、今までの育ちや発達について情報交換を行うこと、③保護者の承諾が得られればスクールカウンセラーに知能検査／発達検査を依頼すること、④情報が集まり次第、個別の教育支援計画、個別の指導計画を作成することの4つを決定した。

　その後、行動観察および発達検査により多動・衝動傾向が疑われ、本児の関心があることでないと着座し続けることが難しいが、見て分かりやすい課題など具体的に取り組めるものがあれば集中できることが分かった。保護者の面接からは、就学前にも落ち着きのなさ、衝動的な行動について幼稚園から指摘されていたこと、市保健センターの心理相談に

通っていたこと、幼稚園の集団活動では声かけや促しをこまめに行うことで参加できていたこと、年度が変わる頃にいつも落ち着きがなくなり数ヵ月経つと落ち着くこと、就学後の様子を見たうえで医療機関の受診を検討することにしていたこと、などが語られた。

　以上を踏まえ、校内委員会で基本的な方針を検討の上、担任と特別支援教育コーディネーターが個別の教育支援計画、個別の指導計画を作成した。計画には、①授業中の着席時間を長くするため、作業課題を多く取り入れること、②授業に集中できない時は、個別の仕事や役割を行ってもらうこと、③特別支援教室で本児が強く興味をもつ机上課題を提供し着席する習慣を身につけること、④家庭ではできるようになった部分を褒めてもらうこと、という内容が記載された。

　本計画を元に校内で連携しつつ支援を行ったところ、本児は2学期にはほとんどの授業で着席して参加できるようになった。現在は、学習の積み上げをニーズとして個別の指導計画を改訂しつつ支援体制を維持している。

Ⅰ．共生社会の実現と合理的配慮

1．共生社会と合理的配慮

　社会環境の多様化によって、さまざまな背景をもつ児童生徒が学校に在籍するようになってきている。そのようななか2005年に中央教育審議会より、「特別支援教育を推進するための制度の在り方について（答申）」を通して、**特別支援教育**の理念と基本的な考え方が示された。特別支援教育とは、障害のある幼児児童生徒に対し特別な場で教育を行う従来の「特殊教育」とは違い、できる限り地域の身近な場で一人ひとりの教育的ニーズに応じて適切な指導および必要な支援を行うことである。また、特別支援教育が対象とする障害をもつ児童に、通常の学級に在籍する知的発達症を伴わない発達障害（当時の表現で「LD・ADHD・高機能自閉症」）が明記されたことも大きな変化であった。このような特別支援教育が始まり10年以上が経過し、発達障害の課題が社会的に啓発され、支援の必要性が認知されるようになった。現在では発達障害に限らず社会成員の多様性を認め合う**共生社会の実現**を目指す新たなステージに進んでいる。

　共生社会とは、「これまで必ずしも十分に社会参加できるような環境になかった障害者等が、積極的に参加・貢献していくことができる社会」とされている（文部科学省，2012）。言い換えれば、「誰もが相互に人格と個性を尊重し支え合い、人々の多様な在り方を相互に認め合える全員参加型の社会」である。こうした共生社会の実現を目指すなか、学校教育だけでなくさまざまな場面で社会的少

数者への**合理的配慮**が求められるようになってきている。

われわれが生活している社会は、多数者を想定してデザインされている。近年は少なくなっているが、階段のみでスロープのない公共施設、点字や音声案内のないインフォメーションセンターなどは、それぞれ運動障害をもつ人、視覚障害をもつ人を想定していない。合理的配慮とは、社会を構成する多数者に向けてデザインされている環境において、少数者が日常生活や社会生活を営むにあたり、参加や関与、活躍を阻害する**社会的障壁**を取り除くための配慮を指す。この配慮は、人的リソースの活用、環境の整備、代替手段の用意など多岐に渡る。

教育現場では、バリアフリートイレの用意、スロープやエレベーターの敷設など施設環境の整備から、教科学習への配慮（視覚、音声の両情報が付与されている教材や授業展開の工夫など）、発達のかたよりに起因する心理、行動面への配慮といった教師による指導に関わることまで広範囲に渡る。

2. 教育的ニーズ

このように、さまざまな合理的配慮が考えられるなか、学校教育では、どのような観点から支援、配慮を考えていけばいいのだろうか。主軸として捉えるべき内容が、一人ひとりの児童がもつ**特別な教育的ニーズ**（special educational needs：**SEN**）である。この視点の導入により障害や診断の有無で線引きせずに個々に応じた教育を提供する枠組みが得られる。

特別な教育的ニーズとは、教育上の困難により学習や活動への取り組み、参加や自己実現に制約を持っており、それを解消するための手立てや支援を必要としている状態のこと

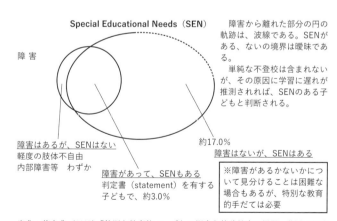

出典：徳永豊（2005）「特別な教育的ニーズ」の概念と特殊教育の展開―英国における概念の変遷と我が国における意義について―．国立特殊教育総合研究所紀要，32, 57-67 より．

図10-1　障害とSENの概念の重なりと違い（英国）

である。そして重要な点は、特別な教育的ニーズには障害とは直接関係のない領域が存在することである。図10-1に示したように、障害があり特別な教育的ニーズをもつ児童生徒以上に、障害の診断をもたないが特別な教育的ニーズをもつ児童生徒が多く存在している。つまり、学校適応上の問題を抱え、本人の活動参加や自己実現の機会が狭められてしまっている状態そのものがニーズのある状態だと言える。

学校適応上の困難さを抱える児童生徒の場合、問題点を解決する視点が先行してしまうため、「特別な教育的ニーズ＝本人あるいは周囲の困っていることの解消」として短絡的に結びつけてしまうことが多い。しかし、児童生徒本人の意欲、楽しみの拡大や自己実現の達成、参加できる活動の増加など、望みや生活の質を高める内容こそが、本当の意味での特別な教育的ニーズである。

これに関連して、公認心理師・臨床心理士が関係者から助言を求められることも多い。その際には、児童生徒本人の**困りごと**だけではなく、生活の質や活動内容の充実といったプラス面についても十分配慮し光を当てる必要があるだろう。

また、個人に焦点を当てるだけではなく**学習環境のユニバーサルデザイン化**を促すことにより、児童生徒全体の潜在的な教育的ニーズにも効率よく対応でき、学級全体の安定につなげることができる。ユニバーサルデザインの実現のためには、パソコン、タブレットや電子黒板などの機器の導入や視覚情報、聴覚情報の同時複数提供、掲示物の整理や環境の構造化などを進める。

このようなハード面だけではなくソフト面のユニバーサルデザイン化として、学級構成員どうしが**認め合う風土**を醸成することや、状況を肯定的に**リフレーミング**[1]することを日頃から教師が児童に見せていくことが、潜在的な教育的ニーズに応える環境づくりにつながる。そして、それが可能となるように公認心理師・臨床心理士は教師に向けてコンサルテーションを行っていくのである。

3. 合理的配慮の実例

共生社会の実現と合理的配慮、特別な教育的ニーズの概要を説明したところで、合理的配慮の実例をいくつか紹介したい。ここでは、重度障害をもつ児童への合

---

[1]「落ち着きのない」ことを「好奇心が強い」と意味づけるなど、理解の枠組みを変えて表現すること。ものごとを肯定的に捉え、強みに着目することを習慣づけることにより児童生徒集団のストレス耐性の底上げにつながる。

理的配慮、軽度障害をもつ学生への合理的配慮、地域の放課後児童クラブでの合理的配慮の3事例を紹介したい。

（1） 重度障害をもつ児童

重度の身体障害（脳性麻痺による下半身および両手の麻痺）をもつ児童が一部の授業について、地域の小学校で学ぶこととなった。本人からの教育的ニーズの聞き取りは困難なため、保護者からニーズの聞き取りを行った。保護者からは、①学内の移動や授業補助のため介助者を1名つけてほしいこと、②電動車椅子での移動となるため、エレベーターの配置もしくは教室を1階にしてほしいこと、③バリアフリートイレまで車椅子で移動できるようにしてほしいこと、④授業については保護者が付き添い補助を行うこと、などが挙げられた。

学校側の対応としては、①市教育委員会へ打診し該当授業の前後に介助員を配置し、②エレベーターの設置工事が間に合わないため、1階玄関から一番近くの教室を用意し、③バリアフリートイレまでの段差を埋め簡易スロープを設置し、④保護者の授業参加を許可した。以上に加え、⑤昇降口近くに障害者用の駐車スペースを用意して、送迎車からスムーズに移動できるように配慮した。

（2） 軽度障害をもつ学生

軽度の視覚障害（弱視と視野狭窄（きょうさく））をもつ学生が大学へ入学することとなった。入学後すぐに大学の学生支援課の担当職員が本人に対して面接を行なった。本人からは、①講義ではなるべく前方に座るかプリントなどの副教材がほしいこと、②光の反射で見づらくなってしまうことが多いため、視覚教材を使う時は部屋をなるべく暗くしてほしいこと、③資料や板書、映像などについては文字を大きくしてほしいこと（14ポイント以上）などが挙げられた。

学生支援課の担当職員は、学生が履修した講義の担当教員に向けて教育的ニーズについて連絡し、①前方の席を1つ確保しておくこと、②視覚教材を使用するときにはカーテンを閉めて明かりを落とすこと、③資料は文字を大きくし、可能なら別刷りで拡大した資料を用意することなどを配慮として求めた。

前期授業の開始後、4回講義が終わった時点で、再度当該学生と面接を行い、各教員の配慮の状況、ほかに必要なことについて聞き取りを行なった。結果、ほとんどの講義で配慮が行われていたが、一部の授業で資料の文字が小さくて苦慮していること、特に配布資料が読みづらいことが明らかになった。面接を受け、担当職員は文字の大きさ、プリントの判型なども含めた見本を作成し、教員に再

度配慮を要請した。これにより、講義担当の教員にもどの程度の大きさで作成すれば良いかが分かりやすくなり、学期末の面接では「全ての講義でよりよく学ぶことができました」との報告が笑顔でなされた。

(3) 地域の放課後児童クラブでの合理的配慮

特別支援学校に通う小学校2年生の児童が地域の放課後児童クラブ（学童保育）を放課後に利用することが決まった。児童は中度の知的発達症と自閉スペクトラム症の診断を受けており、順番や予定が崩れると大きなパニックを起こすことがあった。しかしながら、人と関わることは大好きで、いつも居住地近隣の小学生と公園などで触れ合っていた。

保護者から教育的ニーズについて聞き取りを行なったところ、①日課や予定を分かりやすく視覚化してほしい、②いつも決まった人でないと不安になってしまうので、対応する職員を固定してほしい、③人が多い場所は苦手なので本人が苦しいようだったら別室ですごさせてほしい、④少人数なら遊ぶことが大好きなので、ほかの児童と関わる時間を多く作ってほしい、などが挙げられた。

そこでクラブでは、①1日の流れを絵カード化し、登所ごとに職員と一緒に確認を行うこと、②加配職員を配置すること、③教材置き場となっている部屋を整理し、クールダウン室として開放すること、④クールダウン室ですごしている際、担当職員のほかに数名の児童と一緒に簡単なゲーム活動などを行うこと、という以上の4点を実施した。

その結果、利用開始時には予定がわからずにパニックになることや、人混みを嫌がりクラブの建物から飛び出してしまうこともあったが、絵カードで見通しがもてるようになり、クールダウン室の利用が定着するに従い、混乱することも少なくなり、笑顔で職員や他児童と関わる様子が見られるようになった。

Ⅱ. 学校教育諸機関における特別支援教育

1. 学校の役割

前節のような合理的配慮は学校に留まらず地域社会にも波及的に広げていくことが望まれる。その際に、児童生徒の学習や生活に中心的に関わる諸学校（学校機関、特別支援学校）は、合理的配慮のセンター的な役割を担うことが求められ

ている。

　学校に通う年齢段階では、学校ですごす時間が多くの時間を占め、そこを中心に生活が構成される。その他の時間は放課後や休日などの自由時間、放課後児童クラブ、放課後等デイサービス、習い事やサークル参加などが占める。そして、発達障害の支援においては学校がさまざまな関係者をつなぐ役割を果たしていく必要がある。しかしながら、校務の多忙さから学校とその他の場の関係者の連携が進みにくい状況があり、公認心理師・臨床心理士はそこを側面からファシリテートする必要がある。

　以下、本節では、学校教育諸機関における特別支援教育について解説を行う。まず、特別支援教育に関するキーパーソンである特別支援教育コーディネーターの役割を紹介する。次に、特別支援を必要とする児童生徒への支援の指針である個別の教育支援計画、個別の指導計画について説明する。最後に、特別支援教育に関わる学校内の資源と学校外からの専門的支援の枠組みを紹介し、特別支援教育がどのように展開していくかについて見ていく（⇒第7章Ⅵ.）。

2. 特別支援教育コーディネーター

　特別支援教育コーディネーターとは、2007年4月より施行された学校教育法等の一部改正および2008年3月の義務教育学校の学習指導要領の改訂による特別支援教育の導入によって制定された校内における役割である。特別支援学校および義務教育学校に配置が求められたが、特別支援学校と義務教育学校では立場や役割に相違がある。

　義務教育学校の特別支援教育コーディネーターは、校内における特別支援教育の体制を推進するため、**校内委員会**を通じて個別の教育支援計画、個別の指導計画の策定の中心となる。また、保護者や学級担任、教師の相談窓口になり、事例の検

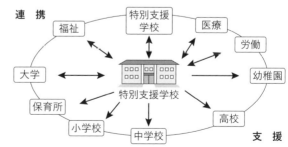

出典：文部科学省 中央教育審議会（2005b）特別支援教育を推進するための制度の在り方について（答申）の概要　盲・聾・養護学校から特別支援学校へ．

図 10-2　特別支援学校のセンター的機能

討や研修会のために地域の関係機関との連携や調整を行う。

　これに対し、特別支援学校に在籍する特別支援教育コーディネーターは、担当地域における特別支援教育、共生社会の実現、合理的配慮などに関わる**センター的機能**の窓口を担うこととなる（**図 10-2**）。具体的には、地域の幼稚園、保育所、小学校、中学校、高等学校への巡回支援、就労支援や放課後等デイサービスなどの地域の福祉事業所との連携など、その業務は多岐にわたる。特に、通常の学級に在籍する児童生徒の特別な教育的ニーズに応じたインクルーシブな教育を提供していくために、地域の小中学校を積極的に支援する。

3. 個別の教育支援計画、個別の指導計画

　特別な教育的ニーズをもつ全ての児童生徒に適切な教育的配慮・支援を提供する特別支援教育において、**個別の教育支援計画**、**個別の指導計画**は支援の指針として位置づけられる。これは、教育、福祉、医療、労働等が一体となって、乳幼児から学校卒業後まで、障害のある児童およびその保護者等に対して、一貫した相談および支援を行うために要となるものである。適切な教育的支援を効果的かつ効率的に行うため、教育上の指導や支援の具体的な内容、方法等を計画、実施、評価して、より良いものに改善していくしくみとされている（文部科学省，2007b）。

　この支援計画は特別な教育的ニーズをもつ児童生徒一人ひとりに対して、必要性が判断された段階で作成される。これは、ある教育機関（例えば、幼稚園、保育所、小中学校および高校など）で利用されるだけではなく、その児童生徒が利用している地域の関係諸機関、相談機関でも共有され、ニーズを満たす支援を提供する指針としていくべきものである。また、就学前から小学校、中学校、高校、大学、就職と対象となる児童生徒にとっての環境が変化していくなか、支援計画は各ライフステージに合わせて修正され、本人の特別な教育的ニーズがなくなる（支援が終了する）まで共有されるものである。つまり、個別の教育支援計画、個別の指導計画とは、厚生労働省および文部科学省が提唱する**切れ目の無い支援**を実現するための重要なツールである（⇒第 13 章Ⅱ．3．）。

　計画の作成については、①対象となる児童生徒のニーズを把握する、②関わる専門家（教師を含む）が適切な方法でニーズを評価する（アセスメント）、③児童生徒、保護者の意見を聴き、校内委員会で調整・検討し、関係機関と連携して

作成する、④一定期間の後、教育支援の効果を測定し、個別の教育支援計画、個別の指導計画を修正する、という以上の4段階で行われる。

　大切なことは、担任や特別支援教育コーディネーターなどが個人の思いで作成するのではなく、校内委員会を経て関係機関とも協議の上、作成することである。さらに、策定では保護者および（可能な方法で）児童生徒本人の意見を聞き取ることが求められる。つまり、本人中心に、児童生徒が在籍する学校が支援チームを代表して作成する姿勢で臨む必要がある。単なる児童生徒個人への指導案では

教育支援プランA（個別の教育支援計画）

ふりがな		性別		生年月日		取扱注意
本人氏名						
ふりがな		住所				
保護者氏名		TEL				
対象期間	平成　年　月　日（　）から平成　年　月　日（　）まで3年間					

作成年度	学校名	校長名	学部・学年・組	記入者名
1				
2				
3				

特別な教育的ニーズ	
（追加）	
本人・保護者の願い	
合理的配慮の実施内容	
（追加）	

		目標・機関名	支援内容	評価
教育機関の支援	所属校			
	（追加）			
	就学支援委員会の助言内容			
	（追加）			
	支援籍、交流及び共同学習			
	（追加）			

		機関名	支援内容
関係機関の支援	医療・保健		
	（追加）		
	福祉・労働		
	（追加）		
	家庭・地域		
	（追加）		

本人のプロフィール	障害の状況		
	これまでの支援内容	生育歴	
		療育歴	
		教育歴	
		相談歴	
		諸検査	
		その他	

出典：埼玉県教育委員会（2010）個別の教育支援計画・個別の指導計画を活用した指導事例集．

図10-3　個別の教育支援計画

なく関係者、保護者とも共有すべき書式なのであり、こうした部分からも、個別の教育支援計画、個別の指導計画がある機関内での計画という一義的なものではないことが分かるだろう。

　個別の教育支援計画の内容について、文部科学省は①特別な教育的ニーズの内容、②適切な教育的支援の目標と内容、③教育的支援を行う者・機関、以上の3点について言及するように求めている（文部科学省，2003）。具体的な記述や形式については、教育を担当する地方自治体・諸学校にまかされている。

　ここでは、埼玉県教育委員会が作成した個別の教育支援計画「教育支援プランA」を紹介する（**図10-3**）（埼玉県教育委員会，2010）。上から順に、「特別な教育的ニーズ」、「本人のニーズ（本人・保護者の願い）」、「合理的配慮の実施内容」から始まり、教育機関および関係機関でどのような支援が行われているかについて触れられている。さらに、生育歴や療育歴、相談や検査実施についても記入することができ、生涯に渡る支援の指針として利用できる書式であることが分かるだろう。

　いっぽう、個別の指導計画は、特別な教育的支援を必要とする児童生徒の一人ひとりの教育的ニーズを具体的な指導・支援に反映させるためのものであり、指導目標・内容・支援の方法などを盛り込む。個別の教育支援計画が多機関連携に基づく数年単位の大きな方向性を示すものであるとすると、個別の指導計画は学校内での具体的な年単位の指導目標である。

4．校内資源の活用

（1）　チームとしての学校

　特別な教育的ニーズをもった児童に対し、特別支援教育コーディネーターが中心となって個別の教育支援計画、指導計画を策定し、それに従ってニーズに沿った教育支援が展開される際、具体的には学校内ではどのような動きが行われるのであろうか。特別支援教育を学校で展開するのにあたり、文部科学省が提唱する**チームとしての学校**の構想が重要なものとなる。これは、「校長のリーダーシップの下、カリキュラム、日々の教育活動、学校の資源が一体的にマネジメントされ、教職員や学校内の多様な人材が、それぞれの専門性を生かして能力を発揮し、子供たちに必要な資質・能力を確実に身に付けさせることができる学校」（文部科学省，2015）と定義され、専門性に基づくチーム体制の構築、学校マネジメン

ト機能の強化、教師一人ひとりが力を発揮できる環境の整備により、児童生徒への対応を学校および関係専門家で行っていくものである（**図10-4**）。

（2） 校内委員会

このチームとしての学校構想に先立ち、特別支援教育ではさまざまな専門家やリソースを利用しながら同様の趣旨のことが行われてきた。特別支援教育に関する**校内委員会**などもそのひとつである。校内委員会とは、特別支援教育コーディネーターが主となって運営する校内組織である。校内委員会は校内の共通理解や協力体制の整備を図るために、また学校外の関係者および保護者との連携の窓口になるために設置される。小・中・高校での主な役割は、特別な教育的ニーズのある児童生徒の早期発見と実態把握、支援策を検討することである。個別の教育支援計画、個別の指導計画を作成する際には欠かせない委員会である。

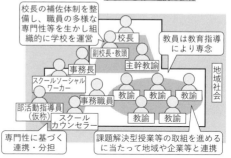

出典：文部科学省 中央教育審議会（2015）チームとしての学校の在り方と今後の改善方策について（答申）．より一部抜粋．

図10-4 チームとしての学校の在り方

校内委員会を構成する校内関係者は、管理職（校長または副校長、教頭）、担任教師以外にも、介助員、特別支援学級の教師、養護教諭、スクールカウンセラーなどが含まれる。それぞれが担う役割について簡単に説明を行う。

（3） 介助員（特別支援教育支援員）

まず、特別なニーズをもった児童生徒に対応するための**介助員（特別支援教育支援員**とも言う）の役割について説明する（**表10-1**）。介助員は、担任教師だけでは個別のニーズに対応しきれない場合、教科学習や活動時間に介助を行う支援者である。具体的には、身体運動面で個別対応が必要な児童生徒や、発達のかたよりから個別の指示やヒント、声かけがなければ授業の内容理解や参加が難しい児童生徒などに対応する。自治体によって異なる部分ではあるが、学校長および保護者からのニーズがあり、医療を含む専門家からの診断や意見に基づき、教育委員会の判断で配置されている。介助員は在籍学級内での支援に関わることが

表10-1 「特別支援教育支援員」の具体的な役割

① 基本的生活習慣確立のための日常生活上の介助
② 発達障害の児童生徒に対する学習支援
③ 学習活動、教室間移動等における介助
④ 児童生徒の健康・安全確保
⑤ 運動会（体育大会）、学習発表会、修学旅行等の学校行事における介助
⑥ 周囲の児童生徒の障害理解促進

出典：文部科学省初等中等教育局特別支援教育課（2007a）「特別支援教育支援員」を活用するために．より作成．

多く、特別な教育的ニーズをもつ児童生徒を通常学級で支援する際には重要な役割を担うことが多い。

このように重要な役割を担っているが、介助員は教員免許や発達支援の専門的な資格や経験などを有していない場合がある。そのため、適切な支援を提供するための質の水準の確保が課題となっている。また、ニーズのある児童生徒に直接関わる立場であるにもかかわらず、校内支援体制における情報共有メンバーのなかに位置づけられずにいることもある。

学校での支援を行う公認心理師・臨床心理士は、介助員個々の資質や担任との関係性をアセスメントしながら、介助員本人をエンパワーメントし、校内支援体制に適度に巻き込んでいく。必要な場合には、介助員への助言やコンサルテーション（後述）も随時提供すべきである。

（4） 通級・特別支援教室の教師

通級指導教室（通級による指導）および**特別支援教室**の教師は1対1もしくは小集団での支援を担当する教師である。通級は教室の設置校に児童生徒を通わせるものだが、特別支援教室は教師が児童生徒在籍校に出向いて教育を行うものである（**図10-5**）。後者の制度は東京都が実施しているもので2019年現在、全国的には行われていない。

特別支援教室では発達支援の専門教師が学校へ訪問し、教育的ニーズをもつ児童生徒に小集団もしくは1対1の指導を行っている。指導だけでなく、特別支援教育の専門教師としての知識を活かし、通常学級に在籍する児童生徒の評価、見立て、支援案の案出にも携わっている。

| 現在の通級指導学級体制 | 通級指導学級設置校に児童が通級し、指導を受ける。 |

在籍校 ────【通級】────▶ 通級指導学級設置校 ◀────【通級】──── 在籍校

| 他校通級における主な課題 |

・他の学校での指導のため、在籍学級担任と通級指導学級の担当教員の緊密な連携が図りにくい。
・他校への移動中は在籍学級での授業が受けられない。
・保護者の送迎が必要である。

| 今後の特別支援教室体制 | 全ての公立小学校に特別な指導を行う教室を設置し、教員が巡回して指導する。 |

各小学校 ◀────【巡回】──── 巡回指導の拠点校 ────【巡回】────▶ 各小学校

【特別支援教室導入により期待される効果】

・これまでの通級指導学級による指導を全ての小学校で実施することで、より多くの児童が支援を受けられるようになり、在籍校での個別指導や小集団指導を通して、児童の学力や在籍学級における集団適応能力の伸長が図られる。
・在籍学級担任と巡回指導教員との連携が緊密になり、指導内容の充実が図られる。
・教職員や保護者が指導の内容を知る機会が増え、理解が図られる。

出典：東京都教育委員会（2015）リーフレット．保護者の皆様へ　小学校の「情緒障害等通級指導学級」が「特別支援教室」に変わります．（一部改変）

図 10-5　特別支援教室

(5) 養護教諭

　最後に見逃されがちであるが、養護教諭も校内委員会に関わる重要なメンバーである。養護教諭は原則として保健室などに常駐し、学内での怪我、病気などへの対応や健康診断や健康観察によって児童生徒の心身の健康管理を掌(つかさど)る教師である。特別なニーズをもつ児童生徒のなかには、学校生活での生きにくさから心身の不調を訴えるものも少なくない。また、学級でのコミュニケーションの問題や授業への不適応などから、教室よりも保健室ですごす時間の方が長い児童生徒も多い。このように、保健室という場所は学校適応上の問題や、学校生活への不適応感を強くもつ児童生徒の逃げ場や代替的居場所として位置づけられることがある。そのため、保健室を管理する養護教諭も校内での特別支援を推進する際には重要なキーパーソンとなる。

5. スクールカウンセラー

　教師以外の学校内での専門家として忘れてはならないのが**スクールカウンセラー**（SC）である。スクールカウンセラーとは、教育諸機関において心理相談業務に従事する心理専門職のことである。心の専門家として各学校に配置され、児童生徒へのカウンセリングや相談、保護者への心理教育などに携わり、主に、悩みや葛藤・ストレスなどを扱い、特に、児童生徒本人に直接関与することが多い。その職務は、児童生徒、保護者、教師を対象とした個別面接（カウンセリング）をはじめ、コンサルテーション、カンファレンスの運営、教育研修、アセスメント、予防的介入、**危機介入**[2]と多岐に渡る（**表10-2**）。特に特別なニーズをもつ児童生徒への支援では、アセスメントとコンサルテーションを中心とした評価と間接的援助が重要となる。

　アセスメント（⇒第3章Ⅲ.、第11章）は児童生徒の心理状態や特性を**アセスメントツール**その他で評価し、支援に生かしていく取り組みである。個別の教育支援計画、個別の指導計画を立案するために、その能力や特性について客観的な評価が必要な児童生徒が存在する。そこで、そのような児童生徒に対して保護者と本人への**説明と同意**[3]（インフォームド・コンセント［informed consent］）のもと、アセスメントツールその他の手段で学校内のスクールカウンセラーあるいは教育委員会所属の公認心理師・臨床心理士等がアセスメントを実施・評価し、

表10-2　文部科学省スクールカウンセラー等活用事業実施要領（要約・2018改正）

事業の趣旨	(1) 公立の小学校、中学校、義務教育学校、高等学校、中等教育学校、特別支援学校及び地方公共団体が設置する教育相談機関に配置。 (2) 24時間体制の電話相談を実施し、教育相談体制を整備する。 (3) 被災した児童生徒等の心のケア、教職員・保護者等への助言・援助等を行うため、学校等（公立幼稚園含む）に緊急配置。
実施主体	都道府県・指定都市
選考	公認心理師、臨床心理士、精神科医その他から都道府県又は指定都市が選考

出典：文部科学省初等中等教育局長決定（2013, 2018一部改正）スクールカウンセラー等活用事業実施要領.

---

[2] 児童生徒にかかわるいじめ問題、自殺（未遂）事案や大事故、大事件、大災害発生時には学校内のスクールカウンセラーや教育委員会による緊急対応チームによる対応が行われる。これにはさまざまなしくみがあり、平時から研修を積んでおく必要がある。緊急時は平時にも増して発達障害児童の特性に応じた対応が必要な事態が多く生じる。

校内委員会や家庭にフィードバックする。

　重要なのは、アセスメントから得られた解釈をただ伝えるだけではなく、"個別の教育支援計画に反映できる内容"として共有を図る視点である。そのため、スクールカウンセラーはアセスメントの実施方法や解釈に精通するだけでなく、派遣されている学校組織の特徴、保護者の理解度や心情、対象となった児童生徒の全体像、現在までの経過などの包括的な情報を把握したうえで、相手に応じて分かりやすく伝えるという技術を発揮する必要がある。

　コンサルテーション[4]（consultation）とは、2名以上の対等な専門家同士の相互作用過程で、学校臨床では児童生徒に直接関わる**コンサルティ（教師）へのコンサルタント（心理職）**による支援方法の立案、実行、評価へのアドバイスや助言を中心とした問題解決への取り組みと定義される（Erchul & Martens, 2006）。

　カウンセラーは教師が解決したい課題を一緒に整理し、児童生徒に関わる授業参観やアセスメント、教師からの聞き取りなどの情報から児童生徒像の仮説を立てて提供しながら、支援や効果的な関わりについて教師と協働しながら方法を案出する。案出された計画に基づき、教師は実際に児童生徒への支援を行い、そこで起こった変化をカウンセラーに伝える。カウンセラーは教師からの報告、支援場面での行動観察を通じ、必要ならば支援方法の修正を指示するのではなく共に考える。以上のサイクルを繰り返す、あくまでも教師との共同作業が中心の支援であり、児童生徒には間接的に関わる支援パッケージである。

　その際、やはり重要なのは教師の感情、情動の把握である。教師が状況を肯定的に捉え好奇心や意欲をもって創意工夫を行っているか、否定的に捉えイライラして、追いつめられて仕方なしに関わろうとしているかによって、結果が左右される。コンサルテーションのポイントは教師のこうした情動の扱いであり、教師が気持ちに余裕をもてるような環境整備を各方面に働きかけていくことである。

　いずれにしろ、コンサルテーション型の支援は、多様に存在する潜在的な教育

---

[3] 標準化されたアセスメントツールを用いて能力の数値化や特性プロフィールの客観化を図る場合には、保護者に十分な説明と同意なく実施してはならない。排除のためではなく支援方法を検討するためのものであることを学校関係者、保護者全体でよく確認しなければならない。また、未成年である児童に対する説明と同意（インフォームド・アセント［informed assent］と特に言い表す）にも取り組む必要がある。そうした段取りの促進も心理支援の一環である。

[4] コンサルテーションは教師の主体的な取り組みを側面援助する方法であり、コンサルタントが教師をリードするものではない。教師が解決したいと考えていることを解決するために、その過程において協働で取り組むものである。

的ニーズに対する教師の教育力を引き出し、問題がこじれる前に予防的に対処する学校全体の教育力を引き出すものであり、今後ますます重要になる。これを円滑に行うためには、教師や学校風土を深く理解し、綿密な情報共有や意見交換ができる下地を築いておく必要がある。

そこで、ニーズをもった来談者の自主的な訪問をカウンセリングルームで待つような従来型の心理相談を行うばかりではなく、教師や児童生徒と積極的にコミュニケーションを取り、活発な相互作用をもつことが、今後のスクールカウンセラーにはよりいっそう求められると言える。

コラム 15

緘黙と自閉スペクトラム症

人前で場面限定的、あるいは生活全般的に言葉を発しない緘黙という症状をもつ児童がいる。文字を書くことや文章を理解すること、言語指示を理解することはできるにもかかわらずである。家ではよくしゃべっているが学校では声を聞いたことがないというパターンがよくある。

このなかに自閉スペクトラム症の児童が少なからず含まれている。独自のペースや強いパターン的な行為が緘黙の形で出ていると考えられる。このような場合、ほかにもさまざまなこだわりが見られることがある。例えば、決められた帽子を頑としてかぶらない、体操着を着るのをどうしても嫌がる、給食は全く口にしない、ものごとを行う順番に強くこだわる、学校のトイレを使用しないなどの強いこだわりの場合がある。そのパターンは強固でなかなか変えさせることが難しい。関わる側が正面突破しようとしすぎると情緒的に不安定にさせてしまう。

このような場合には、文字などの代替的なコミュニケーション手段の活用や本人のパターンに合わせて柔軟に設定し直したルールなどで、児童との関係づくりを試みていくことが必要である。また、興味のあることではコミュニケーションが発展することがあり、そうした交流のチャンネルを探す。

なお、緘黙や強いこだわりを示さない場合でも、自閉スペクトラム症の児童では、自分のペースと周囲のペースの違いに違和感をもっていて、集団生活に強い苦手意識をもっていることがある。そのような内面の違和感は外見上はなかなかうかがいしれない。パターン的なこだわりが強く目立たない場合にも、感じている主観的な世界を理解し、それに基づいてペースを尊重した関わりを行い、環境調整を試みる努力が私たちには必要である。

（山崎晃史）

Ⅲ. 教育委員会関連の心理支援

1. 教育相談

　教育委員会は教育相談室、教育相談所、教育相談センター、総合教育センター、教育研究所などの名称で各学校とは別に教育相談機能を有していることが多い。**指導主事**[5]が取りまとめながら各公立学校をバックアップしていることが多い。これらの機関では教師や元教師が教育相談活動を行っているが、教育委員会採用の公認心理師・臨床心理士も従事していることが多い。公認心理師・臨床心理士は任意の来所形式でのカウンセリングやプレイセラピーを行い、各学校からの要請（保護者、児童生徒同意のうえ）により心理検査を実施し、巡回支援を行っていることが多い。

2. 教育委員会による巡回支援

　教育委員会が**巡回支援**（⇒第7章Ⅴ．2．）を行うことがある。それを行う巡回支援員は必ずしも公認心理師・臨床心理士であるとは限らないが、専門性が期待され従事者になっていることが多い。その公認心理師・臨床心理士は、児童生徒に原則的に直接関与するのではなく、コンサルテーション方式を含め間接的な支援を行うことになる。行動観察などのアセスメントの結果から、適切な対応方法や支援方法、児童生徒の成長を支えるためのしくみづくりを提案する。

　文部科学省（2017）のガイドラインでは、巡回支援の業務について①対象となる児童等や学校の教育的ニーズの把握と指導内容・方法に関する助言、②校内における教育支援体制作りへの助言、③個別の教育支援計画等の作成への助言や協力、④専門家チームと学校の連携の補助、⑤校内での実態把握の実施への助言、が挙げられている。

　そこで、巡回支援員は短時間のアセスメントから児童生徒の実態をつかみ、現在起きているさまざまな適応上の難しさを解決する方法や関わり方を学校に助言する。また、コンサルテーション方式により学校関係者の困りごとや問題解決プランに寄り添って支援を行う。その際、児童生徒だけでなく直接支援に関わる担

---

[5] 教育委員会に配置される専門職員であり、学校教育に関する専門的事項の指導事務に従事する。

任教師や学校風土のアセスメントも必要となる。さらに、巡回支援員と協議した支援案が適切に実施できているかどうかについて、教師自身がセルフモニタリング（自己チェック）し、常に見返すことができるような流れやしくみも合わせて設定していく。

学校内のスクールカウンセラーが「子どもの心を支える専門家」とするなら、巡回支援員は、「子どもの心を支える環境調整の専門家」とも言えるだろう。児童生徒を巡る支援の行きづまりが学級内、学校内で抱え込まれていて悪循環化していることが意外に多い。学校内で問題解決しようとして連携が外部に広がりにくい傾向がある。あるいは、学校から保護者に正しいが実行しにくい過度な期待を伝えて関係がこじれて、問題がいっそう複雑化していることがある。また、最近では背景に多様な要因を抱える家庭も多く、適正に機能する家庭を前提にするだけでは解決につながらないことがある。

こうした場合、巡回支援を契機に、福祉や医療の情報や諸サービスとつながっていくことで課題解決の道筋が見えてくることがある。課題によっては関係機関の保健師、福祉職、福祉行政職員、リハビリテーション職などの同行を求め、支援をつなげていくのである。

少数者や社会的な弱者も積極的に活躍できる社会である共生社会の実現や、誰もが平等な環境で適切な教育を受けられるインクルーシブ教育の実現は、ダイナミックな活動のなかでようやく促進していくことができる。児童生徒・家庭と学校および地域社会の間に立ち調整を行う巡回支援員のような役割は、今後も重要になっていくだろう。そのなかで公認心理師・臨床心理士も積極的なアウトリーチと社会資源の活用を図っていくことが望まれる。

3. 適応指導教室

適応指導教室は**教育支援センター**とも言われ、不登校あるいは不登校傾向にある児童生徒の学校生活への復帰を支援するために、カウンセリング、集団指導、教科指導を行うものである。教育委員会が設置する公的なしくみである。

不登校児童のなかにも、相当程度、発達障害をもつ児童生徒がいる。特に、自閉スペクトラム症をもつ児童生徒の感覚の過敏さやものごとを進めるペースの周囲とのずれ、特定のパターンへのこだわりが、学校生活上の不適応を生じさせ、そのまま不登校になることがある。適応指導教室における支援は、日々、少人数

のなかで、特性に応じた支援方法を検討することができ、生活の組み立て直しを促すことができて有効である。日中の**居場所**があるということも、めりはりのある生活をつくるために重要である。

　民間の**フリースクール**なども同様の役割をもつものの、公的な財源で運営しているわけではないので、家庭や関係者の経済的負担は大きい。したがって民間機関はあくまでも補足的な場とし、教育委員会が行うフォローの場をいっそう充実させる必要がある。

　課題は義務教育終了後にはこのような居場所がほとんどないことである。発達障害の場合には、生活のなかでさまざまなことを学習し、助けを求めることを含めた**サバイバルスキル**を身につけるための支援が重要であるが、個別カウンセリングではそうしたことは困難である。社会生活との間をつなぐ、こうしたことの支援ができる就労支援の前段階の**中間施設**が高校生から青年期までの年齢にもぜひとも必要である。

コラム 16

巡回支援の現場から——幼保、小学校

　幼稚園や保育所、小学校からの巡回支援の要請では、教室・学級運営に支障が生じるような行動面が課題になることが多い。落ち着かない行為や強い突発的な感情表出、他児へのちょっかいや暴言やこだわり行為にどう対応すべきかが話題になることが多い。

　幼児期には、本人の強みに着目し、児童の困りごとの元を丁寧に探り、個別的配慮と環境調整を徹底して、遊びにじっくり付き合うことを中心に組み立てることでおおむね安定する。設定保育や行事にも年を追うごとに参加できるようになることも多い。そうした過程を継続的な巡回支援で見守っていく。

　いっぽう、小学校では学校は着座して勉強するところとの前提で、行動を統制しようという関心が教師には強く働く。一斉授業を維持するために、個別に関わっていられないという焦りや苛立ちが潜在している。それはもっともな感情であり、現場の体制を手厚くする人的整備が欠かせないところである。

　そのうえで、集団のなかの個人へのアプローチは学校教育の専門性に関わる部分であり、つまり集団と個人の相互作用をダイナミックに生かしていくことがその専門性である。これは心理職が一方的に助言できるものではなく、ましてや発達障害の個々人の特性を分析していくことだけでは到達できない領域の課題である。

　そこで、公認心理師・臨床心理士としては、特性の理解に向けた支援を行い、それに基づき環境調整の提案を行い、加配人員や介助員の必要性という現実的なことがらについて提案は行う。であるものの、集団のなかの発達障害児童の教育のあり方については、多様な教育実践のデータを蓄積して教師間の共有財産として生かし、教師集団が自ら技術を編み出していく方向性へと促すべきだろう。つまり、教育の専門性の課題としてコンサルテーションすべきではないだろうか。

（山崎晃史）

コラム 17

インクルーシブ教育の学級全体への波及

　インクルーシブ教育や特別支援教育では、教育的ニーズをもつ当事者の権利やメリットが語られることが多い。それでは、教育的ニーズをもつ児童生徒が在籍する学級全体に与える影響とはどんなものがあるだろうか。

　アトウッド（Attwood, A.［1988］）らは、通常学級において定型発達児童と自閉症児の相互作用を分析したところ、自由関わり場面における対人相互作用が定型発達児童同士よりも少ないことを明らかにした。しかし、障害をもつ児童との接触回数が増加するのに従い、対人相互作用が定型発達児童同士と同じ水準まで増加することも報告している。つまり、インクルーシブな環境に障害をもつ児童が参加することで、定型発達児童の障害に関する抵抗感や負のイメージが改善され、より多様性を理解した関わりができるようになる可能性を示唆している。

　具体的な行動レベルの変化については、草野ら（2001）が、重度運動障害をもつ児童が教師からの支援を受けて体育授業に部分参加することで、他児が障害をもつ児童に積極的に関わるようになったこと、参加する回数が増すにつれ障害児童の運動量だけでなく他児の運動量も増加したことなどを報告している。

　このような肯定的な報告がある一方で、渡邉（2010）は教育的ニーズをもつ生徒は周囲からの理解を得にくく、学級が全体として支え合うことができるように教育上の配慮や環境調整、教室運営を行わないと、学級集団から相手にされないだけでなく、積極的なからかいやいじめの標的になってしまう可能性を示唆しており、教師による支援や配慮の必要性を結論づけている。

　インクルーシブ教育とは、障害をもつ児童のためだけではなく、そこに在籍している児童生徒全員が伸び伸びと生活し、人生の質を高めていくために必要な工夫や配慮を提供していくことである。そのため、関わる専門家は常にニーズをもつ児童の状態、周囲との相互作用を観察し、必要に応じていつでも環境調整が行えるように見守る姿勢が必要なのである。そして、わが国では未だインクルーシブな環境で教育を受ける障害をもつ児童生徒が少ないため、学級構成員や学級全体の教室運営に与える影響に関しては、今後も継続して知見を蓄積していくことが望まれるだろう。

（榎本拓哉）

課題

調べましょう

- ☑ 学校教育において「共生社会の実現」は具体的には、どのように取り組まれているでしょうか。文部科学省や厚生労働省の資料を参考に調べてみましょう。
- ☑ 高等学校、大学での特別支援教育の取り組みはどのように行われているのでしょうか。関係者へのインタビューや文献を元に調べてみましょう。

考えましょう

- ☑ 東松山市地域自立支援協議会子どもの育ちと学びを支える連絡会議（2013）発行の「ともに育つ子どもたちのエピソード集」を読み、インクルーシブな環境で共に学ぶことの意義を考えましょう。
- ☑ 章冒頭の事例で、保護者が学校に幼稚園での姿を説明していなかったことには、どのような背景が考えられるでしょうか。
- ☑ 合理的配慮を説明する際、現場では「なぜそこまで配慮しなくてはならないのか？」といった疑問をもつ教師も多くいます。公認心理師・臨床心理士として、そのような教師に対してどのように説明をすれば良いでしょうか。共生社会の実現やダイバーシティ（多様性）の考え方を踏まえ、自分の考えをまとめてみましょう。

文献

Attwood, A., Frith, U., & Hermelin, B.（1988）The understanding and use of interpersonal gestures by autistic and Down's syndrome children. Journal of Autism and Developmental Disorders, 18(2), 241-257.

Erchul, W.P., & Martens, B.K.（2006）School consultation: Conceptual and empirical bases of practice second edition, Springer Science.（大石幸二監訳（2008）学校コンサルテーション―統合モデルによる特別支援教育の推進―．学苑社.）

東松山市地域自立支援協議会子どもの育ちと学びを支える連絡会議（2013）ともに育つこどもたちのエピソード集．http://www.city.higashimatsuyama.lg.jp/kurashi/fukushi_korei/welfare_for_the_disabled/jiritsukyo/1526620456611.html（2018年11月23日取得）

草野勝彦・長曽我部博（2001）障害児をインクルージョンした体育の授業と教員の態度．体育学研究，46，207-216.

文部科学省 特別支援教育の在り方に関する調査研究協力者会議（2003）今後の特別支援教育の在り方について（最終報告）．

文部科学省 中央教育審議会（2005a）特別支援教育を推進するための制度の在り方について（答申）．

文部科学省 中央教育審議会（2005b）特別支援教育を推進するための制度の在り方について（答申）の概要　盲・聾・養護学校から特別支援学校へ．

文部科学省初等中等教育局特別支援教育課（2007a）「特別支援教育支援員」を活用するために．
文部科学省（2007b）「個別の指導計画」と「個別の教育支援計画」について，http://www.mext.go.jp/b_menu/shingi/chukyo/chukyo3/032/siryo/06090604/003.htm（2018年10月25日取得）．
文部科学省 中央教育審議会初等中等教育分科会 特別支援教育の在り方に関する特別委員会（2012）共生社会の形成に向けたインクルーシブ教育システム構築のための特別支援教育の推進（報告）．
文部科学省初等中等教育局長決定（2013，2018一部改正）スクールカウンセラー等活用事業実施要領．
文部科学省 中央教育審議会（2015）チームとしての学校の在り方と今後の改善方策について（答申）．
文部科学省（2017）発達障害を含む障害のある幼児児童生徒に対する教育支援体制整備ガイドライン～発達障害等の可能性の段階から，教育的ニーズに気付き，支え，つなぐために～．
埼玉県教育委員会（2010）個別の教育支援計画・個別の指導計画を活用した指導事例集
関戸英紀（2004）通常学級に在籍する特別な教育的ニーズのある児童に対する支援—有効な支援を行うための要件の検討—．特殊教育学研究，42(1)，35-45．
徳永豊（2005）「特別な教育的ニーズ」の概念と特殊教育の展開—英国における概念の変遷と我が国における意義について—．国立特殊教育総合研究所紀要，32，57-67．
冨田久枝・松浦俊弥編著（2016）ライフステージの発達障害論—インクルーシブ教育と支援の実際—．北樹出版．
東京都教育委員会（2015）リーフレット．保護者の皆様へ 小学校の「情緒障害等通級指導学級」が「特別支援教室」に変わります．
渡邉雅俊（2010）通常学級に在籍する発達障害が疑われる児童生徒における仲間関係の実態．教育実践学研究，15，173-183．

第11章 児童期2
学習支援の実際

榎本拓哉

> 　教科学習は学校現場において中心的な活動であり、教師はさまざまな教材を使用し工夫を凝らして熱心に指導を行っている。しかし、そうした取り組みのなかでも読み書きや計算、単元で学ぶべき課題が獲得できない児童生徒が見られる。本章では学力達成の不振を抱える児童生徒をより良く理解し、学校で適切な支援体制を構築していくために公認心理師・臨床心理士に求められる役割について述べる。なかでも、学力達成に関する要因を環境と児童生徒本人のそれぞれから理解・評価（アセスメント）していく方法やツールを紹介する。最後に、学習課題をもつ児童生徒への支援の実例から、評価―実践の流れと支援ネットワークの構築について考える。

事例14

　小学校5年生の男児は通常学級に在籍していた。学校での生活について、友だちと仲良く遊ぶことや、先生や学校の指示やルールに従うこと、学級活動、行事などの集団活動に参加することに大きな問題やつまずきは見られなかった。家庭環境も安定しており、家での行動や養育状況にも特殊な状況はなかった。

　そのような状況であるが、本児には文字の読み書きに大きなつまずきが見られた。音読など文章を読む際には逐次読み（1文字読み）のため、輪読の際には本児だけ時間がかかってしまうことが多くあった。読みの内容も、文字からというより何度も聞いた内容から覚えている様子であり、勝手な読み方で文末が変わってしまうこともしばしばあった。また読みがたどたどしいため、学習内容を身につけるまでに、何度も読み返さなければいけない様子が見られた。さらに文字を書くことも苦手であり、ひらがなや漢字の字形が整わないため教師が読めないことも多くあった。漢字に関しては文字の形を誤って覚えていることも多く、漢字の左右が逆になっているなど特徴的な間違いも多くあった。このようなことから、文字をたくさん書かなくてはいけない国語などの教科では、板書をノートに写すことで手一杯な様子も散見されるようになっていた。作文などでは、書きたい内容を口頭で説明することは十分に可能だったが、作文用紙を前にすると全く書くことができず悩んでしまっていた。

　保護者は本児の学習の状態を重く捉え、本の読み聞かせをしたり、漢字の書き取りを一緒に取り組んだり、さまざまな取り組みを行っていた。しかし、読み書きに関する力はあまり改善が見られなかった。複雑な漢字の書き取りなどでは、視写する際でも間違った文字を書くこともあり、繰り返し書くなかでさらに字形が崩れていくように感じられた。最

初は読み書きだけの問題であったが、次第に学校での学習や生活全般に対するモチベーションが下がり、授業に参加する態度や学習への集中力も下がってきてしまった。このような状況を呈する本児に対して、公認心理師・臨床心理士はどのような支援を提供すれば良いのだろうか。

Ⅰ. 学習の問題の理解と評価

1. 学習の問題について

　学校生活では目的をもった多くの活動が設けられている。そのなかでも**教科学習**は中心的な活動であり、小学校から中学校、高校と徐々に比重も大きくなっていく。一般的に学校は勉強だけを学ぶ場ではないとは言われるが、小学校でも学校ですごす時間の5割強が教科学習に当てられている。これは学校ですごす時間だけであり、宿題にかかる時間もあり、中学校・高校での試験対策や受験勉強も加わると、ほぼ1日の半分以上で何らかの教科学習に関与していると言えるだろう。

　そんな教科学習の時間に、授業の内容がほとんど分からない、勉強に時間をかけても定期考査の点数に結びつかない、授業に関連する「読む」「書く」などが非常に苦手でうまくできない、このような経験を日々積んでいる児童生徒に対して、「勉強ができなくたって問題ない」と言えるだろうか。ここでは、従来の障害児教育や特別支援教育で後回しにされてきた感のある「教科学習のつまずき」に対して、公認心理師・臨床心理士はどのように理解し、学校と協働的に支援を展開していくべきかについて説明していく。

　なお、教科学習のつまずきという文脈では、**学習障害**（Learning Disabilities：LD）が短絡的に紹介されているように思われる。前章で障害の有無と **SEN（特別な教育的ニーズ）** は別物だと説明したように、教科学習のつまずきは学習障害の問題だけでなく、さまざまな要因が絡み合って出現する状態像である。よって、教科学習の問題を多面的に理解し支援を考えられるよう、次項では学習問題の見立ての方法から説明していく。

2. 学習問題の見立て

　ある児童が教科学習につまずきを見せたとき、われわれはどのように理解すべきだろうか。教科学習の取り組みには複数の要因が関与している。本項では教科

学習に関与する要因を①環境的要因、②認知的要因、③心理的要因の3側面から理解していく。

（1） 環境的要因

教科学習で扱うもののなかには手元にある簡単な単語や文章を読む、物の数をかぞえるといった内容も含まれているが、多くは生活年齢と比較しても特殊かつ高度な内容が含まれている。そのため、教科学習に関する知識を日常的に補填する環境（家庭における学習の補助：例えば、保護者による宿題の監督、小学校就学前の幼児教育における学習準備の有無など）が学習達成に大きく影響を与える。

学習の問題を扱う際には、まず前提として"年齢相応の学習経験や学習環境が揃っていたか？"という疑問を明らかにしなければならない。身体的な問題から長期入院を経験していた、日本語での教育を受けてきていないなどの環境の特異性は教科学習の達成に大きく影響を与えるため、十分に評価しなくてはならない。また、ネグレクトや児童虐待、DVのような家族内の問題についても、公認心理師・臨床心理士は慎重に情報を集め、必要ならば関係機関（保健センター、保健所、子ども家庭支援センター、児童相談所、教育相談所）とも情報共有を図らなければならない。

（2） 認知的要因

人間のさまざまな情報処理の力を総合して教科学習は行われている。特に、学校で展開している、1名の教授者が被教授集団に対して学習内容を説明することで理解を求める**一斉授業**の形態では、聴覚認知、視覚認知、情報の選別、短期記憶、プランニング、認知シフト、身体運動のコントロールなどを主とする多くの認知能力が求められる。よって、知的発達の遅れや発達のかたよりなど、認知的な力の問題が個人内に存在する場合は教科学習に大きな困難が生じると予想される。公認心理師・臨床心理士は専門的な心理検査（知能検査や発達検査、認知機能検査）を使用することができ、これを通じて個人の**認知特性**を推測する。

（3） 心理的要因

学校生活を送る際、不安や緊張、ストレスなどの心理的問題が大きい場合、教科学習の達成に与える影響は少なくないだろう。逆に、学習達成に大きな困難を抱える児童は、学校適応に過度の負担を抱えていることは想像に難くない。つまり、教科学習をめぐる**自己効力感**は学校全般の適応状態と相互に影響を与え合っていると言える。そこで、学習の問題を抱える児童生徒へ支援を提供する場合、

公認心理師・臨床心理士は当該生徒の学校適応や情緒の安定性など心理的な状態の評価も行わなければならない。

3. 学習の問題についてのアセスメント

　学習の状況を多面的な要因から分析することにあたり、学力の問題を評価するためのツールとして、教育臨床現場で用いることができる手段にはどのようなものがあるだろうか。例えば、標準化された学力テストを実施し、定量的に推移を追えば、ある個人の「学力達成」の一側面を把握することはできるだろう。しかし、前項で触れたような、環境や個人内の認知能力や心理状態といった、具体性をもたないものを評価するためには、一体どのような方法があるのだろうか。このような、個人を巡る多面的な領域を評価する取り組みをアセスメントと呼んでいる。アセスメントとは、ある専門的な技術による評価過程のことで、対人援助の領域では支援の事前、事中、事後のそれぞれで非常に重要な手続きである。

　アセスメントを方法によって大きく分けると、①**フォーマル・アセスメント**と、②**インフォーマル・アセスメント**に分類することができる。フォーマル・アセスメントとは、統計的な手続きに基づいて標準化されており、信頼性と妥当性が保証されているアセスメント方法である。教育現場で用いられるものとしては、質問紙やワークシートによる心理検査、公認心理師・臨床心理士が実施する知能検査や発達検査が挙げられる。これらの検査は大規模なデータ収集による標準化作業によって、ある個人に複数回測定しても同じような結果が得られること（信頼性）、評価したい要因を正確に測定することができること（妥当性）が確認されている。簡潔に述べれば、客観的かつ定量的に個人のある側面を評価できると言える。客観的に評価できるため、「個人に何らかの重篤な問題が疑われる場合」「教育効果を長期間にわたり縦断的に評価する必要がある場合」などでは、フォーマル・アセスメントが必要だろう。しかし、客観的に評価できる反面、時間的コストが高く、また高度専門的なスキルも必要であり、日常的に行うことは困難である。

　一方、インフォーマル・アセスメントは、必ずしも標準化作業が行われていない手段、手続きを用いたアセスメントと定義される。具体的な例としては、「学校での児童の様子を観察すること」「教師が作成したテストによって評価すること」「子どものノートや作品を評価すること」など、日々の教育実践活動のなか

で実施が容易なものである。フォーマル・アセスメントとは逆に、客観性を確保することや定量的であることは難しいが、より簡略かつ包括的な評価を行うことが可能である。

このように、どちらのアセスメントがより優れているということではな

表 11-1　教科学習への主なアセスメントツール

	学力全般	環境	認知	心理
フォーマルアセスメント	・LDI-R ・標準読み書きスクリーニング検査		・WISC-IV ・KABC-II	・CBCL/YSR/TRF ・SDQ
インフォーマルアセスメント	・教科のテスト ・定期試験 ・提出物	・面談（本人・保護者） ・家庭訪問 ・関係機関との情報共有	・行動観察 ・提出物の内容 ・授業内テスト	・面談（本人） ・行動観察

く、目的や状況、場面により適した方法を選択すべきである。

教科学習の評価における主なフォーマル・アセスメント、インフォーマル・アセスメントを**表 11-1** にまとめた（⇒アセスメント実施に際して留意するポイントは第3章参照）。**表 11-1** では、①学力全般、②環境的要因、③認知的要因、④心理的要因、それぞれに関する代表的なフォーマル・アセスメント、インフォーマル・アセスメントを提示している。このなかで認知的要因に関するフォーマル・アセスメントである WISC-IV および KABC-II については第3章で触れているため説明を割愛し、その他のフォーマル・アセスメントの概要について説明する。

4. 学習に関するフォーマル・アセスメント

学習の問題について全般的な達成状況を確認することは、支援の大枠を構築する上で最初のステップとなる。全般的な学力達成は、LD 判断のための調査票（Learning Disabilities Inventory-Revised：**LDI-R**）や**標準読み書きスクリーニング検査**といったアセスメントツール（検査）が開発されている。

LDI-R は基礎的学力（聞く／話す／読む／書く／計算する／推論する／英語／数学）と行動・社会性（行動／社会性）の 10 領域で構成されている。対象の学習に関わっている教師がそれぞれの項目に対し、「よくある」「ときどきある」「まれにある」「ない」の 4 段階評定を行うことで、どの学習領域でつまずきがあるのか、学習障害の疑いがあるのかについて評価することができる質問紙検査で

ある。担任教師が比較的簡便に行える検査であり、学習達成の概要をつかむには有意義な検査と言える。

標準読み書きスクリーニング検査（2017年改訂版）は本邦で開発・標準化された検査である。学力のなかでも、「読み・書き」に特化しており、小学生から中学生までのひらがな・カタカナ・漢字の獲得状況、高校3年生までの音読に関する正確性と流暢性を評価できる検査である。検査者と被検査者が1対1で課題を遂行する検査で、マニュアルの熟読や検査実施の熟達化が必要となるため、教師が実施することは難しい。そのため、特別支援教育の担当教師、もしくは公認心理師・臨床心理士、言語聴覚士が実施することが望ましい。

次に、学習環境に対するフォーマル・アセスメントである。しかし、学習環境やこれまでの学習経験について直接評価するアセスメントは開発されていない。そのため、現時点では学習環境はインフォーマル・アセスメントで評価していく。

最後に、学習に関する心理的要因についての評価は、子どもの行動チェックリスト（親用）／ユース・セルフレポート（本人用）／子どもの行動チェックリスト（教師用）(child behavior checklist/youth self-report/teacher's rating form：**CBCL/YSR/TRF**)、子どもの強さと困難さアンケート（strengths and difficulties questionnaire：**SDQ**）などの質問紙が開発されている。CBCL/YSR/TRFは、**アッケンバック**（Achenbach, T. M.）らが開発した児童の情緒や行動を包括的に評価する一連の調査票である。それぞれの立場からの回答を比較して包括的に評価ができる。CBCLは幼児版（1991年版で2〜3歳、2001年版で1歳半〜5歳）と年長児版（1991年版で4〜18歳、2001年版で6〜18歳）がある。YSRは本人が回答するもので、11〜18歳で使用できる。TRFは1991年版で5〜18歳、2001年版で6〜18歳に使用できる。

教師が評価するTRFについて説明すると、行動、情緒、社会性に関する問題行動約100項目について、「あてはまらない」「ややまたはときどきあてはまる」「よくあてはまる」で評価する。回答から問題行動尺度が算出され、上位尺度として外向尺度と内向尺度、下位尺度として8つの尺度（ひきこもり、身体的訴え、不安／抑うつ、社会性の問題、思考の問題、注意の問題、攻撃的行動、非行的行動）として示される。また、学校適応を評価するために、学業成績について、各学科成績を5件法で、適応について、同じ年頃の生徒と比べて「どのくらい一生懸命勉強するか」「行動の適切さはどうか」「学習の成果はどうか」「どのくらい

楽しそうか」の4設問に対して7件法で回答を得る。

　SDQは質問紙による行動に関する質問紙検査である。①反抗や反社会的行動などの行為、②集中力の欠如や多動性などの多動と不注意の問題、③抑うつや不安などの情緒面、④友人からの孤立や不人気などの仲間関係、⑤協調性や共感性などの向社会性、の5つの指標、25の質問項目から構成されている。保護者または教師が3件法で答えることで、児童生徒の日常的な適応状況を評価することができる。CBCL/YSR/TRF、SDQともに直接的な学習状況を測定するアセスメントではないが、教科学習の困難から二次的に派生する心理的問題、学校不適応の問題を測定することができる。教科学習の問題だけでなく、行動問題や情緒の混乱が疑われる場合にはこのような評価を行うことが望ましい。

5. 学習に関するインフォーマル・アセスメント

　学習に関するインフォーマル・アセスメントは、**関係者への面接、授業中の行動観察、行動的産物による評価**の3つに分類することができる。

　関係者への面接は、対象児童の学力についての情報を知る者（本人を含む）に面接を行い、そこで必要な情報を収集し、学力の状況、困難さについて推察することを目的に行う。面接からは、今までの学力達成の状況（何年生くらいで授業内容の理解が厳しくなったのか、どんな教科が苦手なのか【学力全般】）、学習に関する日常の取り組み（家庭学習の状況、塾などのリソースの活用の有無【環境的要因】）、学習のどのような部分に難しさを感じるのか（困難さの分析、【認知的要因】）、学習を含めた学校生活全般の感想（生きづらさの評価、学校適応の状況【心理的要因】）など、すべての領域に渡る情報収集が可能である。

　反面、フォーマル・アセスメントとは異なり面接対象者の主観に重きがおかれるため、実際の状況とは異なった情報が得られることや、関係者によって語られる内容に齟齬がある可能性も考えておく必要がある。また、日頃から関係者との信頼関係を築いておかなければ、円滑な情報収集が行えないといった点にも留意しなければならない。

　授業中の行動観察は、対象となる児童生徒の授業中という日常の様子を観察することで、学習の状況を推察するアセスメント方法である。授業中の様子について、観察すべきポイントは①参加状況、②姿勢や書字など授業に関連する粗大・微細運動、③表情などである。行動観察では、各教科や課題内容によって変化す

る集中度や課題遂行の程度などを踏まえて評価することがポイントである。

　学校側からは苦手な教科や活動を中心として観察することが求められるだろう。しかし、学校が把握している苦手教科だけでなく、授業全体に対する取り組みも学習状況を評価する上で大切な情報となる。また、苦手教科であっても、教科学習内の課題（読む、書く、考える、話し合う、発表する、製作を行うなど）によって、取り組みや状態像に大きな差がある場合も多いため、学習活動の総体を捉える意識をもつべきである。これが①参加状況を把握する視点である。同様に、②の姿勢や書字などの授業に関連する粗大・微細運動や③の表情などについても、教科内容、活動内容、時間による変化（授業開始直後〜終了まで）なども含めた観察が必要である。

　行動的産物[1]による評価とは、教科学習で使用した教材、実施したテスト、学校行事の感想文など、学校生活で児童生徒本人が関与・作製した諸産物を使った評価方法である。特異的な学習の問題（書字障害や読字障害などの学習障害など）をもつ児童生徒の場合、どの教科や活動でも共通した独特の字形を示すことが知られている。行動的産物には、授業での観察では捉えきれない細かな情報が溢れている。

　書字障害をもつ児童の書字の例を図11-1に示した。各文字の字形が捉えられず、形を整えることに困難さを示していることが読み取れる。そして、筆圧が大きくかかってしまっていることから、筆圧のコントロールなど微細運動に問題を抱えていることも示唆される。このように、ノートや作文なども学習の困難さを評価するための重要なツールとして位置づけられるのである。

出典：佐藤暁（1997）構成行為および視覚的記憶に困難を示す学習障害児における漢字の書字指導と学習過程の検討．特殊教育学研究，34(5)，23-28．

図11-1　学習障害を持つ児童の書字

---

[1] 行動的産物とは、ある行動が生起したことにより創出された物品のことである。例えば、書字の結果としてのノートの文字・記述内容、図工の課題従事により作られた絵・立体物などが該当する。

コラム 18

巡回支援の現場から——中学校

　中学校は多感な生徒たちをまとめていくために規律を重視する傾向がある。そのなかで言動や行動で不穏さを示す生徒は生徒指導で強く指導されがちである。発達障害の一部の児童生徒は、そうした状況に対して衝動性が高まり、不穏で刺激的な言動をするようになり目を付けられることがある。そして、問題視されるとそれを感じ取りますます不穏な行動になる。発達障害で衝動制御が苦手な児童生徒の場合には、周囲の人の接し方から大きな影響を受ける傾向がある。

　巡回支援で公認心理師・臨床心理士はこのような生態学的な状況と関係性の把握を行い、その悪循環状況の変容に向けて働きかけを行う。障害特性の説明とともに、正面から問題点を取り上げるとうまくいかず、目先を変え話題を変えて違うチャンネルでコミュニケーションを試みる必要を伝えていく。感情的になったままだと好転しにくいことを伝える。

　それにより、柔軟にやり方を変えることのできる教師であれば関係が好転することが多い。また、信頼できる教師や大人と出会うと、本人の雰囲気があっさりと大きく変わることがある。いずれにせよ、問題点ばかりをクローズアップしていると悪循環に陥ることを認識しておく必要がある。

（山崎晃史）

II．学習支援の実際

1．臨床像（小学校3年生の男児の支援について）

　ここでは実際の教育臨床現場で行われた**学習支援**の実例を紹介する。包括的支援の観点から、個別支援〜校内支援〜地域連携（家庭連携）の3つの段階でどのように支援が展開されたかについて、①通常学級での支援、②特別支援教室での支援、③学校—家庭の連携による支援をそれぞれ紹介する。

　小学校3学年に在籍する本児は、学習の遅れを主訴に担任教師から臨床心理士に相談があった児童である。本児は全体的な学習の遅れを示しているが、特に読み書きが苦手であった。読みは当該学年のものは読めるが、文章量が多くなると行を飛ばしてしまうことが多く、音読の課題などでは流暢に読むことができなかった。文末については、自分の予想で読む「勝手読み」もみられた。読むことは苦手だが、内容を覚えたものに関しては再生することは可能で、授業内容も十分に理解できていた。書字については、ひらがなは書けるが字形が整わず、1文字

1文字の大きさがバラバラになってしまっており、ノートの枠内に文字を収めることが難しかった。漢字については苦手意識が強く、なるべくひらがなですまそうとする様子が見られた。漢字の小テストなどでは1年生該当の漢字でも間違うことがあった。読み書き以外では、九九の定着が不確実で、2桁の掛け算に苦戦する様子も見られた。

2. アセスメント

発達のかたよりによる特異的な学習の問題（学習障害）が疑われたため、本児の学習について包括的なアセスメントを行った。担任教師が保護者への学習状況の聞き取り（環境的要因の評価）、提出物・小テストなど状況確認（学習達成の評価）を行い、臨床心理士がLDI-R、小学生の読み書きスクリーニング検査（学習達成の評価）、WISC-IVの実施、提出物やテスト結果からの見立て、行動観察（認知的要因の評価）、児童の個別面談（心理的要因の評価）を行った。

その結果、学習達成では、①「読む」「書く」の領域に"つまずきあり"、「計算する」に"つまずきの疑い"と判断された【LDI-R】。また、②読みに関しては学年相応の力があるが、書きに関しては小学校2年生相当で、つまずきがあるという結果も示された【小学生の読み書きスクリーニング検査】。さらに、③書字への抵抗感が高く漢字を使うことがまれであり、整った文字を書くことが難しいことが明確であった【提出物・小テストなどから】。

環境的要因では、④家庭では保護者が、特に母親が熱心に学習の補助を行っている。それでも文字を綺麗に書くことや、漢字を覚えること、教科書の音読を流暢に行うことなどが小学校1年生時よりも難しくなっている様子であった。家庭や学校での反復練習的な学習方法で、本児に心理的なプレッシャーがかかっていることが考えられた。

認知的要因では、⑤視覚情報を正確に捉えることが難しく、細かな作業を実施する場合には時間がかかること、聴覚的な情報処理は得意であることが示唆された【WISC-IV】。

心理的要因では、⑥文字を「きれいに書きたいけれどうまく書けない」こと、漢字などは見た目が「ぐちゃぐちゃしてわからなくなってしまう」こと、文章は読んでいると「どこを読んでいるか分からなくなってしまう」ことが語られ、困惑した思いを抱いていることがわかった【個別面談】。

以上のアセスメント結果を元に、担任教師、特別支援教育コーディネーター、臨床心理士の3者で個別の指導計画を作成し、以下の支援を実施した。

3. 所属学級での支援

所属学級では授業研究の一環として、一斉授業のなかで本児童が抱える困難を減らしていく教材や授業形態の導入を行った。

まず、文字の細かい部分を捉えることが苦手という認知特性を受け、2つの補

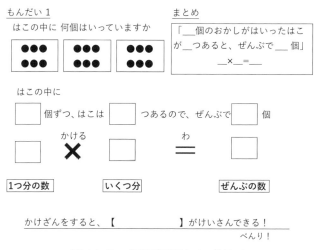

図11-2　授業で使用したプリント

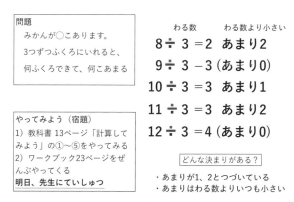

図11-3　わりざんをかんがえよう

助教材を授業内で用意した。1つ目は**板書プリント**を作成し、毎時間本児に渡すようにした。「板書プリント」には、今回の授業の大切なポイントとノートに写す板書内容が記載されていた。「板書プリント」を使用することで、教室前方の黒板よりも近い距離で内容を確認でき、より細かい文字をきちんと確認しながら写すことが可能となった。また、黒板のように全体の授業展開に合わせて消されてしまうこともないため、書ききれなかった時には空いている時間や家庭学習などで補填することもできるようになった。「板書プリント」でも書ききれないような書字量の多い教科・単元に関しては、2つ目の支援方略として、**プリント中心の学習形態**を導入した（図11-2、図11-3）。

　プリント中心の学習形態では、板書すべき部分は事前配布したプリントに記入されており、本児は授業中の大切な語句や説明のみ空欄に記入していくように指示された。この授業形態では、全体的な書字量を減らすことができ、本児のような視覚認知に困難さを示す児童だけでなく、不器用さを強くもつ児童や、授業への集中が難しい児童まで、多くの児童の学習態度や習得度の改善に寄与した。

　次に、漢字の読みは習得しているが文章になると読むべき行が分からなくなってしまうことへの教材工夫を実施した。視覚認知の問題により、行間が詰まって

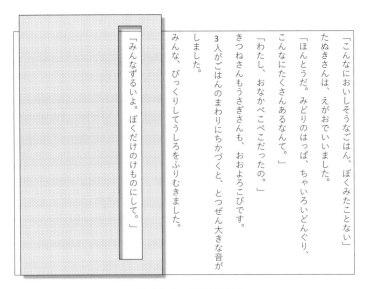

図11-4　音読用定規

いると現在読んでいる行とほかの行が交わって見えてしまい、読むべき行を間違えてしまうと分析し、**音読用定規**を作成した（図 11-4）。

「音読用定規」は厚紙を教科書の1行分だけ切り抜いたものであった。この定規を使うことで、本児にとっては余計な刺激となっていた他行の文字列が見えなくなり、読んでいる部分の混乱が少なくなった。結果として本児は授業中の音読もすらすらと読むことができるようになった。加えて、教科書の内容もより円滑に理解することができるため、国語の単元学習への習得度についても改善が見られるようになった。

4. 特別支援教室を利用した支援

通常学級での支援の目的は一斉授業での本人の負担を減らすことであり、教材開発・授業改善によって目的はある程度達成できた。そこで特別支援教室（⇒第10章Ⅱ．4．）では、今まで本児が積み残してきた学習課題の補填を目的とし、個別指導による復習の時間を提供した。個別学習ではLDI-Rや小学生の読み書きスクリーニング検査でつまずきが認められた既習漢字の定着、算数の補助を行なった。既習漢字の学習では、書き取りの練習と並行して漢字パズルという課題を導入した（図 11-5）。

漢字パズルは3学年までの教科配当漢字を偏旁冠脚（偏、旁、冠、脚、構、垂、繞）および部首ごとにパーツとして切り出し、組み替えることで漢字を学べる教

図 11-5　漢字パズルの例　　　　図 11-6　掛け算ヒントカード

材である。この教材を使うことで、視覚認知および書字に困難を示す児童でも、書き取り練習ではカバーしきれない漢字の成り立ちや部分構成を自然に学ぶことができる。

算数では、学習達成のアセスメントから九九の定着が不十分であると判断されていたため、その定着から支援を開始した。その際、九九の暗唱と並行して、掛け算ヒントカードを補助教材として使用しながら3学年の課題にも取り組んだ（**図11-6**）。

3年生以前の復習だけでなく当該学年の課題も扱ったことで本児の学習への動機づけが高まり、特別支援教室での補習にも、より積極的に参加する様子が見られた。

5. 学校と家庭との連携による支援

在籍学級、特別支援教室といった学校内での支援だけでなく、家庭での支援についても児童を取り巻く関係性の支援の観点から重要であり、その実際を確認する。

保護者は本児の学習の状況を心配しており、アセスメントの結果について「（本児が）こんなに困っているのは知らなかった。家庭でできることを教えてほしい」との発言があった。そこで、家庭との連携を行うため、校内委員会（特別支援教育コーディネーター、学年団教師、担任、臨床心理士）が保護者との支援会議を設定した。

支援会議では所属学級での取り組みを保護者に報告し、現時点で徐々に学習の改善が見られていることを伝えた。保護者も本児が学習に積極的になっており、今まで自主的にやっていなかった宿題なども積極的に取り組むようになったことを報告した。保護者から「何か家庭でできることはありませんか？」との提案が再度あったため、家庭と学校と協働で本児への支援を行うこととなった。

共働きの保護者の負担も考慮し、学校での取り組みを共有するために、課題の達成度について家庭にフィードバックを行うこととした。そのために、学校からは「今日のがんばったカード」を作成し、達成状況に合わせて保護者から得点および一言を添えて本児へ渡すという段取りを構築した（**図11-7**）。

この取り組みにより、本児に関わる学校と家庭の間の肯定的なコミュニケーションが維持され、本児の学習への動機づけを支えるだけでなく、その日の勉強で

分からなかった点を保護者が聞き取り、学校へ伝えるなどの波及効果が見られた。それを受け学校からは、本児が頑張って取り組んだことや、徐々に学習が分かるようになったエピソードが家庭に伝わるなど、学校と家庭の協働が進んだ。

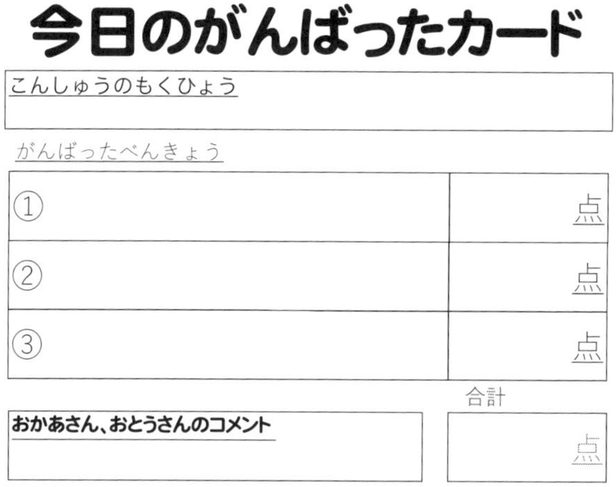

以上、所属学級、特別支援教室、家庭の3側面から学習の支援を展開した実例を紹介した。重要なことは、児童の現状を踏まえた適切な支援や工夫を、学級内、学校内、家庭を含めた地域生活に広げていくことである。支援の輪を広げることができれば、関係者全体が学習課題を抱える児童生徒への教育的配慮を提供することが可能となり、「どうしても勉強ができない子」というイメージが「工夫することで大きく伸びる子」といった肯定的な意味づけに変容していく。支援ネットワークにおける関係者の肯定的評価の好循環を促進していくことが、公認心理師・臨床心理士に望まれる役割のひとつであろう。

また、このような支援過程のなかで、必ずと言って良いほど生じる関係者のさまざまな負の感情、すなわち児童生徒自身、保護者、教師それぞれの不安、困惑、焦り、怒りなどの感情を、それらに巻き込まれずにしっかり見据える。そして、関係者が相互に負の感情を増幅させ合う「おちつかなくなるプロセス」を抑制し、「おちつくプロセス」へと促していく（⇒第9章Ⅰ．2）。こうした過程は公認心理師・臨床心理士がもつ心理支援の技術が最も生かせる局面なのである。

図11-7　今日のがんばったカード

コラム 19

巡回支援の現場から——高校

　中学校までは、地域の学校でクラスメートどうしお互いに人物像をよく理解していて、距離感が定まっている。そのなかで発達障害をもつ生徒もいろいろと課題はありつつも安定して生活している。しかし、高校に進学すると本人を知る人が少なくなり、初めてのクラスメートばかりとなる。ナチュラルサポートなどの保護因子が働いていたのが、それが無くなったときに、発達障害をもつ生徒の奇異に見える行為やコミュニケーション不全が突出してしまい、周囲から浮いてしまうことがある。そのようなときに、行動を外在化させ衝動的になってしまうか、内在化させ自分を出さなくなる、あるいは不登校に陥るなどの展開になることがある。

　高校からの支援の要請は行動を外在化させる場合が多くなる。義務教育ではないからということで、不登校などは学校からの支援要請につながりにくい。ただし、内在化行動はその後の社会参加への阻害要因になるため、本来は公的な積極的な介入が必要である。発達障害で内在化傾向のある思春期青年期の人々の居場所づくりは重要である。

　いっぽう、外在化した行動は教科学習や受験勉強に傾く高校では強い葛藤を関係者に呼び起こす。そのような状況でも学校として柔軟な対応ができるかどうか、障害特性に配慮した対応に取り組むかどうか、そして何よりも粘り強く本人との関係を結ぶ努力を維持できるかどうかがポイントである。諦めたときに関係が途切れ、先へ進まなくなる。

　本書で繰り返し強調しているが、最終的には発達障害をもつ本人が、関わることが楽しい、この場は楽しい、この人は分かってもらえる、と思ってもらえる関係が構築できるかどうかという意外に単純な原理が核心である。そして、困難な状況でそのチャレンジを行うさまざまな関係者を巡回支援で支えていくのである。そして、未知の領域を切り開いていく好奇心やわくわく感を共有するタフなチームワークができれば前途は明るい。

（山崎晃史）

コラム 20

自閉スペクトラム症と重度知的発達症をあわせもつ児童生徒の楽しみ

　放課後等デイサービスが児童福祉法のサービスとしてスタートして以降、重度知的発達症をもつ児童生徒は放課後や長期休みの生活をほとんどこのサービスに頼る現実がある。そのため、共生やインクルーシブとは言い難い状況が生じている。楽しめる有意義な活動を地域コミュニティのなかに見出し、参加できるようにすることが強く求められている。

　しかし、自閉スペクトラム症と重度知的発達症をあわせもつ児童生徒は、何が楽しみなのかが見えにくく、意思や意欲の確認を丁寧に進める必要がある。本人のパターン的行為を楽しみと見るのか、その向こうにもっと楽しめる活動があるとして追求するのか、構造化して情緒的安定をもたらすことが全てなのか、など考えさせられる。この課題にクリアな答えは無い。

　ひとつの手がかりとしては、可視的な形にする行為＝表現に着目することである。パターン化したものへの興味から様式化した文字、デザイン、絵を描くこと、パターン化した形を作ることにこだわることが独自の表現活動として本人には楽しみになっていると感じられる場合がある。自身は見られることは意識していないが、障害特性と表現が連動してそのデザイン性が注目され、社会参加の上で新たな展開をもたらすことがある。表現した産物を、面白い、きれいだと人から感じてもらうことから新たな関係性が生じることがある。アート活動として注目されることがそうした展開のひとつだが、障害がある児童生徒が描いたから価値があるということになると、これはいびつな世界になるので注意が必要である。しかし、そのことをふまえたうえで、素朴に面白いと感じる関係を大事に、表現の場や枠組みを提供していくことは大事だろう。

　いずれにせよ、「通う場所の確保＝預かってもらう」ではなく、一人ひとり、興味や楽しみは何なのかを探ることにこだわって支援をしていく必要がある。

（山崎晃史）

課題

調べましょう

☑ 学習障害のメカニズムについては認知神経心理学から複数の仮説が提唱されています。「記憶2要因モデル」「音韻障害仮説」「rapid naming 障害仮説」「二重障害仮説」などの概念を手がかりに調べてみましょう。

☑ 重症心身障害をもつ児童の教育活動ではどのような取り組みが行われているのかについて、その手がかりとして、特別支援学校の教育活動を調べましょう。また、「感覚運動あそび」や「スヌーズレン」についても調べてみましょう。

考えましょう

☑ 学習障害によるものではなく、軽度～境界域の知的発達症や養育環境からの学習不振が疑われた場合、公認心理師・臨床心理士としてはどのような対応を取るべきでしょうか。教師や保護者は「学習のかたよりの有無」に注目して、児童の置かれている状況を的確に判断できないかもしれません。どのような説明をすれば児童の困難な状況を伝えることができるでしょうか。考えてみましょう。

☑ 重度の知的発達症をもつ児童生徒には、抽象的なことがらが理解できないがゆえに教科学習は必要なく、身辺自立や散歩・運動などの体づくりこそが大事だと言われることがあります。本当にそうなのか、障害をもつ児童の教育の歴史を文献などから学び、考えてみましょう。

文献

岡田喜篤監修　小西徹・井合瑞江・石井光子・小沢浩編（2015）新版重症心身障害療育マニュアル．医歯薬出版．

佐藤暁（1997）構成行為および視覚的記憶に困難を示す学習障害児における漢字の書字指導と学習過程の検討．特殊教育学研究, 34(5), 23-28.

特定非営利活動法人さいたまユースサポートネット（2017）子どもの学習支援事業の効果的な異分野連携と事業の効果検証に関する調査研究事業報告書．平成 28 年度生活困窮者就労準備支援事業費等補助金社会福祉推進事業．

東京都日野市公立小中学校全教師・教育委員会　小貫悟（2010）通常学級での特別支援教育のスタンダード．東京書籍．

辻井正次監修　明翫光宜編集代表　松本かおり・染木史緒・伊藤大幸編（2014）発達障害児者支援とアセスメントのガイドライン．金子書房．

山本淳一・池田聡子（2005）応用行動分析で特別支援教育が変わる　子どもへの指導方略を見つける方程式．図書文化社．

第12章 移行期の支援

榎本拓哉

　発達障害をもつ児童生徒の教育領域においても、ライフステージ間で切れ目の無い支援を行うことは重要な課題のひとつである。本章では就学先決定の過程において、保護者と教育委員会・学校関係者との間で葛藤が生じやすい状況をふまえ、その支援（就学支援）の特質を確認する。そのうえで、幼稚園、保育所から小学校への接続、小学校から中学校への接続、中学校から高校への接続、そして大学への接続について支援の現状について整理する。

事例 15

　保育所の年長に在籍している男児。
　1歳6ヵ月健診時に言葉の遅れを指摘され、保健センターの健診後フォローのための公認心理師による発達相談を利用していた。並行して親子教室に参加し、保護者は、そこでの保育士や公認心理師の遊ばせ方や関わり方を見て取り入れた。また、教室の終わりに行われていた言葉やコミュニケーションの発達についての公認心理師によるミニレクチャーを聞き、情報を取り入れた。このようなプログラムに約1年間参加し、本児は見違えるようにおしゃべりができるようになっていった。そこで、保育所入所を機に経過観察となり、それ以降は定期的な相談や支援は利用していなかった。
　保育所に入所すると、自分の好きな活動（リズム遊び）以外には参加しようとしない、お気に入りの玩具で遊び始めるとそれを止めることができない、玩具の取り合いで教室の他児を突き飛ばしてしまうなど行動上の難しさが顕著に見られるようになっていった。保育所では合理的配慮の観点から、加配の保育士を配置し、発達相談で担当していた公認心理師よりアドバイスを受け対応を改善するなどの対策を行った。また、市から派遣される巡回支援員からも対応についてアドバイスを受け、個別の指導計画を立案し、日々の保育活動で支援を行っていった。
　年中に進級すると、他児とのトラブルは多少あったものの、活動については加配保育士からの個別の促しや援助、説明などをしっかり受け止め、積極的に参加する様子も見られるようになった。
　年長では、保育所での全ての活動に参加しスムーズに活動することができ、年中の年齢段階までは参加が難しかった運動会の徒競走でしっかりと走ることができた。1学期の終わりになると、保育所で就学先についての聞き取り面接の機会が設けられた。現在は十分に活動に参加できるようになったが、小学校でどのような配慮が必要になるかが分からな

いとして、就学支援のしくみを利用することを勧められた。
　そこで、保護者は市役所の教育委員会を訪ね、小学校就学へ向けて就学支援を利用したい旨を伝えた。就学支援では、就学相談としてまずは担当の相談員が保護者の聞き取りを行った。今までの育ちや保育所での様子、小学校就学にあたり授業や集団活動に参加できるかどうか少し心配であることが保護者から語られた。
　就学相談の内容を受け、教育委員会は保護者了解のうえ、保育所での生活の様子を観察し保育士からも聞き取りをしたうえで、就学支援委員会へ本児の情報を伝えた。そして、発達支援の専門家、児童精神科医、近隣小中学校の管理職による同委員会の検討会において、必要な配慮のあり方が検討された。その結果、本児については「対人関係面で個別の配慮が必要で、低学年のうちは特別支援学級を利用しながら学校生活に慣れるプログラムも考えられる」との見解となった。
　就学相談にてこの見解を聞き、本児の保護者は驚き、ショックを隠せない様子であった。保護者は「年少の頃は活動に参加することが難しかったが、年中以降は十分に集団活動に参加できていた。友だちも大勢いるので、みんなが通う通常学級に就学させたい」と相談員に伝えた。相談員は、本児が集団活動に参加できていたのは専門の加配保育士が付いていたからであり、小学校では全時間に個別の支援をつけることが難しいため、このような見解になったのだと話した。併せて、学校と保護者で直接就学についての話し合いが行えること、その場に就学相談担当の公認心理師が同席して調整を行えることを提案した。また、現状を知っている保育所の保育士も同席してもらう段取りも提案した。
　保護者はその提案を受け、保育所の管理職、担任保育士、加配保育士の3名とともに、就学希望先の小学校での会議に出席した。学校側は就学支援委員会での所見を元に、個別に介助員が付けられない状況にあり、保育所のような対応は難しいと話した。
　しかし、公認心理師が中心となり、①現在、園では本児に個別の対応はほとんどしておらず、加配保育士はクラス全体の支援に関わっていること、②本児には遊び相手も多く、うまく活動に乗れない時は周囲の園児がフォローしてくれていること、③本児も他児と一緒にすごしたいと希望していることなどの状況を説明した。そして、個別の介助は必須ではなく、声かけや促し方の配慮を考える必要があるとしても、通常学級ですごすことは可能ではないかという意見を述べた。保育所側も現在までの個別の教育支援計画および個別の指導計画を提出し、公認心理師の意見を支持する旨を伝えた。
　これを受け学校側は、保護者の希望に沿う方向で本児の通常学級就学を前提に準備をする判断をした。また、集団活動が心配であるという教育的ニーズに対応する形で、学校生活に慣れるまで、教頭や教師が分担して在籍クラスで個別のフォローを行うことも想定した。
　4月になり、本児は小学校通常学級に入学することになった。多少の混乱やトラブルはあったが、2学期には落ち着いて授業に参加することができるようになった。本児は保育所からの友だちと関わりながら、実りある学校生活を送っている。

I．就学に関する支援

1．就学支援と就学相談

　特別な教育的ニーズをもつ／もつと疑われる児童生徒が新しいライフステージに進む際、本人や保護者は将来や新しい場への適応について、大きな不安や心配を抱えることがある。児童期におけるライフステージの節目は就学・進学というイベントである。特別な教育的ニーズをもった児童の就学・進学には、ライフプラン／キャリアパスをふまえた将来への展望の確認、就学・進学先に望むニーズの整理、就学・進学先の情報収集、ニーズと教育的サービスのマッチング、募集要項の確認、具体的な事務手続きの遂行、医療機関や相談機関での専門的な診断／評価の実施要請など、保護者が考え、決定し、行動しなければならないことが多岐にわたり存在している。

　就学支援とは、どのような就学・進学先を選択するかについて、児童の身体や発達の問題を整理しながら、本人・保護者のニーズを調査し、それに合った場の決定およびそこでの合理的配慮のあり方を調整する取り組みの総体である。

　就学先の決定という目的達成には、いろいろな方法が考えられる。しかし、どのような就学支援でも、本人・保護者と関係諸機関との間の連絡や調整を促し、関係諸機関の連携をすすめ、本人、保護者と面接・相談の機会を設けることは必要不可欠の要素である。就学支援における公認心理師・臨床心理士あるいは教育職による本人・保護者との面接活動を**就学相談**と呼ぶ。

　就学相談では、本人の周産期から現在に至る生育歴、教育歴、医療機関の受診歴、発達相談・心理相談の利用の有無、発達や心理に関する諸検査の結果、現在の日常生活の様子まで、就学に関する判断を行うための幅広い情報収集が行われる。そして、何よりも本人・保護者の希望や願いに寄り添っていく。そのうえで、教育的ニーズの確認や就学先の候補を整理していく。

　このように、就学相談では一般的な心理面接とは異なり、就学・進学についての不安を解消し、教育的ニーズをかなえられる教育サービス（合理的配慮を含む）を決定するという問題解決志向型の面接の展開が求められるのである。そのため、教育相談を担当する公認心理師・臨床心理士は、傾聴的態度をもつだけでなく、本人の状態像を発達的視点から読み解くことができること、教育機関の特

徴や考え方を熟知していること、本人・保護者の教育的ニーズへの対応を具体化できる教育臨床の知識をもっていること、諸機関と円滑な連携を構築できる調整力があることなど、幅広い専門性が求められるのである。

2. 保護者の葛藤とその調整

現状では就学相談や**就学支援委員会**[1]の見解を巡って、教育委員会と保護者はしばしば意見の食い違いを見せることがある。

教育委員会は、児童のもつ（あるいは潜在的にもっている）特別な教育的ニーズを満たすことを、既存の場所への振り分けとして考えていることが多い。言い換えれば、一定の基準を設けて通常学級、特別支援学級、特別支援学校のなかの3つにひとつを決定することが全てになりがちである。その方向性には、一般的な教育活動（例えば、学級単位の一斉授業）に十分参加できるとされた児童以外は、特別支援学級や特別支援学校といった個別対応が可能な教育の場に暗に仕向けられるといった負の側面を抱えている。これは共生社会、合理的配慮、特別支援教育の理念とは矛盾する一部の児童の排除とも見えてしまうことがある。

一方、保護者は、特別支援教育を利用すること、特別支援学級や特別支援学校を選択することで、①人生の選択の幅が狭まってしまう可能性、②地域の同年齢集団のコミュニティから分断されてしまう可能性、③障害者としてのスティグマ（烙印）を負ってしまう可能性など、その後のライフプランまでを見越して危惧していることがある。もちろん、それらを積極的に選択することもある。

このように、就学相談や就学支援では、教育機関と保護者それぞれで重きを置く視点の違いが存在することで、教育的ニーズの把握や就学先の決定について、お互いの意見が平行線をたどってしまうことがある。そして、こうした場合の意見調整に公認心理師・臨床心理士が関わることがある。

就学相談に関わる態度としては、両者の立場や意見、思いをそれぞれ対等なも

---

[1] 就学先に関しては、現在は専門家の意見を参考にしながら保護者との合意形成を重んじる考え方になっている。就学先は教育委員会が最終決定するしくみではあるが親を指導するという考え方ではない。この合意形成の過程を支援するのが就学支援委員会（各自治体の条例や規則で根拠づけられている）である。文部科学省（2012a）は就学のみならず就学後の一貫した支援についても助言するために「教育支援委員会」とすることを提言している。なお、就学支援委員会を廃止し、就学相談を充実させて情報提供を丁寧に行い、保護者が就学先を決めることを支援するという考え方で「就学相談調整会議」を設置した埼玉県東松山市のような例もある。

のとして理解し関わる。就学支援や就学相談に教育委員会側の発達や心理の専門家として関わる場合には、保護者の希望就学先や合理的配慮の要請が一方的な要求に聞こえ、保護者や児童への支援を提供する立場であれば、教育委員会側の関係者が頑(かたく)なだと見えるだろう。

　しかしながら、どちらかの立場を優先させるのではなく、学校と児童（あるいは保護者）の主張や根拠の共通点を探っていくことが公認心理師・臨床心理士として求められる対応である[2]。お互いの教育的ニーズや合理的配慮の想定が不明瞭であるとき、傾聴や要約、解釈といったカウンセリング技術を適宜利用し、どのようなことを主張したいのかについてまとめていくことも必要だろう。早急な解決を目指す「説得」は、学校と本人（保護者）の関係に長期に悪影響を与える結果になることも多く、なるべく避けることが望ましい。つまり、公認心理師・臨床心理士はゆっくりと時間をかけ、お互いの意見を聞き出し、両者が児童にどのような願いをもち、どのようなサービス・教育内容を提供／教授したいのかをまとめていく作業に取り組むことが不可欠である。

　なお、徳永（2017）は**就学先決定の合意形成**の前提となる保護者の意向を固める過程に着目し、その4段階を示しているので支援過程を検討する際の参考にしたい（**表12-1**）。

表12-1　保護者意向のとりまとめステップ

1. 子どもの状態像の把握 　子どもが発達することを前提に、発達状況や子どもの困り具合、困難さを把握する。	子どもの行動把握、小学校等への見学
2. 活用できる教育の理解 　地域の小学校の特別支援学級や通級による指導、特別支援学校の状況を理解する。必要に応じて訪問見学等を行う。	
3. 選択肢とメリット・デメリットの整理 　可能な選択肢をあげ、そのメリット・デメリットを検討し、整理する。	
4. 意向のまとめとその表明 　希望する学校や学級、合理的配慮等を整理する。保護者の意向をまとめ、それを教育委員会に対して表明する。	

出典：徳永豊（2017）障害のある子どもの就学先決定と心理学的支援─コンセンサス・ビルディング・モデルの提案─. 福岡大学人文論叢, 48(4), 1027-1053. より一部改変.

---

[2] ただし、圧倒的に弱い当事者の立場の権利主張を代弁することを重視する「アドボカシー」の考え方もある。その場合には本人の主張、要求に沿って意識的に当事者の立場を擁護していくことになる。今後、公認心理師・臨床心理士がそのような役割を果たす機会も増えていくだろう。そして、そのような立場になっても単なる感情的な対立に陥らないように状況を調整するのが心理支援の技術ということになる。

コラム 21

就学先決定とインクルージョン

　現在、中度〜重度の障害とされる児童の就学支援の過程では、教育委員会が就学先判断の見解を伝え、つまるところ保護者がそれに同意するか、同意しないかという流れになりがちである。そして、同意しない場合には教育委員会の目論見通りに進むように保護者への説得が続くというのが一般的な姿である。

　従来から、児童の発達を保障するためにはむしろ障害をもつ児童を集めてでも段階に合った教育をするべきだという考え方と、障害の有無で分けることなく共に生き学ぶ環境をつくるべきだという考え方が鋭く対立してきた。そして、わが国の学校教育は根強く前者のいわゆる分離教育の発想をもっている。

　しかし、人権およびノーマライゼーション、インクルージョンの観点からすると校区の学校に通う権利は最大限保障されなければならない。校区の学校に通うと手厚い教育が受けられないという、場所の選択＝教育の質の決定という姿ではなく、校区の学校に通いながら必要な支援が受けられる（＝合理的配慮を受ける）システムを目指すべきであろう。

　ちなみに児童生徒1人当たりの学校教育費は2013年度で、特別支援学校が7,043,301円、小学校が912,044円、中学校が1,043,471円であり、地域の学校と特別支援学校の間で大きな開きがある（発達障害白書，2017）。そこで、場所にお金を投入するのではなく、その児童に必要な支援量を見積もり、一人ひとりに応じてサービスを給付する介護保険や障害福祉サービスのようなシステムも構想できるはずである。それにより、校区の学校でさまざまなリソースを使って（合理的配慮を得て）学べるようにするしくみへと転換したいものである。その際には、特別支援学校はやむにやまれぬ理由があるときに期間を限定して一時的に利用するリソースとなるべきだろう。

　現状でも、映画「みんなの学校」で取り上げられ、木村（2015）が報告している公立小学校のように、さまざまな事情のある児童、障害のある児童を含めて同じ教室で学んでいこうという教育実践が一部では行われている。その学校は「すべての子どもの学習権を保障する」という理念で運営されている。他校で厄介者扱いされた児童も居場所を見つけいきいきと成長し、周囲の児童もそうした児童とのかかわりを通して成長しているのだという。

　いずれにせよ、就学支援で教育委員会の意向に難色を示す保護者を、子どもの姿を直視しない親、障害受容できていない親などと冷笑的に見たり、一面的に断定したりしないことである。保護者が望んでいることを聞き取り、もっともなことだと理解し、そのうえで児童に必要な個別的配慮はどのようなものなのかを分析・共有し、望む就学先でその配慮がどのようにしたら可能なのか、あるいは難しいのかを、可能性を追求することを基本に共に整理していく必要があろう。

（山崎晃史）

Ⅱ. 切れ目の無い支援の達成にむけて——ライフステージ間の接続

1. 継続性の途切れの危機

　特別な教育的ニーズをもちつつ合理的配慮を受けている児童生徒は、専門的な支援・配慮によってより質の高い学校生活を送っている。「合理的配慮と支援＞本人の適応と成長＞さらなるニーズの高まり＞さらなる適応と成長」が循環されることにより、児童生徒の社会的自立や社会参加が促進されていくのである。

　しかし、この循環は利用している教育機関が変わる（卒業する）というライフステージの移り変わりの時期に途切れてしまうリスクをはらんでいる。ライフステージが変化する時、それまでの支援や専門機関が利用できなくなるケースも多く、その切り替え時期で支援の網からこぼれ落ちてしまうことが散見されるのである。つまり、幼稚園、保育所から小学校、小学校から中学校、高校、大学への就学や進学時に、次のステージへと情報や支援をつないでいくことができるかが、本人の生活の質を高め、見守りの輪をもち続けることに重要な鍵となるのである。

　そこでここでは、各ライフステージの変化にどのような課題が存在し、その課題を越えスムーズな接続を達成するためにどのような工夫がなされているか、そして公認心理師・臨床心理士として児童生徒本人や保護者へどのような支援をしていくべきなのかについて概観する。

2. 幼稚園、保育所から小学校への接続

　小学校では、入学当初から集団行動ができない、授業への参加が難しいなどの行動上の問題を示す児童（いわゆる**小１プロブレム**）の問題がクローズアップされている。幼稚園、保育所から小学校への接続（以下、**幼小接続**）は特別支援教育だけでなく教育臨床全般に渡るトピックスである（大前，2015）。

　45分授業での教科学習の開始、時間割やチャイムによる活動の切り替え、学級単位〜学年単位〜学校単位での行事活動の増加、ホームルームや給食、掃除、委員会活動などの学級運営への参加、通学班・縦割り班での登下校など、幼稚園、保育所とは環境・活動両面で多岐に渡る差異が小学校には存在している。このような変化について、ある種の敏感さをもつ児童は、新しい環境や日課の流れにスムーズに適応することができず行動問題を示しやすいと考えられる。

このようなセンシティブな時期に対し、「幼児期の教育と小学校教育の円滑な接続の在り方について（報告）」（文部科学省，2010）では、幼児期の教育機関と児童期の教育機関が共通の取り組みを進めていく必要があるとして幼小接続の重要性を強調している。つまり、幼児期から児童期にかけては学びの基礎力を培う時期であるとし、「学びの自立」「生活上の自立」「精神的な自立」の3つの自立の視点から共通理解をもち、教育課程の接続を考える必要があるとしている。そして、幼稚園・保育所にはカリキュラムとして幼少接続を意識した活動の設定を行うことが期待されている。

特別な教育的ニーズをもつ児童の小学校への接続では、①就学支援委員会、②就学相談、③個別の教育支援計画、個別の指導計画の共有、④交流学級などの幼小連携活動などの取り組みから、幼小の接続におけるギャップを解消しようと試みている。

冒頭の事例でも紹介したように、①就学支援委員会は、教育的ニーズや障害による特性、生育環境などから小学校就学で配慮が予測される児童に対し、小学校との情報共有、専門家による就学に向けての評価などを通じて接続期の支援を担う専門的な集団である。この委員会が中心となり、②就学相談、③個別の教育支援計画、個別の指導計画の共有が行われるのである。

就学支援委員会とは別に、④交流学級や学校見学の名称で接続の支援が行われている。教育的ニーズをもつ児童のなかには環境の変化に弱く、新しい場面や環境に慣れるまでに時間がかかり、著しく適応状態が低下してしまう児童もいる。実際に体験をして、小学校がどのような場であるのか、どのような人がいるのか、どのような活動をしているのかについて知る機会をつくることで、スムーズな移行を促すのである。

なお、保護者との協力関係と情報共有が重要であることから、就学に当たり幼児期の情報を学校と共有し、保護者の願いを小学校に伝えるものとして、各地の教育委員会では**就学支援シート**を設定して、保護者が任意で利用できるようにしている。東京都東村山市の例を示す（**図12-1**）。このようなツールを元に幼稚園・保育所、家庭、学校が情報を共有し、保護者の願いを出発点に児童を巡る協力関係をスタートさせるのである。

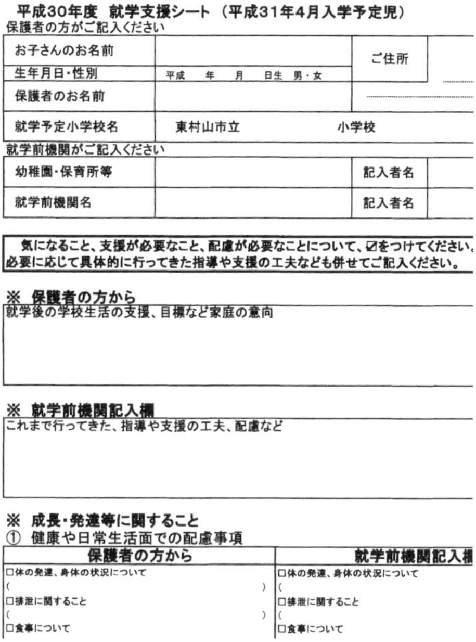

平成30年度　就学支援シート（平成31年4月入学予定児）

保護者の方がご記入ください

お子さんのお名前		ご住所	
生年月日・性別	平成　年　月　日生　男・女		
保護者のお名前			
就学予定小学校名	東村山市立　　　　小学校		

就学前機関がご記入ください

幼稚園・保育所等		記入者名	
就学前機関名		記入者名	

気になること、支援が必要なこと、配慮が必要なことについて、☑をつけてください。
必要に応じて具体的に行ってきた指導や支援の工夫なども併せてご記入ください。

※　保護者の方から

就学後の学校生活の支援、目標など家庭の意向

※　就学前機関記入欄

これまで行ってきた、指導や支援の工夫、配慮など

※　成長・発達等に関すること

①　健康や日常生活面での配慮事項

保護者の方から	就学前機関記入欄
□体の発達、身体の状況について (　　　)	□体の発達、身体の状況について (
□排泄に関すること (　　　)	□排泄に関すること (
□食事について	□食事について

出典：東村山市教育委員会（2018）就学支援シート（一部分）．https://www.city.higashimurayama.tokyo.jp/kosodate/gakko/tokubetusien/kyoikushien.html（2018年11月25日取得）

図12-1　就学支援シートの例

3. 小学校から中学校への接続

小学校から**中学校**への進学は、幼稚園・保育所から小学校への接続よりも変化が小さいように感じるかもしれない。たしかに、基本的な「学校生活」の流れは小学校とは違いがないかもしれない。しかしながら、大枠の変化がないように見える反面、授業や学習達成の評価には大きな変化が隠れているのである。

例を挙げると、**教科担任制**によって関わる教師の数が大幅に増えること、中間考査／期末考査などの**定期試験**が導入されること、成績が**絶対評価**から**相対評価**に変わり学業達成の程度が明確になること、進路選択や進学に関わる受験が3年後にあること、授業時間が増加すること、部活動などの課外活動が増加すること、などである。

また、在籍する生徒が前思春期から思春期に入るなか、人間関係が複雑化し、求められる**コミュニケーションスキル**がより高度となることも変化の大きな要因

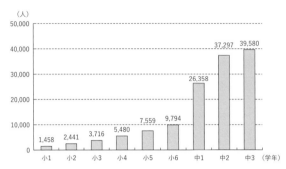

出典：文部科学省（2018）平成28年度「児童生徒の問題行動・不登校等生徒指導上の諸課題に関する調査」について（確定値）. http://www.mext.go.jp/b_menu/houdou/30/02/__icsFiles/afieldfile/2018/02/23/1401595_002_1.pdf（2019年2月6日取得）

図12-2　学年別不登校児童生徒数のグラフ

となる。

　小学校から中学校への円滑な接続・移行について、文部科学省が牽引するような大規模な調査研究は2018年現在には行われていないが、小学校6年生から中学校1年生にかけて**不登校**状態の生徒が2.6倍も増加していることから状況が見えてくる（**図12-2**）（文部科学省、2018）。つまり、学校への登校が不安定になってしまうほど、大きな環境や状況の変化が小学校から中学校への進学で起こっているのである。

　そのようななか、特別な教育的ニーズをもつ生徒に提供されている支援は、①就学支援委員会、②就学相談、③個別の教育支援計画、個別の指導計画の共有であり、幼小接続とリソース上での大きな違いはない。しかし、幼小接続ではある意味では児童よりも保護者が就学支援の中心的対象として位置づけられていたが、中学校への接続では児童生徒本人に対する比重が大きくなっている。例えば、幼小接続時の就学支援委員会や就学相談において、教育的ニーズの表明は保護者が本人を代弁する形で行われるのが一般的である。しかし、中学校では保護者だけではなく、児童生徒本人への教育的ニーズの確認が必須であり、できれば就学相談に児童本人も参加することが望ましい。

　中学校は思春期に入ることもあり、児童生徒本人が望む合理的配慮の形にも変化があるだろう。周囲から把握される介助やフォローなどについては、特別扱いは恥ずかしいのでやめてほしい、（通級などを利用することについて）ほかの生徒に分からないようにしたい、自分の障害について他言してほしくないなど、個人情報保護や障害受容、カミングアウトの意思などに配慮した接続・移行の計画づくりが求められる。

4. 高等教育機関（高校、大学、高等専門学校）への接続

　高等教育機関へ進学するためには、まず受験において各学校が定めた基準を満たす必要がある。学習障害などにより特別な教育的ニーズをもつ生徒は、筆記試験による学力審査に合格することが難しい場合もある。特に読字・書字の問題をもつ生徒などは、筆記試験では身につけた学力を正確に評定することは困難である。そのため、各高等教育機関では筆記試験に対する合理的配慮を準備している。大学入試センター試験では、事前に受験上の配慮申告を行うことで、試験時間の延長、英語のリスニング試験の免除、拡大問題冊子の配布、座席などの環境の配慮、別室での受験、マークシートではなくチェック方式の解答への変更、介助員の同席など、多岐に渡る合理的配慮を要請することができる。ただし、配慮の申請に医師の診断書が不可欠であるため、障害の診断を受けていないが特別な教育的ニーズをもつ生徒への支援には課題が残されている。

　受験を乗り越え高等教育機関への進学が決まった段階で、特別な教育的ニーズをもつ生徒は幼小接続、小中接続よりも大きな支援の節目を迎えることとなる。義務教育である小学校、中学校は市区町村の教育委員会が管轄しているが、高等教育は、公立高校については都道府県の教育委員会の管轄（市立高校を除く）となり、私立高校、大学や高等専門学校は基本的に機関ごとの運営である。つまり、利用できるリソースは拡散し、情報管理の流れが変わり、関係機関間で情報の引き継ぎが難しく、情報の断絶が生じやすい。現状では、高校以降は一からの関係構築となり、合理的配慮を求めて理解を得て、支援が受けられるようになるまでに労力がかかる。

　この状況のなかでスムーズに接続していくために重要なことは、生徒本人（保護者）が支援情報を把握・保管・理解し、新しい支援リソースや部署へ提供していくことである[3]。そのため、高等教育への移行に関わる公認心理師・臨床心理士は、在学中に生徒本人や保護者のもつ特別な教育的ニーズや個別の教育支援計画、個別の指導計画を整理し、進学後すぐに本人が合理的配慮や支援を要請できるように準備をしておく必要がある。また、新しいライフステージにおける合理

---

[3] サポート手帳やサポートブックなどの名称で自己管理する記録ノート書式が、自治体によって作られており公開されている。

的配慮の担当部署や相談機関、教育機関のキーパーソンを調べるなど、連絡や情報の共有を行う下準備をしておくことも望まれる。

コラム22

巡回支援の現場から──成人の行動障害への対応を巡って

　成人の通所事業所やグループホームなどから巡回支援の要請が来ることがある。最も多いのは、強度行動障害やパターン化した強迫的行為の連続で生活上大きな支障が出ている局面である。自傷的行為、他害的行為が抑制できず、パターン的行為で場面転換が困難で生活の流れが先に進みにくく、支援者もどうしたらよいのかが見えなくなっている。疲弊しているなかでの SOS である。

　こうした場合には、「日本版感覚プロファイル」などのアセスメントツールで感覚処理の特性を客観化して対応に生かしたり、応用行動分析を通じて状況を客観化しながら環境調整や構造化の提案を行ったりする。状況を客観的に見ること、およびそれに基づく環境調整のアイデア出しの手助けが巡回支援の役割のひとつなのである。

　しかし、巡回支援では問題とされる人やその行動だけを見てはいない。このような過程のなかで、介入に敏感に反応する組織や人から、反応しにくい組織や人まで、そのグラデーションがあぶり出されていく。その組織やメンバーの変化への抵抗の度合いや疲弊レベルが分かる。

　例えば、簡潔なものでも記録シート記入の要請に暗に応じない、環境調整の提案に対し難しいとする理由を次々挙げるといった状況は、これ以上自分たちは何もできない、するつもりはない、というメッセージに等しく状況の変容につながりにくい。しかし、支援先にはさまざまな人がいて、なかにはちょっとしたことにも関心を寄せて、気づきや肯定的な感想を言う人がいる。そのような人に向けてメッセージを投げかけていく。ひとりの気持ちをつかむことで周囲にも雰囲気は波及していく。行動を記録したらこういうパターンが見えてきた、などのコメントがあれば、その気づきを評価して後押ししていく。他のメンバーもそれなら自分も、という気になる。

　このようにして巡回支援では、疲弊してよどんだ状況に陥っている支援者の情動を、敏感に応答するメンバーへの働きかけを手がかりに、動かしていく。そのことを通じて、スタッフ集団の雰囲気を肯定的な方向に促し、柔軟な対処ができるように促していく。

　継続的に支援を行い、信頼関係ができれば自己覚知の勧めを行う。関わっているときの気持ちを自覚する機会をつくり、イライラするなどのマイナス感情をメンバー同士でシェアできると、気持ちに余裕が生じる。対人援助態度にも良い影響があり、メンタルヘルスの面でも予防的な効果がある。

（山崎晃史）

Ⅲ. 高等教育機関における支援

1. 高等学校での支援の現状

　高等学校では中学校までの**義務教育**とは異なり、出席状況や成績という面で進級や卒業にある一定以上のハードルが設けられている。特別な教育的ニーズをもった生徒は、システムの変化自体にうまく適応することが難しい場合が多く、こうしたハードルをクリアすることに苦労することがある。そして、小中学校まで利用できていた特別支援学級、通級、特別支援教室が基本的にはなく、個別での支援や配慮を求めることが難しくなり、新たな学校適応上の困難を抱える生徒も見られる。

　このような事態を受け、各都道府県では高等学校における「通級による指導」を設定し、選択科目として単位認定をする動きが見られている。2018年より高等学校における通級による指導（以下、「通級」と略す）をモデル事業として展開している埼玉県での取り組みを紹介する。

　埼玉県では、①高等学校の授業カリキュラムに通級による小集団指導を設定する、②小集団指導に対して単位認定を行うという2点を軸にモデル事業を展開している。

　ここでは通級利用までの流れと、実際のカリキュラム内容について説明する。**図12-3**はモデル校での通級利用までの流れを示している。小中学校での通級、特別支援教室の利用とは異なり、高等学校では校内委員会が主体となり通級利用までの手続きを行う。特別な教育的ニーズをもっている可能性があれば、担

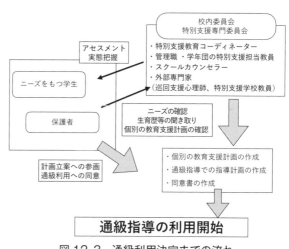

図12-3　通級利用決定までの流れ

任教師は特別支援教育コーディネーターに打診し、校内委員会（特別支援専門委員会）にて評価の方法および判断の方法を検討する。評価では授業中の行動観察を主軸とし、必要な場合には公認心理師・臨床心理士や外部専門家により臨床心理学的検査を実施し、保護者へのニーズの確認、生育歴などの聞き取りも行っている。そして、今までの個別の教育支援計画、個別の指導計画の確認も行う。評価の情報が出揃った段階で、再度校内委員会を開き、通級の利用が必要と判断された場合、同意書と通級での指導計画を作成する。その際、可能であれば本人、保護者も立案に参加する。指導計画が完成した後、保護者、本人、学校の三者で同意書にサインし、通級の利用が開始される。

　通級では、「自己理解と相互コミュニケーションの充実」「より良い進路選択と自己実現」の2つを目標に小集団での支援を行っている。通級は外部専門家からの助言を元に、担当する学年団の教師が指導案を作成して運営している。1、2学年では、自己理解を軸に自分の特性を把握し、学校生活での生きにくさや難しさへの対処を体験的に学ぶ場を提供している。具体的にはセルフモニタリング、ビデオモニタリングを使った自己管理スキルの練習、ソーシャルスキルトレーニング（social skills training：SST）によるコミュニケーションスキルの獲得と維持、ライフスキルやサバイバルスキルといった社会的自立を目指した練習などを行っている。3学年では、就職や進学に向けたキャリアサポートを軸として、企業研究、進学先の選定、面接練習などを行っている。

　高等学校での通級は始まったばかりであり、いくつもの課題が残されている。例えば、通級を利用したいという教育的ニーズがある生徒は、今まで特別支援教育や合理的配慮を受けてきた経験のある生徒が中心である。ただし、本当の意味で支援が必要なのは「今まで支援の網から溢れてしまっていたが特別な教育的ニーズをもつ生徒」である。そうした生徒は自分自身でもあるいは保護者からも、その困りごとの自覚と訴えに乏しく、通級につながることはまれである。また、通級を運営するにあたり、専門的な知識や免許をもたない教師が兼務しているため、専門性の問題だけでなく、担当授業数やクラブ活動、委員会活動などに時間を取られてしまい、指導まで手が回らない状況も散見される。

2. 大学での支援

　共生社会の実現が推進されるなか、障害や特別な教育的ニーズをもった学生が

大学に進学するケースも増えてきている。

独立行政法人日本学生支援機構（JASSO）による「大学、短期大学および高等専門学校における障害のある学生の修学支援に関する実態調査」の推移を図12-4に示した。2017年の調査では、わが国の大学、短期大学、高等専門学校に在籍する障害学生数は31,204名であり、調査を開始した2005年（5,444名）よりも5.7倍も増加している（独立行政法人日本学生支援機構，2018a）。

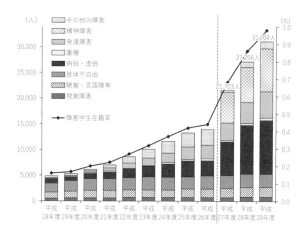

出典：独立行政法人日本学生支援機構（2018a）平成29年度（2017年度）障害のある学生の修学支援に関する実態調査結果概要．https://www.jasso.go.jp/gakusei/tokubetsu_shien/chosa_kenkyu/chosa/index.html（2019年2月6日取得）

図12-4　大学、短期大学および高等専門学校における障害のある学生の修学支援に関する実態調査

障害別の区分を見ると、視覚障害、聴覚障害、肢体不自由（運動障害）の学生の人数は横ばいである一方、病弱・虚弱、発達障害、精神障害をもつ学生の人数は大きく増加している。つまり、従来のような身体機能（見る、聞く、動く）に困難を抱える学生だけでなく、生活や学業全般に複雑な影響を与える機能障害をもつ学生も学びという形で社会参加していると言えるだろう。複雑な教育的ニーズをもつ学生を支援するため、各大学でも窓口を設置するなど支援の枠組みが整備されつつある（独立行政法人日本学生支援機構，2018b）。

第10章でも触れたが、ここでは大学での合理的配慮の現状について説明する。文部科学省（2012b）は障害をもつ学生の学ぶ権利の保障と障害を理由とする差別の解消の推進の観点から、以下の6項目について取り組むことを提案している。

① 障害のある学生が障害を理由に修学を断念することがないよう修学機会を確保し、障害のない学生と平等に参加できるよう合理的配慮を行うこと。（機会の確保）

② 障害のある大学進学希望者や学内の障害のある学生に対し、大学全体としての受入れ姿勢・方針を明確に示すこと。（情報公開）

③ 権利の主体が学生本人にあることを踏まえ、学生本人の要望に基づいた調整を行うこと。(決定過程)
④ 情報保障、コミュニケーション上の配慮、公平な試験、成績評価などにおける配慮の考え方を整理し、教育方法として明示すること。(教育方法)
⑤ 大学全体として専門性のある支援体制の確保に努めること。(支援体制)
⑥ 安全かつ円滑に学生生活を送れるようバリアフリー化に配慮すること。(施設・設備)

このような配慮を達成するために、それぞれの大学ではさまざまな支援を実施している。例えば、障害や特別な教育的ニーズをもつ学生と大学教員との間の調整を行うために障害学生支援の窓口を用意すること、障害をもつ学生に対するガイドラインを整備すること、ファカルティ・ディベロップメント[4]研修などを通じ大学教員への教育研修を行うこと、特別な教育的ニーズをもつ学生が入学した際、保護者や学生本人と大学側が面接を行い、個別の教育支援計画を策定すること、学内に障害支援の専門委員会を設置し、学生情報や支援ニーズについての共有を行うことなど、各大学が特色を生かしながら試行錯誤しているのが現状である。

また、学生間での支援の輪を構築し、自然なサポートが得られるよう特別な教育的ニーズをもつ学生に対するピア・サポートや学生ボランティア制度を採る大学も増えてきている。ボランティアだけでなく、学生の支援活動に一定の基準を設けて謝礼金を支払う制度も導入されてきている。

---

4 大学教員が授業内容・方法を改善し向上させるための組織的な取組の総称。

コラム 23

支援の網から溢れてしまう子どもたち

　特別支援教育やインクルージョン、共生社会の実現などが一般的にも知られるようになり、教育的ニーズをもつ児童生徒、学生への支援が波及的に広がっている。本章でも触れたように、支援や合理的配慮は幼稚園、保育所から小学校、中学校、そして高校以降、就労や地域生活まで広がり続けている。

　そうしたなかでも、支援の網から溢れてしまう子どもたちも多数存在している。例えば、小中学校で加配人員による支援を要請する場合、自治体によっては障害者手帳を持っていることが暗黙の基準になっているケースや、専門家（主に医師）の診断書が必要な場合も散見される。つまり、支援を利用できる／できない、ということが本人の抱える困難さや教育的ニーズの一側面でしかない「障害の有無や軽重」によって判定されてしまうのである。これにより、ニーズをもつ児童生徒に対して支援を届けることができなくなってしまう。そして結果的に、本人や家族が望む環境での学びや生活、教育的ニーズの達成を諦めざるを得ないことにつながってしまうのである。

　さらに、就職活動や就労では知的な問題や精神障害がなければ利用できない就労サービスも多く、また、支援の網から溢れてきてしまった結果、継続就労が難しくなってしまう方も多く存在している。適切な支援やリソースを利用できずに就職したことで、職場適応の問題から適応障害やうつなどの重篤な二次障害につながってしまうことも少なくない。

　近年は、児童発達支援や放課後等デイサービス、就労移行支援など、障害の診断を基準とするのではなく、生活機能や本人が置かれている環境、現在の生活状況により支給決定されて利用ができるサービスも増えつつある。今後はより一層、診断ありきから始まる画一的な「障害者への支援（治療モデル）」という文脈から、生きにくさや困りごとから始まる「生活のしづらさへの支援（生活モデル）」という視点への転換が求められていると言えるだろう。

（榎本拓哉）

課題

調べましょう

- ☑ 各自治体ではどのような就学支援が行われているのか，市区町村の教育委員会のホームページなどを参考に取り組みを調べてみましょう。
- ☑ 公立高校や大学などへの入学試験や入学準備などの接続過程では，どのような合理的配慮が行われているか調べてみましょう。また，入学後の支援体制についても調べてみましょう。

考えましょう

- ☑ 教育的ニーズをもっていることに気がついていない児童生徒やその保護者に対し，中学校，高校，大学のような教育機関に在籍する公認心理師・臨床心理士はどのように関わっていけばいいのでしょうか。児童生徒や保護者の生活の質を高め，より良い学校生活の実現のためにできることを考えてみましょう。
- ☑ 校区の小学校の特別支援学級に入学したのですが，その学級は校舎が通常学級とは別棟で，授業その他の学校生活ではその教室のクラスメイトとだけすごしています。感覚への過敏さは特にない会話が可能な児童です。特別支援学級に在籍しながら，よりインクルーシブな環境を実現させていくとしたらどのような手立てが考えられるでしょうか。

文献

独立行政法人日本学生支援機構（2018a）平成29年度（2017年度）障害のある学生の修学支援に関する実態調査結果概要. https://www.jasso.go.jp/gakusei/tokubetsu_shien/chosa_kenkyu/chosa/index.html（2019年2月6日取得）

独立行政法人日本学生支援機構（2018b）平成29年度（2017年度）大学，短期大学及び高等専門学校における障害のある学生の修学支援に関する実態調査結果報告書．独立行政法人日本学生支援機構学生生活部障害支援課．

東村山市教育委員会（2018）就学支援シート．https://www.city.higashimurayama.tokyo.jp/kosodate/gakko/tokubetusien/kyoikushien.html（2018年11月25日取得）

木村泰子（2015）「みんなの学校」が教えてくれたこと―学び合いと育ち合いを見届けた3290日―．小学館．

文部科学省 幼児期の教育と小学校教育の円滑な接続の在り方に関する調査研究協力者会議（2010）幼児期の教育と小学校教育の円滑な接続の在り方について（報告）．

文部科学省（2012a）共生社会の形成に向けたインクルーシブ教育システム構築のための特別支援教育の推進（報告）．中央教育審議会初等中等教育分科会特別支援教育の在り方に関する特別委員会．

文部科学省（2012b）障がいのある学生の修学支援に関する検討会報告（第一次まとめ）について．

文部科学省（2015）特別支援教育の現状と課題．平成27年4月28日教育課程企画特別部会資料3-3．
文部科学省（2018）平成28年度「児童生徒の問題行動・不登校等生徒指導上の諸課題に関する調査」について（確定値）．http://www.mext.go.jp/b_menu/houdou/30/02/__icsFiles/afieldfile/2018/02/23/1401595_002_1.pdf（2019年2月6取得）
日本発達障害連盟編（2017）発達障害白書2018年版．明石書店，p.177．
大前暁政（2015）小1プロブレムに対応する就学前教育と小学校教育の連携に関する基礎的研究．人間学研究，15，19-32．
徳永豊（2017）障害のある子どもの就学先決定と心理学的支援—コンセンサス・ビルディング・モデルの提案—．福岡大学人文論叢，48(4)，1027-1053．
山崎晃史（2014）インクルーシブ教育の基礎づけ—日常性重視の教育観の恢復へ—．共生社会研究，2，22-30．

第13章 成人期の支援
就労支援を中心に

若林 功

> 成人期にはいくつかのライフステージ・発達課題があり、そのなかで職業人（就労）のほか、家庭人など複数の役割があるが、本章では特に就労を中心に扱う。発達障害をもつ人の就労支援制度（障害者総合支援法によるもの、障害者雇用促進法によるもの、特別支援学校での就労支援等）を概観し、次いで就労支援のプロセスについて順を追って提示する。最後に就労を中心に、障害程度別に、それぞれの成人期の課題について論じる。

事例16

　20代の男性。コミュニケーションには独特の癖（四文字熟語など難解な言い回しを多用）がある。大学入学後、学校には真面目に通っていたが、サークルなどに入ることもなく友人はいなかった。グループ活動が含まれる実験や演習などの科目や卒業論文がない学科だったこともあり、要件を満たして卒業は何とかできた。大学4年生時に就職活動を行うもののうまくいかず、内定先のないまま卒業した。

　卒業後は在宅生活を1年間送っていたが、母校の大学の就職相談室より、発達障害者を専門とする就労移行支援事業所を紹介される。就労移行支援事業所では、パソコンでの作業訓練もさることながら、グループワークや個人面談を通じ、自分はどのようなことが長所・苦手で、どのような配慮があれば力を発揮することができるのかを書類にまとめていく作業を就労支援員と一緒にしていった。この書類を作成することは大変だったが、この作業により自分の特徴が以前よりは見えてきたと感じた。またこの書類をもとに、企業で面接をしたり、面接後の実習で自分の紹介をしたりする時に、非常に有効であったと感じている。大手企業に障害者雇用の枠で採用され、人事関連の業務を行っている。

事例17

　20代の女性。軽度知的発達症。中学までは通常学級に在籍していたが、高校への進学が学力面で厳しく、また知的発達症に該当する可能性があるので、特別支援学校を利用し、その後の就職を目指したらどうかという助言を中学校の教師から得て、特別支援学校（高等部のみある学校）に進学した。特別支援学校での指導はかなり厳しいと感じたものの、職場実習を1年生から経験し、3年生の2学期・3学期では同じ企業（清掃業）での実習を行い、卒業後はそのまま就職することとなった。
　就職後は当初は緊張感をもって仕事をしていたが、1年目の後半から徐々に生活が乱れだし遅刻が多くなった。受け入れた企業から、出身校に相談があり、出身校からジョブコーチ実施機関につながり、雇用後のジョブコーチ支援を行っている。ジョブコーチは現在、職場での作業手順をもう一度構築し、本人がそれを習得するような支援を行うとともに、生活支援を行う機関とも連携体制を構築している最中である。

事例18

　30代の男性。重度知的発達症、自閉スペクトラム症。両親との3人暮らし。両親は60代で現在のところ健康である。養護学校（現在の特別支援学校）高等部卒業後、障害者自立支援法以前の時代から、重度知的発達症の方が多く在籍する施設（生活介護施設）に、自宅から通所している。身辺処理は自立しておらず、食事やトイレは介助が必要である。自発的会話は困難であるが、親しいA生活支援員には、通所している日は毎日「○○さん、△△市から通っているの？」と同じ質問をし、関わってもらったことや同じ回答を得ることで安心感を得ている。ほかの利用者の大声の独り言が多い日には、その音声に反応し、まれにイライラした様子を見せるものの（本人も独り言が多くなる）、施設での日中のすごし方（創作活動やレクリエーション、外出、音楽など）は決まっており、かつそのスケジュールが図解入りのポスターで示されているため、見通しをもってすごすことができており、情緒面は安定している。両親としては、現状には大きな不満はないものの、近い将来の「親亡き後」をどうするのかということで、不安や焦りを感じている。

Ⅰ．成人期の概観

　本章では、知的な遅れのない人から最重度の知的発達症のある人まで、発達障害をもつ人たち全般の成人期の課題や支援について扱う。しかし、成人期といっても期間は長く、また発達障害をもつ人たちということに限定しても、年齢（発達段階）、障害の程度、性別、またその人の受けてきた教育・社会的規範の違いなどによって、その人生の軌道は異なってくるだろう。
　そもそも、発達心理学では、一般的な発達や各発達段階（**ライフサイクル／ライフステージ**）における発達課題が示されている。例えば**エリクソン**（Erikson,

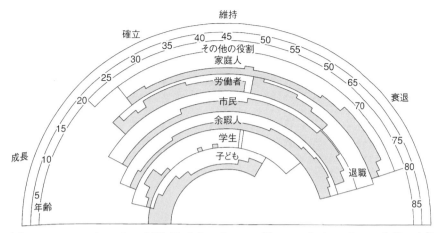

出典：Nevill, D. D., & Super, D. E. (1986) The Salience Inventory: Theory, application, and research. Manual (Research edition), Consulting Psychologists Press.

図13-1　スーパーのライフ・キャリア・レインボー

E. H.）の理論では、青年期は**自我同一性**の確立、成人期は**親密性**（異性との関係）、壮年期では**生殖性**（世代性、次世代を育てること）、老年期では自己の**統合**、といった発達課題や発達上の危機があることが示されている。

キャリア心理学者である**スーパー**（Super, D. E.）の**ライフスパン・ライフスペース・アプローチ**では、人は人生のなかでさまざまな役割を果たしながら生きていくが、個人のキャリア発達を規定する重要な役割としては、子ども、学生（学ぶ人）、余暇を楽しむ人、市民、労働者（職業人）、家庭人が想定され、またそれぞれの役割における**自己概念の実現**の過程が**キャリア発達**であるとしている（**図13-1**）。すなわち、時間軸のなかで個人のさまざまな役割を捉えることの重要性が指摘されている。

さらに、現在、**ワーク・ライフ・バランス**の重要性が指摘されている。ワーク・ライフ・バランスとは仕事と生活の調和と訳され、「老若男女誰もが、仕事、家庭生活、地域生活、個人の自己啓発など、様々な活動について、自ら希望するバランスで展開できる状態」であり（男女共同参画会議，2007）、仕事以外の生活（子育てや親の介護、地域住民としての活動等）にも目を向けることの重要性が指摘されている。

発達障害をもつ人においても、成人期の課題を考えるためには、これらについ

て総合的に検討する必要があるだろう。加えて、これらの活動を行う上で基本となる、いわゆる「医衣食住」についても観点をもつ必要性があるだろう。

II. 発達障害をもつ人たちへの就労支援・日中活動支援制度

就労支援を行ううえで、発達障害をもつ人も含めた障害者就労支援の制度の理解が支援者には不可欠である。それは、単に制度が既に存在するからというだけでなく、発達障害をもつ人の、労働者としての権利を擁護するためには制度に基づく実践が求められるからである。そこで、まず障害者就労支援制度を説明する。

成人期の障害をもつ人たちへの、就労あるいは日中活動について支援する公的な制度は、旧・厚生省系統の障害者福祉施策から発展してきている「障害者の日常生活及び社会生活を総合的に支援するための法律（**障害者総合支援法**）」などに基づくものと、旧・労働省系統の障害者雇用支援施策である「障害者の雇用の促進等に関する法律（**障害者雇用促進法**）」などに基づくものに大別される。また、中等教育（中学や高校）も視野に入れると、文部科学省の施策、「学校教育法」（特別支援学校等）に基づく就労支援も含まれよう。

以下ではまず、障害者総合支援法、障害者雇用促進法に基づく就労支援制度を説明する。そして、次に特別支援学校における就労支援について触れる。最後に、その他の制度についても簡単に触れることとしたい。

1. 障害者総合支援法に基づく就労支援（日中活動）施策・制度

障害者総合支援法では、社会参加の機会の確保・地域社会において他の人々と共生することを妨げられないこと・社会的障壁の除去などが理念として掲げられている。そして、その具体的な方策として、障害者総合支援法の前身の「障害者自立支援法」以前にはあまり強調されてこなかった就労支援の推進が、障害者自立支援法以降重視されるようになっており、それは障害者総合支援法でも引き継がれている。

障害者総合支援法のサービス体系図やサービス支給決定までのプロセスは第7章に示されている。これらのうち、就労や日中活動に関するサービスを**表13-1**に挙げる。

表13-1に掲げた事業のうち、訓練等給付によるものは「**就労移行支援**」「**就

表 13-1　障害者総合支援法に基づく就労支援・日中活動系のサービス

事業名	内容
就労移行支援	一般企業等への就労（一般就労）を希望する人に、一定期間（原則、24 か月以内）、就労に必要な知識及び能力の向上のために必要な訓練を行う
就労定着支援	一般就労に移行した人に、就労に伴う生活面の課題に対応するための支援を行う。2018 年から新設。
就労継続支援（A 型〈雇用型〉）	一般企業等での就労が困難な人に、雇用契約に基づいて就労する機会を提供するとともに、能力等の向上のために必要な訓練を行う
就労継続支援（B 型〈非雇用型〉）	一般企業等での就労が困難な人に、就労する機会を提供するとともに、能力等の向上のために必要な訓練を行う
自立訓練（生活訓練）	自立した日常生活又は社会生活ができるよう、一定期間、生活能力の維持、向上のために必要な支援、訓練を行う
地域活動支援センター	地域及び家庭との結び付きを重視しながら、創作的活動又は生産活動の提供、社会との交流の促進等の便宜を図る。
生活介護	常に介護を必要とする人に、昼間、入浴、排せつ、食事の介護等を行うとともに、創作的活動又は生産活動の機会を提供する

（厚生労働省による説明[1]。筆者が一部加筆）

労定着支援」「就労継続支援（A 型・B 型）」「自立訓練」であり、**介護給付**は「**生活介護**」である。「**地域活動支援センター**」は地域の特性や利用者の状況に応じ、柔軟な形態により事業が実施される**地域生活支援事業**（市町村）によるものである。

　これらの事業の利用にあたっては第 7 章でも触れられている通り、原則的には相談支援において**サービス等利用計画**が作成され（相談支援事業所がサービス等利用計画を作成するが、**セルフプラン**として利用者本人、家族、支援者等が作成することも可能）、利用が開始される。また、個々の事業所におけるサービスでは、**個別支援計画**が作成される。

　なお、表 13-1 のうち、表の上の方は雇用契約に基づく就労形態（就労継続支援 A 型）や一般企業での就労への移行支援を行う事業（就労移行支援）や、

---

[1] https://www.mhlw.go.jp/stf/seisakunitsuite/bunya/hukushi_kaigo/shougaishahukushi/service/naiyou.html（2018 年 10 月 31 日取得）

一般企業に就労した後のフォローアップを行う事業（就労定着支援）となっている。表の中盤の就労継続支援B型は**福祉的就労**の色彩が濃く、同表の下の方にある生活介護は日中活動の場としての色彩が濃く、地域活動支援センター（特にⅡ型またはⅢ型）も居場所的な機能をもつものである。一般的には、障害者総合支援法での就労支援サービスというと、就労継続支援A型、就労継続支援B型、就労移行支援、就労定着支援の4つとされることが多い。

　これらの施設は、障害者自立支援法以降は、障害種別（知的発達症、あるいは精神障害をもつ人しか利用できないなど）の施設体系とはなっていないものの、施設によっては実質上、特定の障害種類のある人のみが利用している場合もある。例えば知的障害者親の会（育成会）がその施設を運営している場合は、知的発達症をもつ人のみが利用していることがある。

2. 障害者雇用促進法に基づく就労支援施策・制度

　一般企業（特例子会社を含む）において雇用契約に基づき働くこと（**一般就労**）を支援する制度は、旧労働省系統の施策が現在もそのまま発展してきており、障害者雇用促進法に基づくものが中心となっている。

　障害者雇用促進法は、①総則、②職業リハビリテーションの推進、③障害者に対する差別禁止・合理的配慮の提供義務、④障害者雇用率制度・障害者雇用納付金制度という内容となっている。

（1）　総則

　総則では法の目的・理念、障害者の範囲、障害者雇用対策基本方針等が扱われている。障害者については「身体障害、知的障害、精神障害（発達障害を含む）その他の心身の機能の障害（以下「障害」と総称する。）があるため、長期にわたり、職業生活に相当の制限を受け、または職業生活を営むことが著しく困難な者」と定義されている。また、障害者には、能力を発揮する機会を与えられることを保障するとともに、職業人として自立することを求めている一方で、事業主には社会連帯の理念に基づき、障害者の有する能力を正当に評価し、適当な雇用の場を与えることなどが求められている。この社会連帯の理念が制度として具体化されたのが、後述する障害者雇用率制度と雇用納付金制度の関係である。

（2） 職業リハビリテーション

職業リハビリテーションの推進としては、障害者雇用促進法では**ハローワーク（公共職業安定所）**、**障害者職業センター**、**障害者就業・生活支援センター**が規定されている。ハローワークは、基本的には職業安定法で規定されている組織であるが、障害者雇用促進法では障害者のための求人開拓や職業指導（相談）について示されている。

障害者職業センターには障害者職業総合センター、広域障害者職業センター、地域障害者職業センターの3種があり、地域障害者職業センターは各都道府県に設置されている。地域障害者職業センターには、**障害者職業カウンセラー**が配属され、障害者に対する専門的な職業リハビリテーションサービス（職業相談、評価、ジョブコーチ支援、職場復帰支援など）、事業主に対する障害者の雇用管理に関する相談・援助、地域の関係機関に対する助言・援助を実施している。

障害者就業・生活支援センターは全国で334ヵ所（2018［平成30］年4月現在）設置されており、業務内容は、障害者からの相談に応じ必要な指導および助言を行うとともに、ハローワーク、地域障害者職業センター、社会福祉施設、特別支援学校などの関係機関との連絡調整、そして就業やこれに伴う日常生活、社会生活の相談・支援を一体的に行っている。

（3） 障害者に対する差別禁止・合理的配慮の提供義務

障害者雇用促進法では、募集・採用場面や採用後において、障害があることを理由とした差別的な取り扱いや、過重な負担を及ぼさない範囲での障害の特性に配慮した必要な措置を講じなければならないとしている。具体的な差別禁止・合理的配慮の提供の指針や事例については、「障害者差別禁止指針」「合理的配慮指針」「合理的配慮指針事例集」などで示されている。

なお、雇用場面（募集・採用時・採用後）についての差別禁止・合理的配慮提供に関してはこの障害者雇用促進法で、教育や買い物といった生活場面（雇用場面以外）についての差別禁止・合理的配慮提供に関しては障害者差別解消法で規定されている。

（4） 障害者雇用率制度・障害者雇用納付金制度

障害者雇用率制度とは、事業主（民間企業でも、官公庁など公的機関でも）は常用労働者のうち、一定割合以上の障害者を雇用しなければならないという制度である。この一定割合のことを**法定雇用率**といい、障害者雇用促進法の前身の

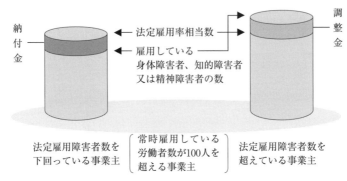

出典：高齢・障害・求職者雇用支援機構編（2018）平成30年版障害者職業生活相談員資格認定講習テキスト.

図 13-2　障害者雇用納付金と調整金の関係

「身体障害者雇用促進法」制定以来の概念であり、これまでの改正により法定雇用率は上昇してきている。2018（平成30）年4月現在では、民間企業2.2％、国、地方公共団体などは2.5％、都道府県などの教育委員会は2.4％となっている。民間企業に関して言えば、逆算すれば従業員の46人に1人は障害をもつ労働者であることが求められている。

　また、常時雇用している労働者数が100人を超える法定雇用率（2.2％）未達成の事業主は、法定雇用障害者数に不足する障害者数に応じて1人につき月額50,000円の障害者雇用納付金を納付しなければならないこととされる。また、その納付金を財源として障害者雇用調整金、報奨金などの支給が行なわれており（図13-2）、このしくみは、法の理念として掲げられている「社会連帯」が具体化されている部分といってよいだろう。ただし、納付金を支払うことで障害者雇用義務を免除されるものではなく、法定雇用率を満たさず、また厚生労働大臣による障害者雇入れ計画の適正実施勧告に従わず、障害者の雇用状況に改善が見られない場合、企業名を公表できることとなっている。

3. 特別支援学校における就労支援

　特別支援学校は「視覚障害者、聴覚障害者、知的障害者、肢体不自由者又は病弱者に対して、幼稚園、小学校、中学校又は高等学校に準ずる教育を施すとともに、障害による学習上又は生活上の困難を克服し自立を図るために必要な知識技能を授けることを目的」（学校教育法第72条）とした学校である。2006（平成

18)年の学校教育法改正により、それまで障害種別ごとに設置されていた盲学校、聾学校、養護学校が統合され、現在の名称となっている（⇒第7章Ⅵ．4．）。

　特別支援学校には小学部、中学部、高等部が併設されている場合があるが、一部の特別支援学校は高等部単独で設置され、一般企業への就職を目指し就労に重点を置いたカリキュラムで教育がなされている。また「普通科」のほか、職業教育に特に重点を置いた「専門学科」が設置されている場合もある。

　普通科では教科「職業」が設けられており、「勤労の意義について理解するとともに、職業生活に必要な能力を高め、実践的な態度を育てる」ことを目標に、「産業現場等における実習を通して、職業生活に必要な事柄を理解する」などが内容として示されている。また、専門学科において開設される教科として「家政」「農業」「工業」「流通・サービス」「福祉」が示されている。例えば福祉では「社会福祉に関する基礎的・基本的な知識と技術を習得する」といった内容が提示されている。

　なお、いずれの特別支援学校高等部でも、企業などの協力を得て行われる**現場実習**が重視されている。また、知的発達症を対象とする特別支援学校では、各教科や道徳などの内容を合わせて指導することができることになっており、高等部では**作業学習**がそのひとつとして広く実践されている。

　現在では、特別な教育的支援が必要な幼児児童生徒の指導や支援において**個別の指導計画**や**個別の教育支援計画**を活用しながら、組織的・計画的に取り組むことが求められている。就労支援という観点で言えば、特別支援学校高等部で育てた生徒の力や、学校が得た就労を継続する上で重要な情報、今後の方向性などについて、特別支援学校卒業後に支援の中心的な役割を担う就労支援機関等の専門家などや就職先企業に引き継いでいくことが重要となろう。**個別移行支援計画**はこのような目的のため、特別支援学校により作成され、就労支援機関などとの連携に活用されている。これらの計画は、次節の「就労支援プロセス」における「支援計画」に相当するものである、と言うこともできよう（⇒第7章Ⅵ．2．・第10章Ⅱ．3．）。

　また、このような支援計画と関連するのが、計画作成のための**アセスメント**である。就労支援関連では、就労継続支援B型を特別支援学校等在学者が卒業後すぐに利用する場合、就労移行支援事業者などによるアセスメントにより就労面に係る課題などの把握を行うこととされている。このアセスメントを通じて、個

別移行支援計画と同様に、就労系障害福祉サービスにおける教育と福祉の連携が一層図られる。ただし、このアセスメントについては、就労継続支援B型の利用について、既に進路または意向が決まった後に形式的なアセスメントを実施している事例があるなど、実効性のあるアセスメントができていない場合もあることが指摘されている（文部科学省・厚生労働省，2017）。

このような状況からは、一般就労の可能性が高い生徒への支援には注目・注力がなされる一方で、一般就労がすぐには難しそうな生徒には合理的配慮（環境調整）やジョブコーチなどの支援方法、すなわち職場に入った後の支援上の工夫が十分に検討されていない場合があることも考えられる。就労アセスメントや移行支援計画において、単に今（高等部在籍中）、就労の準備が整っている／いないだけではなく、就職した後に職場などにおいてどのような環境調整や支援が必要なのかを見ていき、計画に盛り込むべきであろう。また、そのような計画を実行するためには、特別支援学校とほかの機関との連携が重要なものとなる。

4．その他

ここでは、上記で示したもの以外の就労支援制度をいくつか提示する。

求職者や在職中の人を対象とした職業訓練関係のもの（職業能力開発促進法などに基づくもの）があり、それらの制度のうち障害をもつ人を想定した主な制度としては、**障害者職業能力開発校**や、**障害者の態様に応じた多様な委託訓練**がある。障害者職業能力開発校は、障害をもつ人のための職業訓練校であり、国立で13校、都道府県立で6校の計19校が全国に設置されている。もともとは身体障害をもつ人を想定した職業訓練内容であったが、現在は知的発達症や精神障害をもつ人向けのコースも設置されている。国立の13校のうち2校は独立行政法人高齢・障害・求職者雇用支援機構に、11校は都道府県に運営が委託されている。また、「多様な委託訓練」とは、国が都道府県と訓練に係る委託契約を結び、都道府県が事業の実施主体となり、企業、社会福祉法人、NPO法人、民間教育訓練機関などを委託訓練先として活用し、障害者の住む身近な地域で訓練を実施するものである。

また、障害者の就労支援について、自治体独自で制度をもっている場合がある。例えば東京都では区市町村障害者就労支援センター、神奈川県では地域就労援助センターが設置されている。これらの施設のなかには、障害者総合支援法の相談

支援事業など既存法の制度をも活用している場合があるが、地方自治体独自の予算のみで事業が運営されている場合がある。

　また、法制度に基づくものではなく、施設が独自事業として就労支援を行っている場合もある。例えば、精神科病院においてデイケアが病院内で行われているが（これは医療制度である診療報酬の対象である）、その利用者の次のステップとして、病院のソーシャルワーカーが企業面接に同行する、あるいはジョブコーチとして職場適応を支援することが行われている場合もある。

　その他、社会保険（第1のセーフティネット、防貧機能をもつ）、生活保護（最後のセーフティネット、救貧機能をもつ）の間の、第2のセーフティネットとして、生活保護に至る前の自立支援策の強化を図ることを目的とし、2015年（平成27年）から**生活困窮者自立支援制度**が施行されている。この制度において、就労その他の自立に関する相談支援などを行う**自立相談支援事業**のほか、生活リズムが崩れているなどの理由により、就労に向けた準備が整っていない者に対する**就労準備支援事業**や、就労への移行のため、柔軟な働き方を認める必要がある者に対する**就労訓練事業**（**中間的就労**）が設けられている。これらは障害者福祉や障害者雇用に関する制度ではなく、低所得者（生活困窮者）に対する制度であるが、利用者のなかには発達障害をもつ人も含まれており、発達障害をもつ人の就労支援に携わる場合、知っておくべきであろう。

　地域若者サポートステーションは働くことに悩みを抱えている15〜39歳までの若者に対し、**キャリアコンサルタント**などによる専門的な相談、コミュニケーション訓練などによるステップアップ、協力企業への就労体験などにより、就労に向けた支援を行うものである（⇒第14章Ⅳ．2．）。全国175箇所（平成30年度）で事業が実施されている。診断の有無とは別に、発達障害をもつ人も利用者に含まれている実態がある（喜始, 2015）。

Ⅲ．就労支援のプロセス

　本節では、日中活動や福祉的就労ではない、一般就労を目指す場合の支援プロセスについて、「就労相談」「就労準備」「職場開拓及び職場実習」「フォローアップ」（倉知, 2006）というステップ（**図13-3**）に沿って記述することとしたい。なお、日中活動や福祉的就労の場合、障害者総合支援法のサービスとなるため、

第7章などを参照されたい。

1. 就労相談・就労アセスメント

　一般就労を目指す支援でも、他の場合と同様最初は**就労相談**である。在宅で利用している機関のない障害者であれば、公共職業安定所の専門援助窓口や地域障害者職業センターの障害者職業カウンセラー、障害者就業・生活支援センターの就業支援員などが相談を行う。また、就労移行支援事業所などの機関を利用している場合、就労支援員などの担当者が就労相談を行う場合がある。

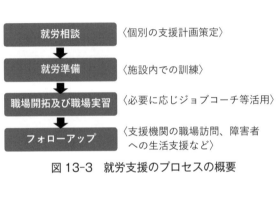

図 13-3　就労支援のプロセスの概要

　相談だけでは、どのような職業上の特性があるか十分把握できない場合がある。その場合、就労に向けたアセスメントの一環として、ワークサンプル幕張版（**図 13-4**）など**ワークサンプル**[2]を用いたり、標準化されている心理検査などを用いたりして、職業上の障害・行動特性を把握することが行われている。

　さらに、就労相談や就労アセスメントによって情報を得て、就労に向けた支援計画が作成される。就職、職場定着、職場復帰などに向けてどのようなステップを踏むとよいのか、その支援計画の目標実現に向けて

開発：独立行政法人高齢・障害・求職者雇用支援機構
写真提供：株式会社エスコアール

図 13-4　ワークサンプル幕張版[3]

---

[2] 作業標本。実際の職業活動の中から特定作業を取り出し、それらを標準化した課題として利用する方法（日本職業リハビリテーション学会、2002）。
[3] http://www.nivr.jeed.or.jp/research/kyouzai/21_2_MWS.html （2018 年 10 月 31 日取得）

どのように支援し、関係機関はどのような役割分担をすればよいのかなどを記述し、支援計画に沿って支援が行われることとなる。当然ながら、支援計画の立案・実行には障害をもつ本人や家族の同意が不可欠となる。

2. 就労準備

ここでいう**就労準備**とは就労のための訓練的なサービスのことである。このサービスの分類の一方法として、旋盤加工・プログラミングなど特定の技能習得を目指すものと、そうでなく生活リズムの確立や挨拶・返事、自発的質問や報告など**基本的労働習慣の習得**を目指すものとに分けることがある。発達障害をもつ人の場合、前者の特定の技能・資格取得を目指す場合もあるものの、後者の基本的労働習慣の習得を目指す訓練を受けることの方が多い。そのような訓練としては地域障害者職業センターで行われている職業準備支援、障害者総合支援法の就労移行支援、特別支援学校の作業学習などが該当する。そして、作業活動などを通じ、職業生活に現れる課題を評価し、基本的な労働習慣の体得や改善のための支援が行われている。

なぜ、この就労準備では、特定の職業技能ではなく基本的労働習慣の習得支援が行われていることが多いのか。それは**職業準備性**という概念と関連があるため

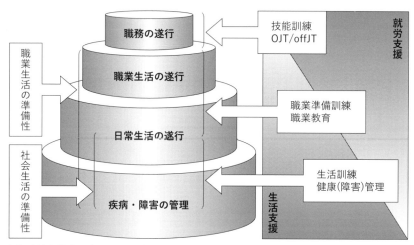

出典：松為信雄（2006）キャリア教育の課題．松為信雄・菊池恵美子編　職業リハビリテーション学　キャリア発達と社会参加に向けた就労支援体系（改訂第2版）．協同医書出版社，40-43．

図 13-5　個人の能力特性の階層構造

である。職業準備性とは「個人の側に職業生活を継続するための必要な条件が用意されている状態」（相澤，2012）とされる。また、松為（2006）は個人の能力特性を図13-5のように階層構造として捉えた上で、最上層の「職務の遂行」の育成は、生産性に直結することから事業所（企業）の教育・育成訓練の焦点となり、一般就労への移行に向けた学校教育や施設訓練では、「疾病・障害の管理」「日常生活の遂行」「職業生活の遂行」などの中・下層の諸能力に焦点を当てることが重要であると指摘している。

3. 職場開拓・職場実習

いくら就労準備を重ねても就職先がないことには就職は困難であり、**職場開拓**は重要な活動である。ハローワークと連携を図りながら、障害者職業センターや障害者就業・生活支援センター、就労移行支援事業所などが職場開拓を行うことがある。ハローワークなどが主催し、企業を集めての面接会が行われることもある。

加えて、特別支援学校では生徒の職業教育のために企業現場で実習を行っているが、この実習が卒業後の就職につながる場合もあり、実習先の開拓は職場開拓に近い意味をもつ場合もある。

職場開拓に引き続いて行われるのが、支援対象である障害者を企業に紹介することである。ハローワークが発行する職業紹介状に基づく場合・基づかない場合、支援者が同行する場合・同行しない場合や、次に述べる職場実習の最初の段階として実施される場合がある。この際に重要なこととして、紹介を受ける障害者が（場合によっては支援者も）先述した就労準備の段階で、紹介場面（すなわち面接など）の練習をしておくこと、事前に障害の情報をどのように伝えるのか（あるいは伝えないのか）を障害者・支援者間で打ち合わせておくこと、受け入れ企業側に受け入れられやすいように配慮事項（合理的配慮）を分かりやすく伝えることなどが挙げられる。

なお、既存の求人（人手が欲しい職務）に、障害をもつ人を配置するということだけでなく、障害をもつ人のための職務を新たに社内で抽出・創出し、障害をもつ人を受け入れる準備をすることもある。

また、職場を開拓して、面接をしたとしてもすぐに正式な採用につながるとは限らず、正式な採用の可否や採用後に必要な配慮を見極めるため、実習が実施さ

れる場合もある。**トライアル雇用**は、雇用の一形態ではあるが、実習としての意味をもつ場合がある。また、特別支援学校高等部などで卒業間近に行われる現場実習もこのような意義をもつ。

　単に職場実習場面を設定し、そこに障害をもつ人を配置するだけで、本人が適応能力を発揮したり、受け入れ企業が自主的に配慮をしたりする場合もあるが、それだけでは職場への適応が困難な場合が少なくない。このような場合に支援者が同伴し、障害者への支援や、職場の上司・同僚などに対し効果的なコンサルテーションを行うことで、職場適応が進む場合がある。このような活動のための制度として**職場適応援助者（ジョブコーチ）**制度がある。

　ジョブコーチには、障害者職業センターに配置される**配置型ジョブコーチ**、社会福祉法人などが設置する社会福祉施設に配置される**企業訪問型ジョブコーチ**、企業がジョブコーチを雇用し社内の障害者の職場適応を支援する**企業在籍型ジョブコーチ**がある。ジョブコーチによる支援は、標準的には2～4ヵ月とされており、採用時からだけではなく採用の前後をまたいだり、採用後しばらくしてから実施されたりする場合もある。初期段階では、作業の習得などについて週3日程度ジョブコーチが同伴し支援するなど、集中的な支援活動が行われる。そして、支援対象の障害者が徐々に作業に習熟し職場環境に慣れるなどしたら、企業側にその支援ノウハウを伝授し、支援の役割を移す、という活動が中心となっていく。すなわち、ジョブコーチはずっとその企業に居続けるのではなく、職場内でのサポート（**ナチュラルサポート**）を形成し、支援対象である障害者がその職場に溶け込んでいけるように支援活動を行う。

4．フォローアップ

　企業に採用され職場適応が一旦図られたとしても、障害のある人も職場も、絶えず変化するものである。障害のある人のなかには、例えば仕事への飽き、SNS上のトラブルなど日常生活の課題が勤務態度に影響を及ぼすなど、職業生活への不適応が生じる場合がある。また、家族構成の変化や肉体的能力の衰えなど、変化が不可避なものもある。いっぽう、職場環境も不変なものではなく、上司・同僚の異動などによる人的環境変化や、経営環境・技術革新などによる物理的環境変化も生じる。

　このような変化で、企業側の通常の雇用管理や職場内の同僚などによるサポー

トのみでは、対応が困難な場合もあり、支援機関によるフォローアップが必要である。フォローアップの方法としていくつか挙げられる。まず、ジョブコーチ支援の一環（採用後支援）として行う方法がある。また、就労移行支援事業・就労継続支援事業（A型・B型）の利用の後、就職してから6ヵ月間はフォローアップをすることとされており、その流れで支援が行われることがある。さらに、2018（平成30）年からは障害者総合支援法で「就労定着支援」事業が開始され、就労移行支援等を経て一般就労をした人は、就職後6ヵ月を経過してから（6ヵ月までは出身の就労移行支援事業所等がフォローアップを行う）、サービス開始後最大3年まで（つまり就職時点からは3年半経過時点まで）、就労定着支援が受けられることとなった。

また、ひとつの企業内で働き続けたり、場合によっては転職をしたりしながら、長期的なキャリア形成をどのように支援していくか、という問題は今後重要なものとなってくるだろう。加えて、発達障害（特に知的発達症）をもつ人のなかには、健常者に比べ老化が早く進む場合があることが指摘されており、人によっては企業就労場面から就労継続支援などの福祉的就労に円滑に移行するような支援が必要であろう。就労支援は「就職すれば終わり・一安心」ではなく、キャリアを支援する観点が求められる。

Ⅳ. 発達障害をもつ人たちの成人期における課題と支援

発達障害をもつ成人期の人たちの日中活動・就労を支援する制度・事業は多様である。ただし、これらの事業を設計する上で想定されているのは、一般企業での就労可能性ということがひとつの観点となっているだろう。つまり、一般就労の可能性が低いと考えられる層には、福祉的就労や創作活動、日中活動を提供し、一般就労の可能性が考えられる層には期限付きでの訓練（就労移行支援）、あるいは雇用支援（障害者職業センター、障害者就業・生活支援センター）を提供するというように、機能が分かれて制度が設定されている。

また、一般企業での就労可能性は、障害の程度（知的な発達、言語の発達、自閉スペクトラム症の程度など）と直接的に相関するものではなく、社会環境（景気、障害や障害者雇用制度への理解、本人・家族のもつ社会的ネットワークなど）との相互作用によっても決まってくるものの、障害の程度も社会参加の上で

無視できない要素である。そこで、本節では、どのように成人期をすごしていくのかに大きな影響を与える可能性のある、「障害の程度」に着目し、障害程度ごとに就労（日中活動）の過程や課題を記述することとしたい。

1. 基本的な考え方

　いずれの障害程度の人であっても、**QOL（Quality of Life：生活の質）**の観点が基本的には重要である。このことは重度の発達障害をもつ人はもちろんのこと、一般企業での就職可能性がある中〜軽度の発達障害をもつ人や、知的な遅れのない発達障害のある人であっても、同様の観点が必要である。すなわち、一般就労を支援する上でも、企業に就職すること自体が支援の目的ではなく、そのような企業就職（あるいは福祉的就労などその他の社会的参加形態）を通じ、QOLを高めていくという観点が重要である。

　また、QOLという観点で捉えた場合、すべての層で共通して重要な観点がある。家族が高齢化・死亡した後の問題（住居の問題）、金銭管理の問題、医療・健康管理の問題、あるいは性・子育ての問題などであり、発達上の課題、発達上の危機の要因となりうるものとして、逐次確認していくポイントとなるだろう。

　ただし、重度障害をもつ人と、一般企業での就職可能性がある層とで、QOLのどの要素に力点を置くのか、ということは異なってくる場合があろう。例えば人によっては作業の幅を拡げる能力開発が重要な場合もあれば、別の人ではそのような能力開発よりもまずは生きがいや精神的安定が重要な場合もあろう。

　さらに発達障害をもつ人の場合、専門職による支援サービスが必要なことが多い。そして発達障害が軽度であり本人にも発達障害のあることの自覚がなく、専門的サービスに結びついてこなかったという人もいる。その場合には、必要に応じて専門的なサービスに結び付けるということも重要である。

　サービス提供機関から「発見」されたとしても、サービスを受けることを、障害をもつ（と思われる人も含む）人自身の、サービス利用への抵抗感などの要因から拒否されることもある。特に軽度の障害あるいは知的な遅れのない人の場合、「障害者」ということに当事者自身がスティグマを強く感じることもあるなど（⇒第3章Ⅱ.）、専門的サービスにつなげることが容易でない場合もある。だからといって、表面的に「自己決定」と捉え、安易に「本人がサービスを拒否するので、サービスを提供しない」とすることで、本人の不利益につながることも

あるだろう。支援者との関係性の構築と並行し、サービスを受けない場合の本人の受ける不利益をも専門職としてアセスメントの上勘案し（すなわち潜在的なニーズがあると捉え）、本人が納得できるところを探っていくことが重要である。

2. 障害程度別の成人期における課題

（1） 知的な遅れのない発達障害をもつ成人期の人にとっての課題

この層の人たちは、知的な遅れがなく、高等教育（大学など）まで進学したものの、企業への就職時での不調から、あるいは就職後の不適応により、障害者雇用のサービスにつながることがある。人によってはひとりのプレーヤーとして現場で業務をするには大きな支障はないものの、昇進し部下・後輩を育てる段階に至り、そのようなマネジメント業務がうまくいかず、メンタル面での不調の経験を経て、精神科医療や「障害者」としてのサービス利用に至る場合もある。

この層では、障害者としてサービスを利用することについて、中途障害にも似た**障害受容**の困難さをもつ場合もある。公認心理師・臨床心理士などの専門職はそのような際に、無理に障害受容を迫るのではなく、本人や家族のペースに寄り添いながら、心理的安定を図り着地点を探っていくことが、役割として求められるだろう。

また、このような障害受容とも関連するが、職業活動と関連付けたうえでの自己理解も重要である。自己理解をもつことにより、事業主への合理的配慮の申し出につながったり、円滑なセルフコントロールにつながったりするからである。

ナビゲーションブックというひとつのツールが注目されている。これはこのような自己理解にもつながるツールであり、就労支援プログラム受講者がプログラムでの体験などをもとに、セールスポイント、障害特性、職業上の課題、事業所に合理的配慮として依頼することなどを取りまとめて、自らの特徴を事業主や支援機関に説明する際に活用するツールである。このようなツールを活用することで、企業に一人ひとりの特性を伝えることになり、雇用管理に役立つことになる。のみならず、さらにその作成を通じて自分自身の理解をより深めるきっかけとなり、その後の職場適応に役立つことにつながるとされる（障害者職業総合センター職業センター，2016）。

（2） 軽～中度の発達障害をもつ成人期の人にとっての課題と支援

軽度や中度の発達障害をもつ人の場合、特別支援教育を受けていることが多い。

ただし、特別支援教育といっても、従来からある特別支援学校のほか、チャレンジスクール・エンカレッジスクール、通信制高校など多様な教育メニューが増えている。この層の場合、大学などの高等教育機関には進学せず、中等教育（多くは高校段階）を経て一般就労もしくは福祉的就労という進路となることが多い。一般就労をする場合、障害者雇用制度における障害者の枠組みで就職することが多いだろう。

　この層で特別支援学校高等部を利用している場合、入学時には障害受容で悩んでいても、職場実習などに参加する、学校内で重度の生徒をサポートする経験をするなど、特別支援学校高等部において経験を積み、教育を受けるなかで、障害を受容していくことが多い。いっぽう、軽度や中度の発達障害をもっていても、年代によっては教育を受ける時期に特別支援教育や特殊教育が普及していなかったためもあり、普通科の高校を出ていることがある。また、中学卒業後に職場を転々としたりしていて、障害者支援制度（福祉的就労、障害者雇用）につながってこなかった場合があり、障害者サービスを利用することへの抵抗感をもっている場合もある。その場合は先述の通り、本人・家族の心情を十分考慮した関わりが必要となってくる。

　なお、この層の人で、コミュニケーション能力と作業能力にギャップがある場合もある。例えばコミュニケーション（特に発話）能力は高いものの、作業能力があまり高くない場合、発話能力の高さから同僚など周囲の人から能力が高いはずなのにわざと力を出していないと誤解されてしまうこともある。

　そもそも障害者雇用に企業が不慣れな場合もある。同僚の誤解が生じないように、また企業の不安を解消し適切な雇用管理が行われるよう、専門職は発達障害をもつ人だけではなく、企業関係者とも関係を構築し、環境整備が図られるよう調整を行っていく必要がある。

　さらに、この層の人で、重度の人にはあまり見られない生活上の課題をもつこともある。例えば、軽度や中度の障害をもつ人同士のトラブル（同性・異性）、消費者としてのトラブル（高額な商品の契約をよく理解せずに結んでしまうなど）、金銭管理（浪費など）の問題などである。これらの要因のひとつに、十分に理解をしていないのにもかかわらず、ある程度のコミュニケーションが可能であるため、行動をして（させられて）しまうということが考えられる。問題が発生してからの支援者としての対応も重要であるが、さらには奥野ら（2006）の「社会

生活力プログラム・マニュアル」などを用い、社会で生きていくための必要な知識・スキルの学習を深めてもらい、予防あるいはエンパワーメントしていくことも重要であろう。

(3) 中～重度の発達障害をもつ成人期の人にとっての課題と支援

　この層の人たちは特別支援学校など、障害について配慮されかつ一般の教育とは統合されていない形での教育を受け、特別支援学校高等部を卒業後は、就労継続支援B型事業などの福祉的就労の施設（人によっては就労移行支援事業）に通所することが多いだろう。つまり、問題行動はそれほど激しくはないが、生産性などに関し課題があり、一般企業や雇用契約を結んでの就労を目指すには短期間の支援では困難さが考えられる層である。また、もともと一般企業で働いてきたが加齢などにより働くのが困難となり、福祉的就労（就労継続支援）という方法を選ぶようになったという人も含まれよう。

　この層にとっての就労面での課題として、QOLのうち特に**QWL（quality of working life：職業生活の質）**の向上・維持に目を向けたい（中尾，2018）。具体的には、やりがいをもって仕事に取り組めるような作業内容の設定、能力開発・向上、またそれに伴う工賃向上を目指していくことが重要であろう。福祉的就労は、利用者を一般社会における競争から保護する機能がある一方で、就労という側面から社会に参加していく機能もある。QWLを向上していくためには、組織に所属する感覚やアイデンティティ、責任感などを形成していく。例えば当該施設でクッキーを製造・販売しているのであれば、クッキー製造者という自覚や誇り、お客様に食べていただくためにおいしいものを安全に提供することが重要であることなどが、本人なりの形で意識され、行動することを支援していくことが重要である。

　障害者総合支援法により、障害者の日中活動の場の機能が分化され、一般企業への移行を目指すサービスは主に「就労移行支援」とされているが、就労継続支援でも一般就労への移行を目指せないということではない。また、一般就労を目指すかどうかは別にしても、福祉的就労場面でも労働者・職業人として成長をしていくことは重要である。そのため、本人の自己決定が大前提ではあるが、能力・スキルを向上させる支援を、ストレスや本人の処理能力などとバランスをとりながらも行っていくことが望ましい。そして、そのためには単に本人が当該作業の遂行が可能だからということで、企業の下請け作業をひたすらやってもらえ

ば良いということではなく、本人が関心・興味をもてる仕事に取り組んでもらうことが重要であるし、そのためには自分で選択をするという経験を積むことが重要である。

　そのような作業種類などの幅を拡げるには、施設の運営にも工夫が必要である。農業が盛ん、商店街が多いといった地域の特性に合わせて、地域のさまざまな個人・団体と協働を行うことを施設としても模索していくべきであろう。

（4）　最重度の発達障害をもつ成人期の人にとっての課題と支援

　この層の人たちも特別支援学校など、障害についてより配慮されかつ一般の教育とは統合されていない形での教育を受け、特別支援学校高等部卒業後は、日中活動として生活介護施設（人によっては就労継続支援事業B型施設）に通所することが多いだろう。この層の人たちの場合、併せて行動の問題があり、トイレなどの身辺処理も必ずしも自立していない場合もある。そのため、福祉的就労も含めた「就労」に従事してもらうというよりは、日中活動の楽しみ、すなわちいかにQOLを上げるか、が重要である。

　特に、自傷・他害など重篤な行動の問題があることはQOL向上のためには阻害要因となる場合が多く、いかに、問題行動をせず（行動障害を起こさず）とも生活できるような環境（例えば、見通しがもちやすい環境、施設の生活支援員や施設に共に通所する仲間など周囲の人とコミュニケーションが取れるような環境）をつくれるかが重要となる。

　また生活介護施設は必ずしも上記の行動問題に対応できるような人的スタッフ体制（例えばTEACCHや応用行動分析学などの知識を十分にもち、それに基づく支援実践が行えるスタッフ）が整っているとは限らない。そのため、問題行動がある場合に、障害をもつ人を（本人の理解度を考慮せずに）説得しようと関わりますます状態を悪化させてしまうことがある。逆に、問題行動があることを「個性」とし「あるがまま」に認めてしまい、結果的に放任的な関わりとなってしまい、QOLの低下につながってしまう場合もあるだろう。公認心理師・臨床心理士など専門職は、生活支援員などのスタッフに対し、障害者総合支援法の都道府県地域生活支援事業である**強度行動障害支援者養成研修**を受けることを勧めるほか、これらスタッフに対する施設内研修を開催することや、個別事例についてコンサルテーションを行うことも重要な役割となる。

コラム 24

障害の程度と一般就労の可能性

　本章では最後に、障害の程度別に、想定されるサービスの内容や課題を論じてみた。しかし、それでは障害の程度は一般就労（企業就労）の可能性（以下、就労可能性）と関係があるのだろうか。言い換えれば、障害の程度が重ければ就労可能性は低く、逆に障害の程度が軽ければ就労可能性は高くなるのだろうか。

　このようなことを考えるには、「障害の程度」「就労可能性」という概念をまず検討する必要がある。障害の程度というと、障害者手帳（身体障害、療育、精神保健福祉）の等級などを想起する人もいるだろう。しかし、これらの障害者手帳の障害程度とは、個人モデル（あるいは医学モデル）を基本としたものであると考えられる。すなわち個人の側に機能障害（例：知的機能の障害）が存在しその結果、日常生活や社会生活に相当の制限を受けている状態である（社会的不利）、すなわち機能障害を中心に障害やその程度が定義されているものであると言えよう。

　一方の「就労の可能性」はICF（⇒第4章）であれば「参加」にあたり、心身機能の障害や活動の障害から影響を受けたり、逆に影響を与えたりするものであるとされる。この就労可能性というのは、明確かつ一義的な基準、例えばこのようなスキルがないとある職業に就くことは不可能といった基準があるわけではなく、また同じ事務職あるいは清掃職であっても、求められるものが会社・職場によって異なり、幅があるものである。

　さらにICFでは、前身のICIDHでは十分に検討されていなかった「環境因子」「個人因子」が加えられている。就労の領域で言えば重要な環境因子として、障害者雇用支援制度（法定雇用率）などの法的環境、景気など経済的環境や技術革新の状況、ジョブコーチ支援などの有無や進め方、支援者の活動方法やスキル、職場の障害への理解の程度、などが挙げられる。就労可能性は心身機能障害の程度の影響もあるかもしれないが、そもそも先述のように職業に就くための要件には幅があるものであるし、これらの環境因子によっても大きく変わるのである。

　また、ジョブコーチによる個別支援の形態を含む、援助付き雇用（supported employment）が1986年に米国で開始された際、就職前の訓練ではなくあくまでも雇用の一種であること、重度の人でも対象から除外しない（zero exclusion）、就職してからの訓練の重視（place then train）といった信念が、ジョブコーチ支援の根底にあるべきものとして重視されていたということにも改めて注目したい。つまり支援者の活動を下支えするものとして、これらの信念が重要であり、そうした想いが支援者の活動に影響するということである。

　このように考えてみると、障害の程度と就労可能性は、まったく関係がないとは言えないものの、ダイレクトに障害の程度が就労可能性に影響を与えるものではなく、環境因子やさらには支援者の動き方や信念もその関係性に影響を与えるものだということが言えるだろう。

　振り返ってみれば就労支援というと、発達障害領域では、グレーゾーンや軽度障害のある人に関心が集まっていて、重度障害の人の就労（特に一般就労）の問題はほとんど議論されていない。重度障害の人に就労したいのか、就労支援を受けたいかといった選択肢を

問うということも十分に行われていない状況にあるのではないだろうか。障害の程度と就労可能性は必ずしも直接結びつくものではないため、すべての人に就労可能性が検討されるべきであろう。またそのように考えると、支援者側の意識（この人には就労は無理なんじゃないか…など）も、今改めて問われるものであろう。　　　　　　　　　　（若林　功）

課題

調べましょう

- ☑ 就労支援や日中活動支援の個別支援計画にはどのような様式が使われ、どのような内容の計画が作られているのか調べましょう。
- ☑ ジョブコーチは就労支援のステップごとにどのような活動をしているのか、調べましょう。

考えましょう

- ☑ 成人期の発達障害をもつ人が生活をするうえで、一般就労場面であれば同僚・上司の理解、余暇場面でも周囲の人たちの理解、また、障害者施設に通う場合でも地域の人たちの理解が必要です。このような一般の人たちの理解を高めるためには、公認心理師はどのように活動をすればよいのでしょうか。

文献

相澤欽一（2012）職業準備性とは何か．日本職業リハビリテーション学会編　職業リハビリテーションの基礎と実践　障害のある人の就労支援のために．中央法規出版，134-135．

男女共同参画会議（2007）「ワーク・ライフ・バランス」推進の基本的方向報告〜多様性を尊重し仕事と生活が好循環を生む社会に向けて．http://www.gender.go.jp/kaigi/senmon/wlb/pdf/wlb19-7-2.pdf（2018年10月23日取得）

喜始照宣（2015）サポステに来所した中途退学者の実態：支援者への量的調査から．労働政策研究・研修機構編　大学等中退者の就労と意識に関する研究．調査シリーズ No.138，112-125．

倉知延章（2006）就労支援の過程．松爲信雄・菊池恵美子編　職業リハビリテーション学　キャリア発達と社会参加に向けた就労支援体系（改訂第2版）．協同医書出版社，140-143．

高齢・障害・求職者雇用支援機構編（2018）平成30年版障害者職業生活相談員資格認定講習テキスト．

松爲信雄（2006）キャリア教育の課題．松爲信雄・菊池恵美子編　職業リハビリテーション学　キャリア発達と社会参加に向けた就労支援体系（改訂第2版）．協同医書出版社，40-43．

文部科学省初等中等教育局特別支援教育課・厚生労働省社会・援護局障害保健福祉部障害福祉課（2017）就労系障害福祉サービスにおける教育と福祉の連携の一層の推進について．http://www.mext.go.jp/a_menu/shotou/tokubetu/1334937.htm（2018年11月22日取得）

中尾文香（2018）就労継続支援事業所における組織運営のあり方と新たな社会的価値の創造．発達障害研究，39(4)，318-326．

Nevill, D. D., & Super, D. E. (1986) The Salience Inventory: Theory, application, and research. Manual (Research edition), Consulting Psychologists Press.

日本職業リハビリテーション学会職リハ用語検討研究委員会編（2002）ワークサンプル法．職業リハビリテーション用語集，102-103．

奥野英子・関口惠美・佐々木葉子・大場龍男・興梠理・星野晴彦　日本リハビリテーション連携科学学会社会リハビリテーション研究会企画（2006）自立を支援する社会生活力プログラム・マニュアル—知的障害・発達障害・高次脳機能障害等のある人のために—．中央法規出版．

障害者職業総合センター職業センター（2016）発達障害者のワークシステム・サポートプログラム　ナビゲーションブックの作成と活用，支援マニュアル No.13．http://www.nivr.jeed.or.jp/download/center/support13.pdf（2018年10月31日取得）

第3部
心理支援の可能性

第14章 さまざまな局面における心理支援

山崎晃史・大石幸二

> 本章ではこれまでの章で扱わなかったトピックスを取り上げる。事例19では、偶然のめぐり合わせが経験の流れを方向づけていくという布置を捉える視点を取り上げた。事例20では、発達障害児童を巡り関係者が感情的に混乱・対立した際の公認心理師・臨床心理士の役割について取り上げた。事例21では、巡回支援における公認心理師・臨床心理士の役割について取り上げた。事例22では、青年期の課題、特にひきこもりとアディクションを取り上げた。最後に強度行動障害に関する応用行動分析による支援を取り上げた。

事例19

　重度の知的発達症と自閉スペクトラム症の成人女性。幼稚園から小、中、高と特別支援学校に通い、卒業後は生活介護の事業所に通所している。小学校の頃から成人に至るまで発達相談として心理支援を行った。関与的に行動観察をしながら母親からふだんの様子を聞き取り、相談に応じる形式である。

　幼児期から小学校の時期には極めて多動で限定反復的な興味が強く、聴覚を中心に感覚過敏も強かった。小学生の頃までは外出時にはいなくなってしまうことが多く、警察に捜索してもらい見つけてもらったことも何度かあった。また、親がいなくても不安にはならず自らの関心に沿って行動していた。特定のぬいぐるみや絵本をぼろぼろになっても肌身離さず持っていた。使えるトイレが限られ本人のなかで許容できる場所以外では何としても排泄はしなかった。幼児の泣き声、カラスの鳴き声を強く嫌がり、耳を塞ぐことが多かった。妹の高い声を避けたがり、そばに寄せ付けようとせず、妹の存在を嫌がっていた。妹も母親を独占したく本人を目の敵にしてしまう。

　本人の行動を制御できず、生活のなかで生じるさまざまなつまずきや混乱に対応することの疲労から、母親は育児に関する自信と自己効力感の低下に悩まされていた。しかし、粘り強くあきらめずに関わり続けようとする母親の態度があり、それは大きな強みであると考えられた。心理支援では、一つひとつの行為の意味や関わり方、そして、本人が母親に発信していると考えられるメッセージを伝えて、コミュニケーションの仲立ちを行った。

　小学校高学年からは、慣れない場所では外出時には親を意識して離れないようになった。それと同時に多動はおさまり行動もまとまっていった。また、興味のあることに関して質問して親に答えてもらうというコミュニケーションを楽しむようになった。視覚的に形態を記憶して描いて再現することが得意で好きになり、ゲームのキャラクターを描くようになり、徐々に精細な絵になっていった。音楽が好きだということで、小学校の途中から

一般のピアノ教室に通わせてみたところ、最初は全く興味をもたず絵を描くばかりだった。しかし、ほかの児童とレッスンを同じ時間にして一緒に歌を歌う時間にしたところ、音楽そのものに興味をもち始めた。その後は鍵盤で歌のメロディーをひろって弾き始めた。本人も弾きたいという動機づけが強くなり、徐々に先生の指導を受け入れ、単純な曲から始まったレッスンは高度な曲へと進んでいった。高校生になってから以降は弾く楽しみそのものから、一般の生徒に対するような反復的で厳しいレッスンにも適応し、毎日自主的な練習を欠かさなかった。また、通い始めたキリスト教会で、賛美歌を歌うことを楽しみにするようになった本人を、周囲の教会員が肯定的に受容した。
　心理支援では、本人のピアノへの興味の高まりとピアノの先生との偶然の出会いや相性の質を見極め、見守った。そして、意欲や達成感、自信を育てるナチュラルなサポートだと意味づけて母親とともに肯定的に評価した。教会での周囲の肯定的な働きかけも親子にとってはナチュラルなサポートであった。
　毎年の発表会で難曲を弾きこなし、ピアノが趣味になっていった。通じるやりとりが増え、肯定的な成長が目に見えるようになり、かつ親子を受け容れる人々の姿が見えるようになり、母親にも気持ちに余裕が出てきた。
　学校卒業後は器用さを生かして正確な作業能力を発揮して福祉施設で作業をしている。工賃の支払いを楽しみにしていて、もらうと介護者などの付き添いはなくともひとりで出かけ、文房具や食べものを買っている。働いて好きなものを買うという循環がイメージのなかでできている。時々、欲しいものを店員にうまく伝えられず情緒的に混乱するが、周囲の人が機転を利かせてうまく収めてくれているようである。成人以前は葛藤が大きかった妹との関係も安定し、本人も拒否ではなく妹と適切な距離の取り方を学び、妹も今では「姉のおかげでさまざまなことを学んだ」と肯定的に捉えている。

Ⅰ．育ちの展開とナチュラルサポートを俯瞰する心理支援

　事例19にあるように、発達障害の発達初期は親子にとって波乱に満ちている。乳幼児期から学童期は、衝動性の制御やコミュニケーションの制約が特に大きく、親の心身の疲労を増幅させる。しかし、この時期を親が、容易には変えられない限定反復的行動（こだわり）はある程度放置しつつ、一定のペースで粘り強く関わっていくことができれば、発達障害の児童なりの愛着が芽生える。そして、親子の絆ができていく。支援者も右往左往せずに、この過程で具体的なアイデアを提供し、行為の意味を仮説的に伝えながら心理的に支援していく。家族の健康度が一定のものであればこのような方法で安定を図ることができる。
　発達の過程では、成長のきっかけになる出来事や肯定的な部分を引き出す相性の良い人物が現れることがある。ともすると専門機関や専門職による支援ばかりを想定してしまうが、実際には**非専門家の関わり**や日常のなかで行われるさり

げない自然な支援（**ナチュラルサポート**[1]）が一人ひとりを支えている。そこで、地域のなかで習いごとや児童が集う場など**多様な参加の場の確保**がなされることが重要である。こうした経験機会のなかで**意図せざる効果**を見極め、阻害要因になっているもの以外は経過を見守る。また、そのことの意味を親と共有する。

専門機関以外にも参加の場を開拓し、幅を広げて参加を促すこと、そして、事態を俯瞰的な視点で評価できる支援者が必要であり、公認心理師・臨床心理士にはその役割が期待されている。

通常なら要求水準を高く設定した反復練習などは、自閉スペクトラム症の場合には過敏さや情緒的混乱を助長するとしてできるだけ回避させるが、やりたいことをするという文脈では必ずしもマイナスにはならないことがある。つまり受け身で強いられるのではなく、進んで行う**意欲**があるかどうかがポイントである。臨床的な感覚としては、理論をステレオタイプに適用せず個別的に検討をする必要があると考えられる。事例はそのことを示している。

親を巡っての争奪で兄弟姉妹が欲求不満を抱き、気を引く行為が強くなったり、「よい子」になることで家族のなかでの価値を高めようとしたり、それぞれの状況に応じてさまざまな**兄弟姉妹関係**が展開する。そのような兄弟姉妹関係にはどうしても調整しきれない部分がつきまとうが、時間的経過のなかで当事者の成熟もあいまって経験の意味が再構成（**リフレーミング**）されていくことも多い。

心理支援では兄弟姉妹の抱える感情にも気を配り、さりげなく支援をし、無理がかかりすぎないように心理教育的に情報提供を行うこともある。また、社会の偏見の除去やサポートの充実による家族の負担軽減と、希望ある未来の展望が兄弟姉妹を間接的にバックアップすることになる。

---

[1] 就労支援の領域で従業員が障害をもつ人に行うサポートのことを言うが、ここでは範囲を拡げ非専門職による日常のなかでの自然なサポート全般を表すこととする。

> **事例 20**
>
> 　小学生5年生。低学年時に発達障害の疑い診断を受けたことはあるが確定していない。他児との相性によっては衝動的になりやすく最終的には攻撃的言動（暴言）を吐いてしまう。学校内で他児に暴言を吐いた際には教師が児童の間に割って入って強く制止した。何度か同様の出来事が続いたため、担任が母親に状況を伝え再度の医療機関受診を勧めた。母親が本児に問いただしたところ、「相手が悪いのに一方的に先生に怒られる」と弁解した。母親は担任に強く抗議して謝罪を要求した。担任や学校は防衛的になり、相手の問題もあるが本児もトラブルの元をつくっていると説明することに終始した。以降、母親と学校の対立構造が固定化してしまった。本児は自らを巡る緊張状態を感じ取っているようで、他児への暴言が頻発した。
>
> 　母親は教育委員会に学校への苦情を訴えた。教育委員会から依頼を受けた公認心理師は母親と学校の双方から状況を聞き取り、双方への介入を行った。学校に対しては、はざまにいる本児が大人の緊張感を感じ取り最もつらいだろうから、学校側の反省点も伝えて、本児のために協力し合う状況をつくったほうが良いと勧めた。母親に対しては、「敏感であるため、周囲が落ち着かないと本人も影響を受けやすく衝動的な言動をしてしまうタイプなのかもしれない。特性を見極めて学校に対応方法を伝えていきませんか」と助言した。インフォームド・コンセントを丁寧に行い、母親とともにアセスメントツールを用いて児童の特徴を確認した。そのうえで、関係者それぞれのパーソナリティや立場を見極めながら、肯定的にリフレーミングした情報を双方に繰り返し伝えた。このようにして、現状以上に相互関係が悪化しないようにしていると、本児をめぐるトラブルは減少した。

Ⅱ. 関係のこじれをほぐしていく支援

　事例20のように、発達障害の児童を巡る**関係のこじれ**が重層化して問題が複雑化していくことがある（図14-1）。学校のなかで、児童の衝動的な行為を抑制しようとして教師が言葉や態度で強く制止し、親に児童の問題点を指摘していく。学校の本人への対応や評価が一方的だと親は逆に学校を非難する。児童自身が学

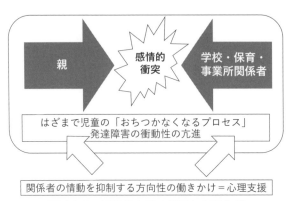

図14-1　衝動性亢進の構図と心理支援

校環境で感じているニーズを飛び越えて、学校と親の感情的な対立構造が生じ、固定化していく。そうすると「おちつかなくなるプロセス」（⇒第9章Ⅰ）が進行し、本人自身の衝動性の制御もますます機能不全状態へと陥ってしまう。こうしたパターンは家族間の葛藤が強い場合も同様である。

そこで、関係者相互の関係性がよどまないように、そうした状況が児童の衝動制御の機能をひずませないように、巡回支援方式も含めて介入して問題状況の変化を促していく。その際、関係者のパーソナリティ、感情の状態や役割の分析は重要である。怒りや不安を抱え込みやすい人の動揺を抑制し、情動の安定した人物をキーパーソンにしていく。そして、問題状況の好転に資する具体的なアイデアを提供しながら安心感をもたらし、関係者間の**負情動の抑制**を目指す。こうして児童自身が「おちつくプロセス」に進む土台をつくるのである。

事例21

保育所の要請で市から依頼を受けた公認心理師が巡回支援を行った。保健師が園との調整役として同行した。3歳の児童。言葉の発達が遅く、会話にならず、保育室で活動する時間でも関心があるものを求めてすぐに室外に出て行く状況を行動観察した。また、担任や園長から経過や状況を聴き取った。家庭では相談機関や医療機関には相談していない。

園長は療育の必要性や発達障害かどうかの判断がほしいとも訴えた。公認心理師は、診断行為はできないことを伝えつつ、現時点での社会性や言語コミュニケーションや興味のもち方の特性について、客観化して園長や保育士と共有した。そして、安定した保育環境を提供する保育所の役割を確認し、現状でできる環境調整についての助言を行った。

また、保育所からは肯定的な部分も含め本児の特徴的なエピソードを親に伝えながら、親との共通理解を図っていくこと、家庭での関わり方で困っていることの表明があれば保育士としての助言をしつつも、相談機関の情報提供を行うことを確認した。保健師も、3歳児健診の場面で状況をよく観察して、家庭で困っていないかを聞き取ることを確認した。

Ⅲ．巡回支援と心理支援

巡回支援については既に第7章でも取り上げたが、ここでは巡回支援の留意点についてあらためて整理する。というのも、さまざまな巡回支援（巡回相談）があり、誰のための何のためのものかが曖昧になってしまうことがあるからだ。乳幼児期および学童期の児童を対象に、乳幼児期は子育て支援センター、保育室、保育所、幼稚園、認定こども園、児童発達支援事業などで、学童期は学校や放課

後児童クラブ、放課後等デイサービスなどで、巡回支援が行われている。その後は成人のさまざまな通所施設も対象になりえる。

　巡回支援は直接、保育、教育、支援を行っている人々を**後方支援**することが主たる目的である。直接支援ではなく**間接支援**であり、**コンサルテーション**であるとも言える。児童が育つ場は地域の通常の保育、教育機関であるべきであり、どのような児童にとってもその場が充実した場になるようにしなければならない。そこで、直接関わる者を支援するという組み立てになる。したがって、診断、判定をして専門機関に送り出すということが主たる目的ではない。

　事例21においても、児童を巡って保育士と親とが共通理解を深める過程が欠かせない。専門家が発達障害だと言ったから、あるいは専門機関に行くべきと言ったから、と保育所側が親に言うとすれば、多くの場合は親には反発され、支援を受けることへのモチベーションを阻害する。あくまでも、周囲の支援者が児童を理解し、環境調整を図り、実際に関わるというプロセスを支援するのが巡回支援である。そして、配慮を行うために特性の評価を行いつつ、他児との育ちあいを実現する保育環境を推進する。

　また、巡回支援は**切れ目の無い縦横連携**をつないでいく契機になる。さまざまな場に出向き連携をすることによって、**つなぎ手**としての役割が発揮できる。保健師や福祉担当職員が同行して、状況把握を共に行うと、さらにその連携機能が高まる。

　巡回支援は**インクルーシブな地域での育ちや学び**を実現するためのツールになるとともに、公認心理師・臨床心理士にとっては心理学的知識と支援技術を連携のなかで生かすことができる場面である。ともすると、診断名や障害名によるステレオタイプな理解と対応が先行してしまいがちななかで、児童、家族、関係者が気づきと創意工夫を共有し、気遣い、共感、信頼を寄せ合う関係が進展していくことを後押しする。そのことにより環境の安定をもたらし、児童の情緒的安定と成長を促す。そして、他ならぬ私たちが目の前の一人ひとりの育ちを見守っているという当事者意識を通じて**インクルージョン**を後押ししていくのである。

コラム 25

「障害受容」という概念

　障害受容という概念で本人、家族の心理状態を捉えることがある。これは障害告知による衝撃から心理的に立ち直る道筋を示す概念である。ドローター（Drotar, D.）らの先天奇形をもつ子の親の図式が障害受容の経過を示すものとして発達障害全般に適用されている。それによれば、①ショック、②否認、③悲しみと怒り、④適応、⑤再起の段階的過程を経るとされる。これは、理想との大きな相違という対象喪失への正常かつ自然な心理的反応として理解されている。再起の段階は、新たな価値観の獲得や理解枠組みの変容として解釈されている。

　しかしながら、必ずしも全ての人が図式通り段階的に受容が進むものではない。また、本人か、家族か、先天的障害か、中途障害か、見て分かる障害か、見て分からない障害か、などの違いによりその心理過程には違いがある。何よりも、このような言説が一律に適用されると、図式通りの過程を支援者が期待するという事態が生じ、自然な過程を見守るのとは逆のアプローチがされてしまう。

　中田（1995, 2002）は親の心理過程について慢性的悲嘆という視点を紹介し、悲哀は内面に常に存在し、経過やライフイベントに応じて顕在化と潜在化を繰り返すとしている。障害受容とは終局のある過程ではなく生涯続くものだとする。

　ただし、状況によって悲哀の姿が揺れ動くのが当たり前だとすると、静的な到達点を含意するこの概念を使用する意味は薄い。加えて、告知にホッとした、納得したとする当事者もおり、悲哀という観点がしっくりこない場合もある。

　そもそも本概念は、診断や説明を拒否する者、心理的に安定しない者、支援を受けたがらない者、支援者が想定した進路やサービスを望まない者などについて、否定的に評価する際に多用される傾向がある。すなわち「障害受容ができていない」と評価する。これは、障害の認識について、専ら個人の内面の問題とするもので、かつ支援者が提示したものを受け取るべきという前提がある。

　社会が障害をもつ人に偏見をもち、排除しようとするなら障害を巡る当事者の理解のハードルは高くなる。したがって、社会のなかに障害をもつ人を違和感なく取り込んでいくことで、障害を巡る個人の心理も変容するという生態学的な視点が必要である。この概念は便利ではあるが、支援者側の都合により使われがちであることを理解したうえで使用すべきなのである。

（山崎晃史）

> **事例22**
>
> 　自閉スペクトラム症および注意欠如・多動症の診断を受けている成人女性。知的な障害はない。障害者雇用で働いている。アニメのキャラクターグッズを集めることに没頭し、レアなものについては何としても手に入れたくなり、収入以上の金額をつぎ込んでしまう。手持ちのお金を超過すると親に執拗に無心する。要求を拒むと暴力的になることがあり親はついには根負けして、これが最後であり返済を必ずするという条件をつけてお金を渡すことになる。しかし、返済はなく相当な金額が累積している。
>
> 　困った親は本人を医療機関に受診させた。医師の指示で公認心理師が会うと、無邪気に好きなキャラクターのことを語り快活だが、お金の使い方の話に至ると表情が変わり急に話がかみ合わなくなる。発達障害の成人向けに実施している集団精神療法に参加を促し、心理教育的な説明を行った。参加した集団精神療法では買い物や食に依存する同様な他者の悩みとアイデアを聴きながら、自らの問題にも向き合い始めた。公認心理師との面接でも制御できない辛さを言葉にするようになった。

Ⅳ．青年期の諸問題と心理支援

1．問題化する状況

　青年期に、それまでの負の経験の蓄積が、自立と社会参加という負荷がかかる状況のなかで不安や抑うつ、衝動性の亢進という形で顕在化することがある。また社会生活のなかで計画的に仕事を進められない、仕事上の指示の意図が理解できない、間違いが多く信用を失う、人間関係で率直な言動をしてトラブルを招く、子育てがうまくできないなどの課題で自ら、あるいは勧められて相談機関、医療機関につながることがある。成人になり初めて発達障害の診断を受けることもある。

　心身の症状については精神科的な治療を進め、社会生活上の課題については特性の理解を進めながら、環境調整や合理的配慮を行うことになる。また就労支援を行うこともある。さらに、その過程のなかで障害者手帳や場合によっては障害者年金の取得へと進むことがある。

　支援に時間がかかるのが思春期、青年期に生じる発達障害の方々の**ひきこもり**や**アディクション**（addiction：嗜癖・依存症）の課題である。

2．ひきこもり

　ひきこもりの課題については、まず、公的な支援システムが手厚い義務教育年

齢までとは違い、高校生以降の不登校については支援の場が極端に少なくなるという背景をふまえる必要がある。発達障害特性により学校不適応になり、福祉系のサービスの利用にもつながらず、支援のはざまに陥り、その後ひきこもりへと遷延化することがある。発達障害を背景にしたひきこもりの課題は、組織的には対応されておらず人知れず社会と没交渉になっていることがある。

しかし、ひきこもっている方も個別に会ってみると話はむしろよくする場合もあり、人を拒絶しているわけではないことがある。ただ自分なりの段取りやパターンが強くて、社会的場面のペースについていけないために外の世界を回避していることがある。そうした場合には本人のペースに寄り添い、苦手としていることがらを理解して配慮すれば活動の範囲は広がる。

そこで、安心して試行錯誤ができる居場所の存在が望まれる。厚生労働省による**ひきこもり対策推進事業**や保健所のひきこもり対応の窓口、市町村窓口との連携が必要であるが、居場所そのものは多くはなく、地域によっては遠方にしか場がない。厚生労働省が事業者に委託して行っている「地域若者サポートステー

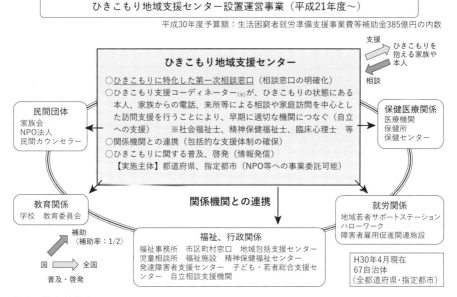

図14-2　ひきこもり地域支援センター

ョン」（⇒第13章Ⅱ．4．）を活用するなど地域の実情に応じて拠り所になる場所が必要だろう。公認心理師・臨床心理士も個別支援を行いながらも、手がかりになる居場所や活動の場を関係者とともに創り出していきたい。

3．アディクション（嗜癖・依存症）

事例22では発達障害の特性が発達経過のなかで亢進し、過度な衝動制御の難しさとなり顕在化していることが想定される。このような場合には単に問題行動を強制終了させようとするだけではうまくいかない。グループ活動などでの他者の観察やそこからの気づきの促し、課題への向き合いの促しと心理教育的なアプローチの提供、心理的支持をしながらの諸経験からの学習の促し、家族への心理教育的アプローチなどきめ細かな支援が必要になる。それは通常のアディクション対応を発達障害特性に配慮したものにアレンジするという、さらに専門性の高いものとなる。

もともと衝動制御に苦手さを抱える注意欠如・多動症ではさまざまな要因の重複でアディクションへと進展することがある。ゲーム依存、買い物依存、物質依存などさまざまなパターンがある。児童の発達障害支援と成人の精神医療のはざまにあり、この領域の心理支援に関する知見をこれから蓄積しなければならない。

Ⅴ．強度行動障害と心理支援——応用行動分析

強度行動障害をもつ人への支援の歴史はまだ新しい。強度行動障害について定義がなされたのは、1989年のことである（行動障害児［者］研究会，1989）。これは、DSM-5による①知的発達症や自閉スペクトラム症、注意欠如・多動症などと並び称される医学的診断名とは違う。よって、これらと合併している場合もある。②自傷や他害が並外れた頻度と強度と内容で出現するものであり、自己や他者の生存や生活が脅かされるものである。このようなことから、③通常の子育てでは養育や処遇がきわめて困難である。そして、このような状態像・臨床像の背景に人や場に対する嫌悪感や不信感があると推定されている。さらに、社会福祉法人全日本手をつなぐ育成会（2013）の調査より、小学校中学年から青年前期がそのような状態像・臨床像の顕著な時期になっていることも判明している。さらに、これらの状態像・臨床像へのアプローチとして、①構造化された環境の

中で、②医療と連携しながら、③リラックスできる強い刺激を避けた環境で、④一貫した対応をできるチームを作り、⑤自尊心をもち1人でできる活動を増やし、⑥地域で継続的に生活できる体制づくりを進める、という6つの原則がガイドラインとして示されている（特定非営利活動法人全国地域生活支援ネットワーク，2015）。

　上記のような強度行動障害に対して**応用行動分析**のアプローチはどのように貢献することができるであろう。応用行動分析のアプローチでは、個人が環境に働きかけを行い手を入れる結果により、その行動の変化がもたらされると考える。よって、個人が取り巻かれる環境内の手がかりの配置状況や、個人が取り巻かれた環境から手に入れた結果を分析の対象とする。先述した①～⑥のうち、①の環境設計と、③の刺激配置と、⑤の活動保障は、応用行動分析のアプローチが貢献できる3要素であると考えられる。実践研究をふまえて、これらを順に説明してみることにしよう（⇒第9章Ⅱ．2．）。

1．環境設計による予防

　まず①の**環境設計**に関する実践研究についてである。事例および手続きの詳細は、雑誌「行動科学」第33巻に提示されている。

　事例の概要は**図14-3**のとおりであった。生活年齢が5歳9ヵ月の時に実施した津守稲毛式・乳幼児精神発達質問紙検査では、発達年齢が0歳11ヵ月であり、発達指数は15と算出された。行動上の問題とされたことは頻繁に行われる脱力とそこから生じる床への座り込み、さらに続く寝転がりであり、これらは時と場所を選ばずに生じることが母親と保育者を困らせていた。このような行動を継続する事例に対して母親と保育者は手を焼き、効果的な対応をできないまま時間が経過していた。

　その行動がどのような環境との相互作用におい

事例	CA＝5：9　DA＝0：11　DQ＝15
行動	床に座る、寝転ぶ→課題に従事できず
査定	MAS（動機づけ評定尺度）
介入	DRO（他行動分化強化法）

出典：大石幸二（1994）重度精神遅滞児における逃避動機づけ行動の置換．行動科学，33，70-79．

図14-3　事例検討　事例概要

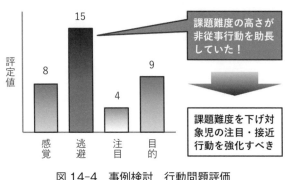

図 14-4 事例検討　行動問題評価

て生じているかを客観的に理解するために、行動問題の動機づけ評定尺度（MAS）を実施した。MAS の結果を図 14-4 に示す。MAS を実施するまでは、関係者は感覚を独りで楽しむ**自己刺激行動**としてこの活動が続いている（図 14-4 の「感覚」の評定値が高くなる）と想像していたが、この尺度により理解されたのは、まったく別のことであった。実際に MAS を実施してみると、行動問題を動機づけそれを維持している要因は「**逃避**」の機能であった。すなわち、活動する場面や取り巻かれる環境が非構造的で、本事例にとってまとまりがなく、環境がよく設えられた設計になっていないものと考えられた。

そこで、早速活動場面をコーナー保育ができるよう環境設計を行い、机上にはひとつの教材のみを提示するようにした。指導担当者の声かけも最小限のものにすることで、このような環境設計を行わない非介入期では総時間の 6 割程度で逸脱的で課題に従事しない行動が生起していたが、上記のような介入を行うと、総時間の 8 割程度で指導担当者への注目・接近のような社会的な行動が生起するようになった（図 14-5）。そして、効果確認期に至り、関わる指導担当者を交替

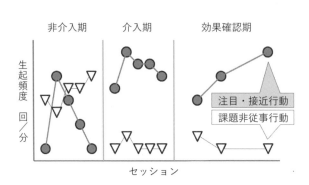

図 14-5 事例検討　介入効果

しても、活動の内容を変更したり増やしたりしても、これらの行動は維持されていた。先行調査より強度行動障害が顕在化するのは小学校中学年以降の時期であるが、その背景のひとつには**コミュニケーションの不成立**があ

ることが指摘されている。この指摘をふまえると、本実践研究には強度行動障害の予防的な意義があると言える。

2. 刺激配置による不安低減

小学校中学年以降の時期に不適応が生じる背景として、「やっていることが分からない」「やってみてもうまくできない」「やっただけの甲斐がない」などということが**予期不安**を高めたり、**動機づけ**を低下させてしまうことが考えられる。

図 14-6 に示す事例では、コミュニケーションにはまったく問題がなかったものの、学習場面になるとかんしゃくを起こしたり、逸脱行動を示したり、活動を一切行わないという状態を示し、家庭では頻繁ではなかった（つまり、必ずしも強度行動障害の定義には該当しない）が、神経質な爪かみやささくれ剥がしをしていた。

この事例に対して、学校の課題や苦手な活動を克服するために最初は援助量を増やした。たとえ短時間であっても課題に従事すると、それにともない楽しむことができる余暇活動を**自己決定**できる**刺激配置**（活動の構造）を計画した。図 14-7 がそのように刺激配置を行い、事例が自分自身で環境をある程度コントロールできるようにした結果である。段階的に介入を進めているが、事後選択期において活動が終わると自分で余暇活動を（事後に）選べるよ

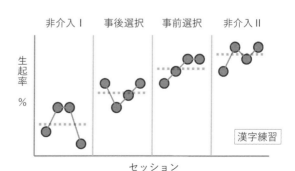

事例	CA＝9：10　IQ＝73
行動	漢字（計算）の課題従事←不注意・逸脱
査定	FBA（機能的行動アセスメント）
介入	選択機会提供（強化子の自己決定）

出典：大石幸二（1999）知的発達障害をもつ児童における選択決定機会の設定と自己制御．性格心理学研究，8(1)，70-71．

図 14-6　事例検討　事例概要

図 14-7　事例検討　介入効果

うに刺激提示する段階を経て、事前選択期では事例があらかじめ活動終了後にやってみたい余暇活動とその時間を選択決定できるようにした。

すると、事例が最も苦手としていた漢字の書き取りについて自ら主体的に取り組むようになり、余暇活動と学習活動を自分自身でうまく計画し、**自己コントロール**するようになった。子どもたち自身が環境設計や刺激配置に**主体的に関与する**ことの重要性が窺われる。

3. 活動保障によるリラックスの重要性

最後に**活動保障**について取り組んだ実践研究を紹介する。子どもたちにとって何かができるようになることはとても大切なことである。強度行動障害の好発年齢であるとされる小学校中学年から青年前期までの時期というのは、まさに自発性・主体性を高め、できることや「やってみよう」と思えることを増やし、達成感や成就感を背景に自己コントロールや自己有能感を高める時期と対応している。けれども、このことがかえって子どもたちを苦しめることになる場合があるということに留意したい。

図14-8に示す事例は高校生の年齢にあり、多動性・衝動性がたいへん高い男性であった。定時制高等学校の在籍であり、日中活動を望んで小規模授産施設を利用していた。作業中、ほとんど作業に従事することがなく、始終おしゃべりを続けた。時折かんしゃくを起こしてほかの利用者に対して他害行為におよぶということから、目が離せない事例だと支援スタッフが認識していた。

この小規模授産施設にコンサルテーションを行った結果が図14-9である。支援スタッフの印象とは裏腹に、事例は確かに総時間の4割程度で逸脱行動を示していたが、1割強は作業遂行を示していた。けれども、支援スタッフはこの作業に従事できている事例の姿を

事例	CA＝16：9　IQ＝69
行動	机を弾く、身体を揺らす→作業中断
査定	FAI（機能的行動アセスメント聴取）
介入	言語指示量を減らし、適切行動に注目

出典：小林重雄・日上耕司・大石幸二ほか（1998）発達障害児（者）の地域参加のための環境的支援アプローチに関する研究．旧・安田生命社会事業団研究助成論文集, 34, 1-10.

図14-8　事例検討　事例概要

評価していなかった。これはほかの利用者が黙々と作業遂行している様子との比較の結果であると分かった。事例の個別的なニーズや困りごとよりも場の空気が乱されることなく、静穏な環境が持続することが重視された結果

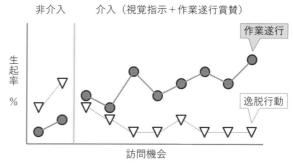

図14-9　事例検討　介入効果

であると考察できた。すると、活動性の高い事例はそのような空間で行動調節することが難しくなるであろう。

　そこで、支援スタッフには言語指示量（叱責を含む）を相対的に減らしその分を視覚に訴えて見本・手本を示すことと、事例の適切行動に注目してそれを承認するよう依頼した。その結果、介入期に入り、逸脱行動と作業遂行の比率は逆転した。事例は逸脱をしなくなり、作業遂行は総時間の7割程度にまで漸増していった。けれども、この作業従事は当初予想したほどには向上しなかったと考えられた。その理由は、事例の行動が安定し作業にもある程度従事できるようになると、支援スタッフの間に「本当はもっとできるのではないか」「もう少しがんばらせたい」「ほかの利用者と同じくらい取り組ませたい」という"欲"が働き出したことが要因のひとつだと考えられた。

　事例は、確かに見違えるように変容したが、それはある程度気を張っていたからにほかならず、それをより一層高めようと要求水準を上げすぎると、たちまちストレスのほうが優勢になり、リラックスして活動参加できなくなる。この年齢段階特有のメカニズムとして留意しておく必要がある。

コラム 26

重度知的発達症成人の生活と介護の課題

　図式的に捉えると、軽度の発達障害をもつ成人の支援が見守りと配慮だとすれば、重度の知的発達症をもつ成人の支援は介助と読み取りである。軽度の発達障害でつまずきやすい課題は人間関係の機微や社会生活上の細かなルールに関する部分である。いっぽう、重度知的発達症では危険の認識や日常生活のスキルに課題があり、介助および意思の読み取りや行動の予測が必要になる。

　つまり、重度知的発達症では介助者が常に必要になるため、ホームヘルパーのサービスや生活介護などの日中活動のサービスなどで支えていくことになる。ここで課題になるのは活動内容の展開の難しさと介助者の人材不足である。本人が言語をほとんど用いないので、何を望んでいるのかは推測して読み取りながら、活動内容を広げて試してみないと分からない。しかし、ともすると介助者の好みや発想の範囲に留まり活動内容が限定的になりがちである。そこで、利用者本位に発想を広げていくための後方支援が必要である。

　加えて福祉領域には人材が集まりにくく、転職者やパート職員も多いために現場での継続的研修が必要である。また、経験が浅いなかでの感情労働（対人サービスで感情制御を要請される労働）は、虐待や職員のメンタルヘルスの諸問題のリスクを高める要因である。公認心理師・臨床心理士は精神保健の視点で福祉現場を支援する必要がある。

　家族介護に過度に依存しないように、重度障害の方向けの夜間の住まいの場もグループホームを中心に広がっている。医療的ケアが必要な重度知的発達症の方についても、その住まいとしてケア度の高い方を受け入れるグループホームをつくる法人も存在する。

　埼玉県東松山市のあるホームでは喀痰吸引研修（介護職員が痰の吸引や経管栄養などの特定行為を行うために義務づけられた研修）を受けた介護職員や看護師のチームが夜間の生活を支えている。日中はそれぞれの利用者が通所の施設に通っている。そして介助者と本人で小学生下校時の自治会見守り活動に参加し地域貢献を行っている。　　　（山崎晃史）

課題

調べましょう

- ☑ 発達障害をもつ人の表現活動・創作活動について「アール・ブリュット」と呼ばれる芸術を手がかりに調べましょう。
- ☑ 知的発達症をもつ人のスポーツ活動とその支援について、現状と課題を調べましょう。
- ☑ 居住地域のひきこもり支援の現状について調べ、そのなかで発達障害や精神障害をもつ人がどのくらい支援されているか調べましょう。

考えましょう

- ☑ 医療的ケアが必要な人や、強度行動障害をもつ人などの、ケア度・支援度の高い方の支援チームのなかにいると想定して、公認心理師・臨床心理士として何ができるかを考えましょう。

文献

小林重雄・日上耕司・大石幸二ほか（1998）発達障害児（者）の地域参加のための環境的支援アプローチに関する研究．旧・安田生命社会事業団研究助成論文集，34，1-10．

行動障害児（者）研究会（1989）強度行動障害児（者）の行動改善および処遇のあり方に関する研究．財団法人キリン記念財団助成研究報告書．

中田洋二郎（1995）親の障害の認識と受容に関する考察―受容の段階説と慢性的悲哀―．早稲田心理学年報，27，83-92．

中田洋二郎（2002）子どもの障害をどう受容するか―家族支援と援助者の役割―．大月書店．

大石幸二（1994）重度精神遅滞児における逃避動機づけ行動の置換．行動科学，33，70-79．

大石幸二（1999）知的発達障害をもつ児童における選択決定機会の設定と自己制御．性格心理学研究，8(1)，70-71．

社会福祉法人全日本手をつなぐ育成会（2013）強度行動障害の評価基準等に関する調査について報告書．厚生労働省・平成24年度障害者総合福祉推進事業．

特定非営利活動法人アスペ・エルデの会（2018）巡回相談支援活用マニュアル．

特定非営利活動法人全国地域生活支援ネットワーク監修　牛谷正人・片桐公彦・肥後祥治・福島龍三郎編（2015）行動障害のある人の「暮らし」を支える―強度行動障害支援者養成研修［基礎研修・実施研修］テキスト―．中央法規出版．

東京発達相談研究会・浜谷直人編（2002）保育を支援する発達臨床コンサルテーション．ミネルヴァ書房．

山崎晃史（2013）自閉性障害を持つ方の発達を支える要因について―ある発達相談事例の考察から―．臨床福祉ジャーナル，10，80-86．

柳澤亜希子（2012）自閉症スペクトラム障害児・者の家族が抱える問題と支援の方向性．特殊教育学研究，50(4)，403-411．

第15章 インクルーシブな心理支援のこれから

大石幸二

> 本章では、まとめにかえてインクルーシブな心理支援について、そのあらましを見てみることにする。このあらましを見ていく際に中核的な意味をもつキーワードとして「ソーシャルサポート」「ケアマネジメント」「インクルージョン」を挙げることができる。以下の各節では、まずモデル事例を提示し、どこが心理支援上の課題となるかを考える材料を提供する。続いて、インクルージョンの定義について考えてみる。その際、教育実践領域における考え方を元にする。そして、インクルーシブな心理支援が多領域で多段階の社会サービスのネットワークにより構成されていることを理解する。さらに、教育と福祉をつなぐ学校ソーシャルワークの活動があることを説明する。この視点を参照することにより、学校教育における福祉機能について認識することができたり、学校現場におけるソーシャルワーク実践活動の固有性について新たな認識を抱くことができたりする。最後に、もう一度モデル事例に戻って考察する。

事例23

今ここに知的発達症と注意欠如・多動症をあわせもつ小学校4年生の男児がいるとする。この子は学校のなかで友だちや教師に悪態をつくことがあり、授業中も周囲から見ると妨害行為に見えるような教室内のフラつき行動が見られる。興味のあることには取り組むものの、そうでない時には友だちの邪魔をすることも少なくない。学校としては、養育者の協力を仰ぎたいところだが、この男児には3歳の妹ともうすぐ1歳になる弟がいる。母親はこれらの幼な子の育児に追われていて、この男児にまで手が回らない様子である。それはかりか、この家庭はひとり親であり、3人のきょうだいの父親は皆異なり、第3子の父親は不明である。母親にはDVの被害歴があり、この男児は、小学校2年生まで母子生活支援施設に入所しており、小学校3年生に進級するときに転校を経験している。現在、母親は求職中ということで生活保護を受給している。

このような事例は、最近ではあまり珍しくなくなった。私たちは、**インクルーシブな心理支援**をどのように進めることができるだろうか。この小学校４年生の男児の学校での適応を高め、その学習権を保障してあげたい。むろん、教室や学校のなかで他児との折り合いをつける必要もある。ここで**公認心理師**や**臨床心理士**、**臨床発達心理士**の出番がいくらでもあるだろう。この男児の心理支援を進めるために、養育者の育児と教師の教育実践の方向を揃えたい。しかし、養育者にはその余裕がないかもしれない。そればかりか母親自身にも心理支援が必要な実態がある。ましてこの状況であると、地域社会のなかで孤立している可能性がある。第２子の妹が保育所や幼稚園に通っていれば社会とのつながりが得られるが、そうでなければ母親の**ソーシャルサポート**はとても脆弱な状況にあるだろう。母親の精神状態によっては、虐待のハイリスク群に転じてしまう恐れもある。心理支援（**ケースワークやケアマネジメント**を含む）はこちらの課題にも傾注すべきだが、そのマネージャーは誰が務めればよいだろうか。また、心理支援はどう進めればよいだろうか。

Ⅰ．インクルージョンの定義再考

いま私たちの社会は新たなステージに突入しつつある。生き方やあり方の多様性を認め、そのような多様性を生かそうとする社会実現のステージである。このことは**ダイバーシティ**と呼ばれる。その際に重要な概念が**インクルージョン**である。けれども、インクルージョンの理念と実践の乖離をいかにして埋めるかが、今日のわが国における問題である。

インクルージョンについて比較的早い時期に、教師のために刊行された教育実践の書籍（Friend, M. & Bursuck, W. "Including Students with Special Needs: A Practical Guide for Classroom Teachers" Allyn and Bacon, 1996）によると、インクルージョンとは「伝統的な教育課程をこなせるかどうかやあらゆる授業にほかの仲間と一緒にすべて参加するかどうかとは別に、**特別な教育的ニーズを有する子どもが通常の教育を行う教室に統合されるべきである**という専門的な見地・信念を述べたもの」と定義されている（p.487）。これは裏を返して言えば、まずは、ごくふつうのあたり前の教育環境に、すべての子どもが身を置くことができることを保障すべきだという要請である。その上で、さまざまな背景や特性

を有する子どもたちが教育課程を十分にこなすことができるように調整し、ほかの仲間とともに授業に参加することができるための配慮を行うように工夫するものがインクルージョンだと言うことができる。そして、このような調整や工夫は、**合理的配慮**としてわが国でも広く知られるようになった。これは、あくまでも教育実践に関する定義であるが、余暇や職場、家庭や地域社会においても、この考え方を広げて考えることができると思われる。

　ここで注意しておきたいことは、インクルージョンの概念が必要な支援や配慮を行うための工夫について含意しているのとともに、専門的な見地・信念だと言っている点であろう。前者は実践についての言及であり、後者は理念についての言及である。先述のとおり両者には少なからぬ乖離がある。

II．インクルーシブな心理支援とは

　前節の教育実践に関するインクルージョンにおける公認心理師や臨床心理士、あるいは臨床発達心理士の役割は、大別すると、**学校心理学**の専門家としての役割と**学校カウンセラー**としての役割がある。このほかに、すべての学校種で特別支援教育コーディネーターが存在する。学校心理学の専門家としての役割では、①障害のある子どもの認知的・学業的・社会的・情緒的・行動的な機能の度合いを評価することと、②彼らの学業ないし社会的行動の問題について検討し、これを解決する方略を提案することが含まれてくる。一方、学校カウンセラーとしての役割では、子どもの学校適応が高まるように子ども自身を支え、子どもと教師の間を取りもち、これらを支える学校環境（家庭環境も含む）に対しても必要に応じて介入するということが行われる。この考え方をふまえると、モデル事例中の母親に対しても、インクルーシブな心理支援の枠組みのなかで捉え、関与することが求められる。

　学校教育の領域に限らず、インクルーシブな心理支援はあらゆる領域の**社会サービス**に関わってくるものである。よって、全ての公認心理師や臨床心理士、臨床発達心理士はあらかじめインクルーシブな心理支援について考察しておく必要がある。それでは私たち心理支援に携わる（携わろう）とする者は、**要心理支援者**に対して人生のどの段階で、どんな領域の心理支援を提供することができるだろうか。

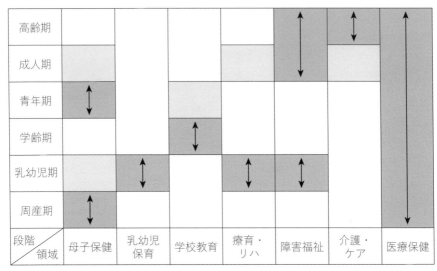

図15-1 人生の各段階において提供(利用)される社会サービスの領域

　私たちはだれしも、社会的なセーフティネットのなかで生活している。あるいは、そのようにして生活しているものと信じている。全ての人が十分に自己発揮するためには、このセーフティネットが必要である。たまたま病気や障害などにより特別なニーズが生じた場合、それ以前よりも集中的かつ持続的に専門的な支援を利用して、自立・自律や生きがいを手に入れるライフスタイルに移行するかもしれない。その際、人生のそれぞれの段階で優勢にはたらく社会サービスの領域(多様な内容を含む)は異なるかもしれない。

　図 15-1 の模式図に示すように、周産期(妊娠中を含む)から高齢期(終末期を含む)に至る各段階において、私たちは、さまざまな対人援助に関する社会サービスを利用することが可能である。そして、これらのあらゆる段階のあらゆる領域に心理支援は深く関わっている。

　この模式図を少し詳しく見てみると、**母子保健領域のサービス**は周産期から乳幼児期にかけての段階と、青年期から成人期にかけての段階において優勢にはたらいているものと考えられる(優勢にはたらくサービスを網かけで示した)。

　次に、**乳幼児保育領域のサービス**は乳幼児期において優勢にはたらいているものと考えられる。第2子、第3子の妊娠・出産を迎えると、**保育所・幼稚園**に通わせる養育者は、在園中に周産期であったり、既に卒園した姉・兄がいる場合に

は、これら卒園児の学齢期（学校はもとより**学童保育**や**放課後等デイサービス**なども含む）の状況や課題が乳幼児保育の現場にもちこまれることもある。したがって、サービスの提供（利用）期間は模式図よりも少し長いことも考えられる。

これに続く**学校教育領域のサービス**は学齢期から青年期にかけての段階において優勢にはたらいているものと考えられる。このうち、思春期から青年期にかけての段階は、自己理解や自己受容、自己調整・自己管理など、自他の区分と自己の確立に関わるきわめて重要な時期であることに留意しなければならない。

いっぽう、**療育・リハビリテーション領域のサービス**は乳幼児期と成人期（学校卒業後）の段階において優勢にはたらいているものと考えられる。もちろん、ハイリスク妊娠などの場合は、出生直後から療育へと結びつくサポートが行われる場合がある。また、近年の**児童福祉法**改正などを受け、サービスメニューが整理されたことにより施設やNPO法人、民間事業者などが放課後等デイサービスなどにより学齢期の段階に対して療育のサービスを拡大提供している実態もある。よって、模式図中の空白のところも部分的ないし一時的なサービスが設定されている可能性がある。

障害福祉領域のサービスは、療育・リハビリテーション領域のサービスと強い関連をもちながら乳幼児期および成人期から高齢期にかけて優勢にはたらいていると推定される。けれども、**療育手帳**や**身体障害者手帳**、**精神障害者保健福祉手帳**の発給・更新などはより広い人生の段階で行われており、その点を見落とさないようにしたい。

介護・ケア領域のサービスは、障害福祉やリハビリテーションの延長線上で後遺症や**中途障害・認知症**などを負い、その結果「**要介護**」の状態となったときに行われるサービスで、成人期から高齢期にかけての段階で優勢にはたらいている。**地域包括ケア**がコミュニティに浸透しつつある今日、この領域および段階における心理支援は重要な役割を演じていくことになる。

そして、最後に**医療保健領域のサービス**は、文字どおり人生のあらゆる段階で、すべての人に密接に関わってくるものである。

Ⅲ. 福祉と教育をつなぐ学校ソーシャルワーク[1]
（School Social Work：SSW）

図 15-1 の模式図を改めて見てみると、人生のどの段階の社会サービスも単一の領域によってのみ支えられているものは存在しない。とくに、乳幼児期と成人期はヒトの成育に積極的かつ中心的に関与するということと関わって、多くの領域にまたがって社会サービスが提供される。利用者の視点から見ると、人生のこの時期には、利用可能なサービス・メニューが多いということができる。その一方で、学齢期には利用できるサービス・メニューが学校教育領域のみ（健診や治療の際の医療保健領域を含む）の提供となっていることに驚かされる。つまり、学齢期はほかの人生の段階とは異なり、意識して"つなぎ合わせる"ということを行わないと、その心理支援の取り組みはきわめて限定的なものに留まることを意味している。

福祉と教育を"つなぎ合わせる"、あるいは教育における福祉機能を補強する実践として**学校ソーシャルワーク**（SSW）がある。公認心理師や臨床心理士、臨床発達心理士のなかには、福祉と教育をつないだり（単なる「紹介」ではない）、教育における福祉機能を高めるような幼児・児童生徒・学生および教職員や保護者・関係者への関与ができる人がいる。その一方で、多職種連携や協働の実績がなく、生活全体を見渡した上でのマネジメントの観点が弱い人も少なくない。マクロ・メゾ・ミクロという3層にわたり、個人（**ケースワーク**）、集団（**グループワーク**）、地域（**コミュニティワーク**）、社会（**ソーシャル・アクション**）という多彩な実践の水準をもつ SSW の機能は有用であるに違いない。

図 15-2 は、SSW の機能を頭に置きながら、全ての子どもの成育（このなかには障害が疑われる子どもや医学的診断を受けた子どもを含む）を例にとった心理支援の模式図である。この模式図は、同心円状に心理支援の例が配置されており、中心に向かうほど個別性・専門性の高い特別な心理支援が示されている。一方、外側に向かうほど公共性・一般性が高いカジュアルな支援が示されている。

---

[1] 本章では、School Social Work（SSW）を学校ソーシャルワークと称する。日本の専門学会がこの名称を冠して、すでに十余年の活動をしているからである。いっぽう、School Social Worker（SSWer）をスクールソーシャルワーカーと称する。文部科学省の活用事業において、この名称が用いられたからである。

公認心理師法（第2条）によると、公認心理師には心理支援を求める人（要心理支援者）に対する観察・評価、面接、関係者への支援、国民の心理的健康のための**心理教育**が求められている。よって、**図15-2**の模式図に示す多層的な取り組みは、その全てが心理支援の範疇に含まれ、要心理支援者の時間的・空間的推移のなかで、進められる必要がある。とはいえ、その実践は無制限に際限なく進められるという訳ではない。けれども、心理支援が社会サービスのなかでどのような位置にあるかを了解しておかないと、インクルーシブな心理支援はたちまち困難となる。

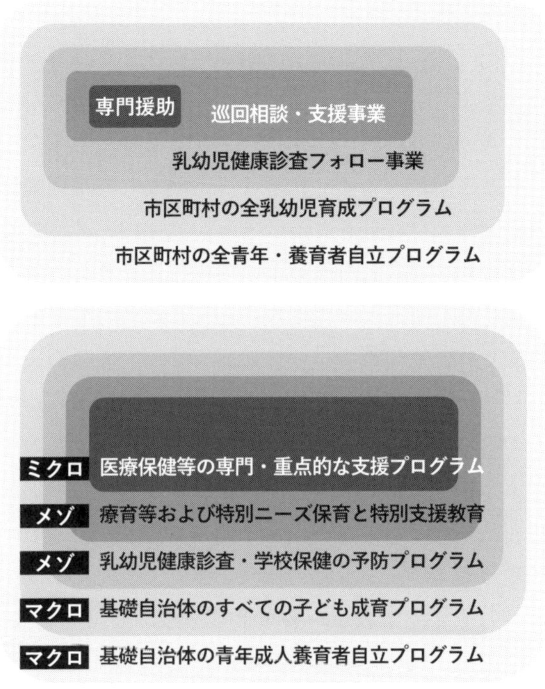

図15-2　全ての子どもの成育を例にとった心理支援

（専門援助：巡回相談・支援事業／乳幼児健康診査フォロー事業／市区町村の全乳幼児成育プログラム／市区町村の全青年・養育者自立プログラム）

（ミクロ：医療保健等の専門・重点的な支援プログラム／メゾ：療育等および特別ニーズ保育と特別支援教育／メゾ：乳幼児健康診査・学校保健の予防プログラム／マクロ：基礎自治体のすべての子ども成育プログラム／マクロ：基礎自治体の青年成人養育者自立プログラム）

Ⅳ. モデル事例へのインクルーシブな心理支援

以上述べてきたことをふまえ、冒頭で紹介したモデル事例について考察してみる。考察は、**図15-1**と**図15-2**の模式図にもとづいて行う。

小学校4年生の男児のインクルーシブな心理支援を考える時、この男児の学校適応や活動参加を保障するだけでは十分でない。より包括的で継続性のある心理支援を実現する必要がある。まず、母親は2名の乳幼児を育児中であり、求職中（無職）でもある。もしも、母親が本格的に就職活動を行うことになれば、その期間にこれらの子どもたちの育児を支援してくれる社会資源との接続が必要になるであろう。モデル事例の記述中にはこの母親の精神健康度についての詳細な記

述がない。そのため推測にもとづく考えを含むことになるが、もしもDVの内容が激烈で、母子生活支援施設のなかでも指導員の方の支えによって回復の過程を辿った場合には、退所してからまもなく1年が経過しようとしている現在、生活の実態についてモニタリングする必要があるだろう。母子保健サービスを受けられる段階にあることから、専門職としては保健師の関与が可能だろう。そして万が一、虐待が疑われる、あるいはそのリスクが心配される事実が確認されれば、要保護児童対策地域協議会（要対協）の進行管理ケースとすることもできる。要対協の進行管理ケースとなると、この男児の心理支援について学校の教師（養護教諭や特別支援教育コーディネーター）やスクールカウンセラーに支援チームの一員に加わってもらうことができる。地域のなかで孤立しがちなこの家庭を、多くの地域関係者の目で見守ることができることの予防効果はたいへん大きなものであるはずだ。さらには、現在この家庭は生活保護を受給していることから、基礎自治体のケースワーカーとのやりとりが成立しているものと推測される。申請や現況調査、更新などの機会を捉えて家庭に訪問することで生活状況の把握を行うことも可能である。あわせて、乳幼児（3歳の妹と1歳の弟）が保育に欠ける状態に置かれている場合には、そして子育てを支援してくれる肉親（母方の祖父母）が近隣に住んでいない場合には、保育所への入所を勧めることで乳幼児のケアが可能になり、それにより、この男児と母親との関わりを保障することにも貢献できる可能性がある。

　それでは、母親と家庭に対する支援体制が整えられれば、ただちにこの男児の態度・行動変容が期待できるだろうか。この男児は、知的発達症と注意欠如・多動症をあわせもっている。不適切かもしれないが、多くの友だちとの関わりが見られることから推して、通常学級に在籍しているようだ。医学的診断がついていることから、主治医がいることが推定できるが、はたしてこの男児は「療育」を受けた経験を有しているだろうか。あるいは、就学前には保育所・幼稚園に在籍してきた経過があるだろうか。さらには、乳幼児健康診査において何らかの指摘をされたり、健診後のフォロー（親子教室の利用など）はあっただろうか。これまでそれぞれの時期に携わった関係者はいたかもしれないが、この男児の発達経過のなかでどのような関わりが引き継がれて今日に至っているかが不明である。この情報を収集し、それらの断片的な情報を統合し、そこからこの男児の発達を評価する作業が必要であろう。幸いこの男児は今のところ学校に通えており（不

登校を示しているわけではなく）、先生方もある種の困りごとを抱えている様子があることから、学校が既にいくらかの情報を収集している可能性もある。

　いっぽう、医療面の情報も必要である。主治医のところで医学的診断を受けるに際しては、保健所・保健センターの母子保健担当保健師が医療受診券を発給している可能性もある。そこで、ここでも母子保健担当保健師のうち、地区担当の方にこの事例の再把握をしてもらうことがよいだろう。さらに、教育については、通級指導教室や特別支援学級を利用した校内通級、あるいは地域の特別支援学校コーディネーターによる関与など、いくつかの「個に応じたきめ細かな対応」の可能性があるが、そのためにもアセスメントを行わなければならない。公認心理師などの心理専門職であれば、要心理支援者に対する観察や評価が可能であり、求められれば直接的支援やコンサルテーションなどの間接的支援の可能性もある。

　ほかにも、放課後の生活の充実、休日や長期休業期間の見守り体制、母親が就労した後の家庭支援体制、虐待が疑われた場合の支援、就学支援に関する問題が生じた場合の対応、サービス全体を統括する人材の設定など、考察できる／すべき課題は数多くある。

課題

調べましょう

- ☑ 事例を通して学んだことをふまえて、以下について自分なりにふりかえってみましょう。
- ☑ 公認心理師法について調べましょう。
- ☑ スクールソーシャルワーカー（SSWer）の役割と機能について調べましょう。

考えましょう

- ☑ 事例の臨床的問題の背景をどのように見てとればよいか考えましょう。
- ☑ 事例の心理支援を多職種連携・協働により進める場合の留意点はなにか考えましょう。

文献

Friend, M., & Bursuck, W. (1996) Including Students with Special Needs: A Practical Guide for Classroom Teachers. Allyn and Bacon.

あ と が き

　最後に、いま一度本書の核心部分を強調し、今後の支援課題を整理しておきたい。

　発達障害という概念およびその関連知見を切り口にすることで、私たちはさまざまな気づきを得ることができ、一人ひとりの学びや生活のしづらさの解消に役立てることができる。本書でもそうした基礎知識を整理した。

　しかし、臨床は分かったつもりになることが最も危険なことであり、ステレオタイプに理解し一律に支援を行うことは、大切なことを見失うことになる。繰り返しにはなるが、最終的には先入観を意識的に抑制し、一人ひとりに向き合い、環境要因を含めその細部のニュアンスを理解していくこと、関わりに関しては創意工夫をいとわないことが肝心である。

　そこで注意深く検討しなければならないのは、「二次障害を防ぐためには適切な環境が必要だ」という言説である。確かにこれは必要な合理的配慮をしなければならないという意味において適切である。しかしここから、障害がある児童や人は丁寧に関わることのできる特別な場所で過ごした方が良いという結論を導き出すと、ノーマライゼーションやインクルージョンへの道を骨抜きにしてしまう。つまり、健常な児者と障害をもつ児者を分けて複線的に教育と生活の場を設定するという発想が温存されることになる。

　今や、そうした発想を切り崩しながら、共に生き学ぶ環境の確保を前提とした上での合理的配慮のあり方を巡り、新たなしくみづくりを漸進的にでも推進していくことが専門職には求められている。障害者権利条約や障害者基本法の理念に従ってそうすべきなのであり、公認心理師・臨床心理士もこのことには粘り強く取り組んでいくべきである。

　この点を強調すると、ただ一緒にいるということが良いことなのか、理解ができない状況に投げ込まれた本人がどれだけ辛い思いをしているか分かっているのか、二次障害の発生を助長するだけだ、との反論を受けることがある。これは誤解であり、あえて説明をすれば、形だけの共生ならば当然ながら意味がなく、合理的配慮を行いながら本人本位にインクルーシブな環境を実現することが前提である。さらに言えば、過渡的な現状にあっては、地域社会の一員として地域の

人々との継続的な関わり合いがあるかどうかという視点で、実質的な共生と社会参加の状況を捉える必要もあろう。また、現状のしくみで個別事例のインクルージョンを巡る課題全てが解決というわけにはいかないのは当然であり、組織や職能団体としての政策提言や対行政交渉もいとうべきではない。

　このほか、さまざまな支援課題があり、その解決に向けた取り組みを公認心理師・臨床心理士は進めるべきである。

　乳幼児期においては早期療育の強調がかえって親を追いつめ、結果的に児童にも悪い影響を与える危険性があり、発想の修正を後押しする必要がある。公認心理師・臨床心理士までが、親は児童の現実に早期から向き合うべきだというような論理を押し出すようになれば、人間心理の機微を誰が理解できるのかということになる。そこで、障害に特化した支援の方法論ではなく、子育て支援と発達支援を融合したバリアフリーな支援の方法論を根づかせる必要がある。もともと早期療育とはつまるところ丁寧な関わりが必要だということであり、だとすれば丁寧な子育て支援という枠組みで足りる。その方が早期からの支援が可能になる。

　学童期においては、学校教育の内外にさまざまな課題がある。

　学校内においては、教室内のさまざまな個別的配慮、例えば機器の活用としてタブレットを使用する、カメラで板書を撮影する、という物理的レベルの配慮でも、実際の学校現場では許可されにくいという現実がある。一斉で一律の授業という学校文化が変容することには強い抵抗が働く。学校組織の内外にいる公認心理師・臨床心理士は、柔軟に対応するのが当然とする文化への変容を促し、それに向けた産みの苦しみを協働しながら分かち合うことが求められている。

　学校外においては、放課後児童クラブ（学童保育）を発達障害児童が利用する障壁を減らしていくことが必要であり、保育所等訪問支援などの制度で後方支援を進めていく必要がある。また、放課後、長期休みに利用できる一般社会資源を幅広く開拓していく必要がある。

　高校や大学の時期には、義務教育ではないという制約のなかで、必要に応じて不適応に陥らないように予防的な支援を行う必要がある。また不適応に陥っている生徒・学生については、手立てがまだまだ少ないなかで支援を進めていかなければならない。いずれにせよ本人、家族、関係者とかなりきめ細かな意見調整が必要となり、全体状況を見ながら支援を行うバランス感覚が必要となる。

　成人期には、軽度障害の方については、自立して生きていくためのスキルと環

境を当事者とともに創り上げていく。人間関係のつまずきから不適応に陥ることが目立つため、公認心理師・臨床心理士が関わるとすれば、話をよく聴きながらそうなることを回避するための補助自我的な伴走者となることが期待される。重度障害の方については、その人にとっての楽しみを見出しながら、社会参加を促す工夫をいとわず、親の介助に頼らず市民としての当たり前の地域生活が営めるようにしていくことである。それは端的には入所施設しか生活の場がないという状況を変えていくことである。

　最も深刻なのは、強度行動障害を巡る問題解決の困難さである。いわゆる他害的行為をする方においては、入所施設や短期入所（ショートステイ）すらセーフティネットとしては機能せず、受け入れを拒まれることも多いという現実がある。また通所施設や在宅の支援サービス利用も他害的行為があれば利用を拒まれることが多く、家族が暴力を受けながらも際限なく耐えるしかないという事例も一定数存在する。もちろん、薬物療法や応用行動分析に基づく環境調整を行うべき（よく観察すると、実際には多くの時間で安定していることがあり、その条件を探り、支援策を試行する粘り強い取り組みを促すべき）であるが、一時的にでも家族と離すことでお互いに距離を置くことも時には必要である。しかし、そのための場所がない。精神科病院への入院というのが最終手段だが、これもそう簡単には進まない。入院したとしても退院後の見通しがつかない。

　公認心理師・臨床心理士はこのような状況について、見て見ぬふりをするわけにはいかない。本人、周囲の人々の心と人権状況を破壊するこうした状況に対し、やれることには限界があると言って面接室のなかに閉じこもっているわけにはいかないのである。必要に応じて多方面に働きかけていくのである。

　このような多様な課題を巡り、公認心理師・臨床心理士は人間心理を援助するという目的のためには、プラグマティックにあらゆる方法を柔軟に取り入れてアプローチしていくという覚悟が必要である。

　また、自らの状況の理解、わが子の状況の理解をめぐる割り切れない思い、葛藤、逡巡を一刀両断にせず、やわらかく受け止めながら、ゆるぎない姿勢で提案を行っていく繊細でありつつぶれない態度も必要であろう。

　本書は教科書として構想したため、臨床的な現場感覚の機微に触れながらも、基本的な知識の整理に重点を置いた。したがって、上記のようなことを含めて、臨床現場のさまざまな一筋縄ではいかない状況に出会いながら、その経験と理

念・基礎知識を照合しながら、各自が気づきを得ていくことが望ましい。本書の内容は読者の方々のそうした取り組みを得て初めて完結すると考えている。

　最後に謝辞を表しておきたい。

　監修をしていただいた大石幸二先生には本書が世に出ることに多大なお力添えを頂いた。先生のご助言がなければ本書はなく深謝するものである。共同執筆していただいた榎本拓哉先生、若林功先生には、先生方の執筆がなければ本書は不完全なものに留まっていたはずであり、心より感謝申し上げる。そして、本書の出版を進めていただいた学苑社ならびに同社の杉本哲也氏には大変お世話になり心より感謝申し上げる。

　なお、第2章、第3章、第5章を中心として、医学的な内容に関してはハロークリニック名誉院長小出博義先生にご校閲をお願いした。先生のご助言に深く感謝したい。また、筆者の所属するハロークリニックおよび社会福祉法人昂における多職種の臨床実践がなければ本書の内容はなく、ここで名前は挙げないがそのスタッフの働きに感謝したい。もちろん、ハロークリニックの心理部門における各スタッフの臨床実践は当然ながら本書の最大の基盤である。

　さらには、筆者が担当している立教大学、明治大学大学院での授業における学生からのリアクションも本書の土台になっており、その学生諸君にも感謝したい。

　最後に、今まで出会ってきた発達障害をもつご本人やご家族の方々から多くのことを学ばせていただいており、その全ての方々に感謝を申し上げたい。そして、希望ある未来に向けて、インクルーシブな発達障害支援のポイントを理解した公認心理師養成に力を尽くすことを誓いたい。

著者を代表して　山崎　晃史

索引

【数字】
1歳6ヵ月児健診 ……… 103
3つ組 ……… 34, 68
3歳児健診 ……… 103
3障害 ……… 25

【A】
AAIDD ……… 27
ABA ……… 159
ABC-J ……… 46
activity limitation ……… 61
ADHD ……… 37, 47, 77
ADHD-RS ……… 47
ADOS ……… 47
advocacy ……… 90
AQ ……… 47
ASD ……… 34
attachment ……… 140

【B】
BAP ……… 35
barrier ……… 52

【C】
care management ……… 88
CBCL/YSR/TRF ……… 46, 200
CHC理論 ……… 49
Conners 3 日本語版 ……… 47
consultation ……… 185
CPT ……… 73

【D】
DCD ……… 40
demand ……… 90
DIQ ……… 28, 29, 48
DIR ……… 166
disability ……… 52, 61
disconnection syndrome ……… 70
disease ……… 52
disorder ……… 50, 52

【D】
DMDD ……… 80
DSM ……… 59
DSM-5 ……… 26, 34, 38, 39
dyslexia ……… 38

【E】
early infantile autism ……… 67
empathizing-systemizing theory ……… 70
empowerment ……… 90
extreme autistic aloneness ……… 66

【F】
functioning ……… 61

【H】
habilitation ……… 118
handicap ……… 53

【I】
ICD ……… 26, 38, 39, 40, 59
ICF ……… 59, 60, 61, 62, 63, 152, 254
ICIDH ……… 59
impairment ……… 52, 56, 61
inclusion ……… 55
IQ ……… 28, 29, 48

【J】
joint attention ……… 69

【K】
KABC-Ⅱ ……… 48

【L】
LD ……… 38, 196
LDI-R ……… 47, 199, 204
LDT-R 言語解読検査改訂版 ……… 156

【M】
MBD ……… 72
M-CHAT ……… 47
MSW ……… 108

【N】
narrative ······ 14
needs ······ 90
normalization ······ 53

【O】
OT ······ 118

【P】
PARS ······ 47
participation restriction ······ 61
paternalism ······ 9, 90
PCP ······ 89
PDD ······ 34
PSW ······ 107
PT ······ 118

【Q】
QOL（Quality of Life） ······ 249, 252, 253
QWL（quality of working life） ······ 252

【R】
refrigerator mother ······ 67

【S】
SC ······ 115, 184
SCERTS ······ 166
SDQ ······ 46, 200
SEN（特別な教育的ニーズ） ······ 173, 196
SLD ······ 38
special educational needs ······ 138, 173
special needs ······ 114
special needs education ······ 138
SSRI ······ 79
SST ······ 164, 226
SSW ······ 108, 282
ST ······ 118
stigma ······ 8, 42
strength ······ 62
SW ······ 106

【T】
TEACCH ······ 161, 253
theory of mind ······ 68

triad relationship ······ 69

【V】
Vineland-Ⅱ ······ 46

【W】
WAIS-Ⅳ ······ 47
weak central coherence ······ 70
WISC ······ 45
WISC-Ⅳ ······ 47
working memory ······ 70

【あ】
愛着 ······ 7, 10, 11, 13, 140, 154, 260
愛着行動 ······ 132
愛着障害 ······ 78, 79, 154
アウトリーチ ······ 15, 45, 92, 97, 106, 188
足場 ······ 135
アスペルガー障害 ······ 34, 67
アセスメント ······ 44, 184, 198, 204, 241, 244
アセスメントツール ······ 44, 46, 184
アディクション ······ 266, 268
アドボカシー ······ 90, 217
アトモキセチン ······ 74, 117
アフォーダンス ······ 11
アリピプラゾール ······ 117
アンフェタミン ······ 72

【い】
医学モデル ······ 56
育成医療 ······ 121
意思決定支援 ······ 9, 10
依存症 ······ 80, 266, 268
一斉授業 ······ 197
一般就労 ······ 238, 242, 243, 246, 248, 249, 251, 254
一般知的能力指標（GAI） ······ 48
一般知能 ······ 48
遺伝子異常 ······ 76
遺伝的要因 ······ 29, 75, 76
意図せざる効果 ······ 261
居場所 ······ 189
意欲 ······ 261
医療ソーシャルワーカー ······ 108

医療的ケア	30, 104, 112
医療保健領域のサービス	281
インクルーシブ	44, 57, 89, 98, 113, 130, 136, 178
インクルーシブ教育	188, 191
インクルーシブな環境	95, 112, 128, 137, 155, 167
インクルーシブな心理支援	278, 279, 283
インクルーシブな地域での育ちや学び	264
インクルージョン	55, 56, 62, 63, 111, 116, 119, 218, 264, 278, 279
インフォーマル・アセスメント	198, 199
インフォームド・アセント	185
インフォームド・コンセント	15, 184
インリアル（INREAL）	141

【う】

ヴァインランド	46
ウェクスラー児童用知能検査	45
ウェクスラー児童用知能検査第4版	47
ウェクスラー成人知能検査第4版	47
運動症群	40
運動チック	41

【え】

塩酸メチルフェニデート（MPH）	72, 73
エンパワーメント	90

【お】

応用行動分析	23, 159, 161, 164, 165, 269
オキシトシン	71
おちつかなくなるプロセス	153, 154, 209, 263
おちつくプロセス	153, 154, 209, 263
オペラント条件づけ	158, 159
親子安定化効果	137
親子教室	103, 136
親子の相互作用	133
音声チック	41
音読用定規	207

【か】

外因（器質）論	67
介護・ケア領域のサービス	281
介護給付	120, 122, 237
介護支援専門員	91, 107
外在化障害	80
介助員	181
概念的スキル	27
海馬	71
解離	78, 153
会話及び言語の特異的発達障害	39
会話パートナー段階	166
過覚醒	78, 79, 153
書き尺度	48
学習	48
学習環境のユニバーサルデザイン化	174
学習支援	22, 23, 39, 147, 203
学習障害	23, 24, 27, 38, 39, 45, 47, 72, 74, 144, 147, 196, 202, 204, 223
学習性無気力	12
学習能力の特異的発達障害	38
学習のしづらさ	144, 147
学童保育	281
家族支援	7, 153, 167
家族システム	152, 153
家族の参画	165
学校カウンセラー	279
学校教育領域のサービス	281
学校ソーシャルワーク	282
活動	61
活動制限	61
活動保障	272
過度な過敏さ	144, 145
加配	105
感覚過敏	13, 23, 36
感覚統合	118
感覚鈍麻	36
感覚の過敏さ	133, 134, 137, 141, 188
環境因子	61
環境設計	269, 270
環境調整	22, 23, 37, 90, 91, 117, 145, 242, 264, 266
環境的要因	79, 128, 154, 197, 204
環境の最適化	128
関係者への面接	201
関係性の支援	7, 167, 208
関係のこじれ	262
看護師	117

索引 293

観察学習	159, 164
間接支援	264
完全参加と平等	54
緘黙	186

【き】

機会均等化	56, 57
危機介入	184
企業在籍型ジョブコーチ	247
企業訪問型ジョブコーチ	247
吃音	40, 119
気づき	129, 133, 268
機能障害	52, 55, 56, 60, 61, 62, 63, 70, 72, 227
機能分析（ABC分析）	160
基本的労働習慣の習得	245
義務教育	225
キャリアコンサルタント	243
キャリア発達	235
給付管理	93
教育委員会	187
教育支援委員会	216
教育支援センター	188
強化	160
教科学習	196, 197
強化子（好子）	160
教科担任制	221
共感覚	22
共感化－システム化仮説	70
協議会（地域自立支援協議会）	94
共生社会の実現	172
兄弟姉妹関係	261
共同行為	139, 146, 147
共同主観	10
共同注意	09, 139, 140, 142, 166
強度行動障害	37, 268, 269, 270, 272
強度行動障害支援者養成研修	253
極端な機能局在状態	70
極端な自閉的孤立	66
居宅訪問型児童発達支援	111
居宅訪問型保育事業	112
切り離し症候群	70
切れ目の無い支援	178
切れ目の無い縦横連携	264
筋緊張の低さ	130

【く】

グアンファシン	74, 117
クールダウン	6, 23, 145
クラインフェルター症候群	76
グループワーク	282
グレーゾーン	5
訓練等給付	120, 122, 236

【け】

ケア会議	93
ケアマネジメント	88, 89, 90, 93, 96, 97, 107, 110, 122, 278
計画	48
計画相談支援	110, 122, 123
継次処理	48
継続障害児支援利用援助	123
継続サービス利用支援	122
形態障害	60
軽度障害	5, 104, 175
ケースワーク	278, 282
結晶性能力尺度	49
限局性学習症	38
限局性学習障害	38
健康状態	61
言語症（言語障害）	22, 24, 39
言語聴覚士	103, 118, 119, 131
言語聴覚療法	40
言語認知障害仮説	67
言語パートナー段階	166
言語発達支援	130, 141
言語表出	22, 130
言語理解	22, 39, 130, 141
言語理解指標（VCI）	47
限定的な興味関心	144, 145, 146
限定反復的様式	22
現場実習	241
権利擁護	24, 90

【こ】

語彙尺度	48
広域障害者職業センター	239
構音障害	40, 119, 131
公共職業安定所	239, 244
更生医療	121

合成得点 …………………………………… 47
構造化 ……………………………… 161, 174, 268
構造化面接 ………………………………… 48
高等学校 ………………………………… 225
行動観察 ……………………… 44, 45, 185, 187
行動的産物による評価 ……………… 201, 202
行動論的アプローチ …………………… 158
校内委員会 ………… 115, 177, 179, 181, 225
公認心理師 ……………………………… 278
公認心理師法 …………………………… 283
広汎性発達障害 ………………………… 34
後方支援 ………………………………… 264
合理的配慮 ……… 56, 57, 58, 59, 62, 112, 119, 138,
　　173, 175, 176, 215, 219, 222, 223, 226, 227, 239,
　　　　　　　　　　242, 246, 250, 266, 279
交流型支援 ……………………………… 166
コーディネート ………………………… 91
語音症（言語障害） …………………… 40
国際障害者年 …………………………… 54
国際障害者年行動計画 ……………… 54, 56
国際障害分類 …………………………… 60
国際生活機能分類 …………………… 59, 60
心の理論 ………………………………… 68
心の理論障害仮説 ……………………… 68
個人因子 ………………………………… 61
誤信念課題 ……………………………… 68
子育て支援 ……………………… 105, 106, 136
子育て世代包括支援センター ……… 105, 109
こだわり ………………………………… 36, 260
ことばのビル …………………………… 131
個別移行支援計画 ……………………… 241
個別給付サービス ……………… 107, 110, 111
個別支援計画 …………………………… 237
個別の教育支援計画 …… 96, 115, 177, 178, 180,
　　　　181, 184, 185, 220, 222, 223, 226, 228, 241
個別の指導計画 ………… 115, 177, 178, 180, 181, 184,
　　　　　　　　205, 220, 222, 223, 226, 241
困りごと ………………………………… 174
コミュニケーション症 ………………… 39
コミュニケーションスキル …………… 221
コミュニケーションの障害 …………… 34
コミュニケーションの不成立 ………… 270
コミュニティワーク …………………… 282
雇用契約 ………………………………… 237

語用論 ……………………… 40, 130, 141, 167
コロニー政策 …………………………… 53
コンサルタント ………………………… 185
コンサルティ …………………………… 185
コンサルテーション …… 14, 106, 112, 174, 182,
　　　　　　　　184, 185, 187, 247, 253, 264, 272

【さ】
サービス等利用計画 …… 107, 110, 122, 123, 237
サービス等利用計画案 ……………… 122, 123
サービス利用支援 ……………………… 122
作業学習 ………………………………… 241, 245
作業療法 ………………………………… 118
作業療法士 ……………………………… 103, 118
サバイバルスキル ……………………… 189, 226
差別禁止 ………………………………… 58
サリーアン課題 ………………………… 68
参加 ……………………………………… 61
参加制約 ………………………………… 61
三項関係 ……………………… 69, 139, 143
三項随伴性 ……………………………… 159
算数尺度 ………………………………… 48
算数障害 ………………………………… 38

【し】
支援のはざま …………………………… 5
視覚処理尺度 …………………………… 49
自我同一性 ……………………………… 235
時間調節機能の障害 …………………… 74
刺激の調整 ……………………………… 161
刺激配置 ………………………………… 271
自己概念の実現 ………………………… 235
自己決定 ………………… 9, 42, 89, 90, 252, 271
自己決定の尊重 ………………………… 9, 94
自己効力感 ……………………………… 132, 197
自己コントロール ……………………… 272
自己刺激行動 …………………………… 270
自己指南 ………………………………… 5
システム論 ……………………………… 11, 12
システム論的アプローチ ……………… 7
持続処理課題 …………………………… 73
実行機能 ……………………… 70, 73, 74
失語症 …………………………………… 131
実存的な悩み …………………………… 14

疾病及び関連保健問題の国際統計分類	26	重篤気分調節症	80
実用的スキル	27	習得尺度	48
児童委員	110	習得総合尺度	49
児童家庭相談援助	109	重度障害	9, 105, 175, 249, 254
指導主事	187	就労移行支援	236, 237, 238, 241, 244, 245, 246, 248
児童心理司	109	就労訓練事業（中間的就労）	243
児童相談所	108, 110	就労継続支援	237, 238, 241, 242, 248, 252, 253
児童との相互交渉をすすめて情動共有	165		
児童の自発性	165	就労支援	5, 236
児童発達支援	111, 136, 138	就労準備	245
児童発達支援事業	136, 137	就労準備支援事業	243
児童発達支援センター	111, 136, 137	就労相談	244
児童福祉司	109	就労定着支援	236, 238, 248
児童福祉法	103, 107, 108, 109, 110, 111, 113, 121, 281	授業中の行動観察	201
		主体的に関与すること	272
指標得点	47	受容性言語障害	39
自閉症	34, 66, 67	巡回支援	7, 113, 114, 138, 187, 190, 203, 210, 224, 263, 264
自閉症スペクトラム障害	34		
自閉スペクトラム症	15, 22, 23, 24, 27, 34, 35, 36, 47, 66, 68, 69, 70, 71, 74, 75, 78, 130, 132, 133, 139, 140, 141, 143, 152, 155, 161, 165, 166, 176, 186, 188, 211, 261	巡回支援員	187, 188
		小１プロブレム	219
		障害克服モデル	11
		障害支援区分	123
自閉性精神病質	67	障害児支援利用援助	123
社会コミュニケーション	166	障害児支援利用計画	107, 110, 114, 123
社会サービス	279, 280, 282, 283	障害児支援利用計画案	123
社会性	68, 70, 139, 140, 143	障害児相談支援	107, 110, 123
社会生活力プログラム・マニュアル	251	障害児通所支援	111, 112, 113, 123
社会性の障害	22, 34, 67, 139	障害児保育	104
社会的（語用論的）コミュニケーション症	40	障害者基本法	57, 58, 88
社会的参照	132, 139	障害者雇用	24, 251
社会的障壁	52, 57, 62, 75, 119, 173	障害者雇用促進法	236, 238, 239
社会的スキル	27	障害者雇用調整金	240
社会的不利	53, 60	障害者雇用納付金	240
社会パートナー段階	166	障害者雇用率制度	239
社会福祉士	15, 106, 108	障害者就業・生活支援センター	239, 244, 246, 248
社会モデル	55, 56, 57, 60		
弱化	160	障害者職業カウンセラー	239, 244
就学先決定の合意形成	217	障害者職業センター	239, 246, 247, 248
就学支援	215, 216	障害者職業総合センター	239
就学支援委員会	216, 220, 222	障害者職業能力開発校	242
就学支援シート	220	障害者の機会均等化のための標準規則	56
就学相談	215, 216, 220, 222	障害者の権利宣言	53
重症心身障害	21, 30, 111	障害者の権利に関する条約（障害者権利条約）	
集団行動	133		

……………………………… 55, 57, 58, 59, 88	新版ポーテージ早期教育プログラム ……… 161
障害者の雇用の促進等に関する法律 ……… 236	親密性 ……………………………………… 235
障害者の態様に応じた多様な委託訓練 …… 242	信頼関係 …………………………………… 135
障害者の日常生活及び社会生活を総合的に支援するための法律（障害者総合支援法）…… 91, 93, 94, 107, 110, 119, 236, 238, 245, 248, 253	心理教育 ……… 7, 75, 131, 141, 153, 268, 283
	心理検査 ……… 5, 44, 45, 92, 187, 197, 244
	心理支援 …… 6, 12, 14, 15, 62, 63, 80, 90, 92, 97, 107, 112, 117, 131, 140, 158, 161, 164, 209, 261, 268, 279, 280, 281, 282, 283
障害受容 ……………… 8, 15, 43, 250, 251, 265	
障害福祉領域のサービス …………………… 281	
障害を理由とする差別の解消の推進に関する法律（障害者差別解消法）……………… 58, 239	心理神経学的学習障害 ……………………… 72
	心理的要因 …………………………… 197, 204
小学校 ……………………………………… 219	**【す】**
象徴的コミュニケーション ………………… 152	スクールカウンセラー ……… 108, 115, 184, 185, 186, 188
常同運動症 …………………………………… 40	
衝動制御 ………………… 22, 23, 80, 144, 145	スクールソーシャルワーカー ……………… 108
情動制御 ………………… 139, 153, 154, 158	スケジュールの構造化 ………………… 161, 162
情動調整 …………………………………… 166	スティグマ ………………… 8, 42, 216, 249
情動的コミュニケーション ………………… 152	ステレオタイプ ……… 6, 16, 57, 135, 261, 264
小児期発症流暢症 …………………………… 40	ストレングス ………………………………… 62
小児神経専門医 ……………………………… 116	スペクトラム ………………………………… 34
小脳 ………………………………………… 70, 71	
職業準備性 …………………………………… 245	**【せ】**
職業生活の質 ………………………………… 252	正 …………………………………………… 160
職業リハビリテーション …………………… 239	生活介護 ……………………… 237, 238, 253
職場開拓 ……………………………………… 246	生活機能 ……………………………………… 61
職場適応援助者 ……………………………… 247	生活技能（ライフスキル）……………… 132, 143
書字（表出）障害 ……………………… 38, 202	生活困窮者自立支援制度 …………………… 243
ジョブコーチ ……… 239, 242, 243, 247, 248, 254	生活支援 ……………………………………… 5
処理速度指標（PSI）………………………… 47	生活障害 ……………………………………… 4
自立訓練 …………………………………… 237	生活年齢（CA）……………………………… 48
自立支援医療 ……………………………… 120	生活の質 …………………………………… 249
自立支援給付 ……………………………… 119	生活のしづらさ …………………………… 5, 21
自立相談支援事業 ………………………… 243	生活モデル ……………………………………… 4
心因論 ………………………………………… 67	生殖性 ……………………………………… 235
神経発達障害群 ……………………………… 26	精神疾患の診断と統計マニュアル ………… 26
人権 ……………… 8, 55, 59, 62, 88, 218	精神障害 ……………………………………… 25
人権の実現 …………………………………… 8	精神障害者保健福祉手帳 …………… 109, 281
心身機能・身体構造 ………………………… 61	精神通院医療 ……………………………… 121
新生児マス・スクリーニング ……………… 76	精神年齢（MA）……………………………… 48
身体障害 ……………………………………… 25	精神保健及び精神障害者福祉に関する法律 … 26
身体障害者手帳 ………………… 105, 109, 281	精神保健福祉士 ………………… 15, 107, 108
身体障害者福祉法 …………………………… 25	生態学的（エコロジカル）な心理理解 ……… 11
診断 …… 5, 16, 41, 42, 43, 44, 117, 129, 135, 136	生態学的な理解 ……………………………… 7
真のニーズ …………………………………… 90	正の強化 …………………………………… 160
新版 K 式発達検査 2001 …………………… 48	

正の弱化	160	多動・衝動	13, 37, 38, 45
生理的要因	29	田中ビネー知能検査Ⅴ	48
絶対評価	221	多様な参加の場の確保	261
説明と同意	184	短期記憶尺度	49
セルフプラン	110, 237		
全検査IQ（FSIQ）	47	**【ち】**	
染色体異常	29, 76, 129	地域移行支援	122
センター的機能	116, 178	地域移行支援計画	122
選択的セロトニン再取り込み阻害薬	79	地域課題	94
先天障害の中途診断	43	地域活動支援センター	237, 238
先天性サイトメガロウイルス感染症	77	地域子育て支援拠点事業	106
先天性代謝異常	29, 76	地域障害者職業センター	239, 244, 245
先天性単純ヘルペスウイルス感染症	77	地域生活支援事業	120, 237
先天性トキソプラズマ感染症	77	地域相談支援	122
先天性風疹症候群	77	地域定着支援	122
前頭葉	70, 71, 75	地域における縦横連携の推進	95
専門職連携教育（IPE）	92	地域福祉政策	53
専門職連携協働実践（IPW）	91, 96, 97	地域包括ケア	281
		地域保健法	102
【そ】		地域若者サポートステーション	243, 267
早期対応	136	チーム学校	115
早期発見	136	チームとしての学校	180, 181
早期幼児自閉症	67	知覚推理指標（PRI）	47
想像力の障害	34	チック症	24
相対評価	221	チック症群	41
相談支援	107, 122, 123	知的障害	24, 25, 27, 59
相談支援専門員	91, 107, 110	知的障害者の権利宣言	53
ソーシャル・アクション	282	知的障害者福祉法	26
ソーシャルサポート	278	知的能力障害	27
ソーシャルスキルトレーニング	6, 164, 226	知的発達症	21, 22, 23, 24, 27, 28, 29, 34, 53, 59, 67, 76, 77, 78, 130, 132, 141, 144, 147, 152, 176, 238, 241, 242, 248
ソーシャルワーク	106		
側坐核	74		
素行症	80	知能	28
素質的要因	79, 128, 154	知能検査	27, 29, 44, 45, 47, 197
素質と環境の相互作用	78, 80	知能指数	28, 48
		注意欠如・多動症	16, 22, 23, 24, 27, 37, 73, 74, 78, 79, 164, 268
【た】			
ターナー症候群	76	注意欠如・多動性障害	37
大学	227	中学校	221
大脳前頭前野	153	中間施設	189
大脳辺縁系	70, 71, 153	中枢刺激薬	72, 73, 74
ダイバーシティ	278	中途障害	250, 281
ダウン症	29, 76	長期記憶と検索尺度	49
脱抑制型愛着障害	78	超低出生体重児	77

治療モデル …………………………………… 4

【つ】
通級による指導 …………………………… 116, 225
つなぎ手 …………………………………… 264
強い能力 …………………………………… 47

【て】
定期試験 …………………………………… 221
定型発達 …………………………………… 129
低刺激の空間 ……………………………… 145
低出生体重児 ……………………………… 77
ディスクレパンシー比較 ………………… 47
ディスレクシア …………………………… 38
適応行動 ………………………………… 27, 46
適応行動尺度 ……………………………… 46
適応指導教室 ……………………………… 188
デフォルトモード・ネットワーク ……… 74
デマンド …………………………………… 90
てんかん …………………………………… 67

【と】
動機づけ …………………………………… 271
当事者研究 ………………………………… 75
同時処理 …………………………………… 48
逃避 ………………………………………… 270
トゥレット症 ……………………………… 41
読字障害 ……………………………… 38, 72, 74
特定の手法や方法論に限定せず柔軟に組み合わせる ……………………………………… 165
特別支援学級 ………………… 114, 115, 116, 216
特別支援学校 …… 8, 114, 115, 116, 176, 178, 216, 240, 241, 242, 245, 246, 247, 251, 252, 253
特別支援教育 …… 105, 114, 115, 116, 138, 172, 177, 178, 180, 181, 216, 226, 250, 279
特別支援教育コーディネーター …… 115, 177, 178, 179, 180, 181, 226
特別支援教育支援員 ……………………… 181
特別支援教室 ………………………… 182, 207
特別な教育的ニーズ ……… 138, 173, 178, 180, 181, 215, 219, 220, 222, 225, 226, 228, 278
特別なニーズ ………………………… 114, 115
特別なニーズ教育 ………………………… 138
共に育ち合う環境 ………………………… 128

トライアル雇用 …………………………… 247

【な】
内因（素質）論 …………………………… 67
内在化障害 ………………………………… 80
ナチュラルサポート ………………… 247, 261
ナビゲーションブック …………………… 250
ナラティブ ……………………………… 7, 14

【に】
ニーズ中心 …………………………… 90, 91, 92
二次障害 …………………………………… 80
日常生活場面での関わり ………………… 165
乳幼児健診 ………………… 36, 102, 129, 136
乳幼児保育領域のサービス ……………… 280
認知過程 …………………………………… 13
認知尺度 …………………………………… 48
認知症 ……………………………………… 281
認知総合尺度 ……………………………… 48
認知的要因 …………………………… 197, 204
認知特性 …………………………………… 197
認知発達治療 ……………………………… 155
認知発達理論 ……………………………… 155
認定こども園 ……………………………… 104
認定特別支援学校就学者 ………………… 116

【の】
脳機能イメージング法 …………………… 69, 74
脳機能障害 ………………… 6, 25, 72, 74, 75
脳性麻痺 ……………………… 29, 77, 130, 175
能力障害 …………………………… 52, 60, 62, 63
ノーマライゼーション …… 53, 54, 55, 57, 59, 62, 63, 88, 218

【は】
配置型ジョブコーチ ……………………… 247
パターナリズム …………………………… 9, 90, 94
罰子（嫌子） ……………………………… 160
発達支援 ………………… 5, 69, 95, 138, 152
発達障害者支援法 ……………………… 24, 26, 43
発達障害の定義 …………………………… 24
発達性協調運動症（障害） …………… 24, 40
発達性言語障害 …………………………… 67
発達の最近接領域 …………………… 135, 161

発達の全体性	165	フリースクール	189
発達臨床	138	プリント中心の学習形態	206
発達論的アプローチ	165, 167	フロアタイム	166
パニック	36	分離不安	133
ハビリテーション	118		
ハローワーク	239, 246	**【へ】**	
般化の問題	160	ペアレントトレーニング	164
反抗挑戦症	80	偏差知能指数	28, 48
板書プリント	206	扁桃体	71

【ひ】

ピア・サポート	228	**【ほ】**	
ピアカウンセリング	91	保育	103, 106, 134, 140
ひきこもり	80, 266, 267	保育環境	133, 137
ひきこもり対策推進事業	267	保育士	103, 104, 105, 106, 129
被虐待	78, 134, 144	保育所	103, 104, 105, 111, 133, 136, 137, 280
微細脳障害	72	保育所等訪問支援	111, 112, 113, 114
微細脳損傷	72	保育の場	136, 137, 155
非専門家の関わり	260	放課後児童クラブ	113, 175, 176, 177
悲嘆のプロセス	43	放課後等デイサービス	113, 114, 177, 211, 281
非中枢刺激薬	74	包括的アプローチ	165
ピモジド	117	報酬系	73, 74
病気・変調	60	法定雇用率	239, 240
表現型	34	保健師	102, 103, 128, 129
標準読み書きスクリーニング検査	199, 200	保健所	102
表象機能	155	保健センター	102
病理的要因	29	母子健康手帳	102
		母子健康包括支援センター	105
【ふ】		母子保健法	102
負	160	母子保健領域のサービス	280
ファカルティ・ディベロップメント	228	補助自我	145
フィールドワーク中心	93	補装具	121
フェニールケトン尿症	29, 76	補装具費支給	120, 121
フォーマル・アセスメント	198, 199	本人中心	89, 90, 91, 93, 179
福祉事務所	108	本人中心の計画	89
福祉的就労	238, 248, 251, 252		
負情動の抑制	263	**【ま】**	
不注意	13, 37, 45	学びのしづらさ	21
物理的構造化	161		
物理的配慮	145	**【み】**	
不登校	222	見て聞いて楽しむ活動	142
不当な差別的取扱い	58	認め合う風土	174
負の強化	160	民生委員	110
負の弱化	160		

【め】
メチルフェニデート ……………………………… 117

【も】
モニタリング …………………………… 91, 122, 123

【や】
薬物療法 ……………………………… 5, 62, 72, 79, 117

【ゆ】
ユニバーサルデザイン ……………………… 56, 174
指さし ………………………………………………… 139

【よ】
要介護 ………………………………………………… 281
要求表現 ……………………………………………… 141
養護教諭 ……………………………………………… 183
幼小接続 ……………………………………… 219, 222
要心理支援者 ………………………………… 279, 283
幼稚園 …………… 104, 105, 111, 133, 136, 137, 280
幼稚園教諭 …………………………………………… 129
要保護児童対策地域協議会 ………………………… 110
予期不安 ……………………………………………… 271
抑制型愛着障害 ………………………………………… 78
読み書き尺度 …………………………………………… 49
読み尺度 ………………………………………………… 48
弱い中枢統合 …………………………………………… 70
弱い能力 ………………………………………………… 47

【ら】
ライフサイクル ……………………………………… 234
ライフスキル ………………………………………… 226
ライフスキルトレーニング ………………………… 165
ライフステージ ……………………………………… 234
ライフスパン・ライフスペース・アプローチ
……………………………………………………… 235

【り】
理学療法 ……………………………………………… 118
理学療法士 …………………………………… 103, 118
リスペリドン ………………………………… 78, 117
リフレーミング …………………………… 146, 174, 261
流動性推理尺度 ………………………………………… 49
療育 …………………………………………………… 138
療育・リハビリテーション領域のサービス
……………………………………………………… 281
療育手帳 ……………………………… 24, 105, 109, 281
量的知識尺度 …………………………………………… 49
臨床心理士 …………………………………………… 278
臨床発達心理士 ……………………………………… 278

【る】
ルーティーン ………………………………… 161, 162

【れ】
冷蔵庫マザー ………………………………… 67, 78
レジリエンス …………………………………………… 62
レスポンデント条件づけ …………………………… 158
連携と協働 ……………………………………… 5, 97

【わ】
ワーキングメモリー …………………………………… 70
ワーキングメモリー指標（WMI） ………………… 47
ワーク・ライフ・バランス ………………………… 235
ワークサンプル ……………………………………… 244
ワークサンプル幕張版 ……………………………… 244
ワークシステム ……………………………… 161, 162

【人名】
アスペルガー（Asperger H.） ……………………… 67
アッケンバック（Achenbach, T. M.） …………… 200
ヴィゴツキー（Vygotsky, L.S.） ………………… 135
ウィニコット（Winnicott, D.W.） ………………… 128
ウィング（Wing, L.） ……………………………… 34, 68
エリクソン（Erikson, E. H.） …………………… 234
カーク（Kirk, S.） …………………………………… 72
カナー（Kanner L.） ……………………………… 66, 67
ギブソン（Gibson, J. J.） …………………………… 11
グリーンスパン（Greenspan, S.） ………………… 165
ショプラー（Schopler, E.） ……………………… 161
スーパー（Super, D. E.） ………………………… 235
ドローター（Drotar, D.） ……………………… 43, 265
ニィリエ（Nirje, B.） ………………………………… 53
ノブロック（Knobloch, H.） ……………………… 72
パサマニック（Pasamanick, B.） ………………… 72
バロン＝コーエン（Baron-Cohen, S.） ………… 70
バンク＝ミケルセン（Bank-Mikkelsen, N.E.）

……………………………………… 53	プリザント（Prizant, B.M.）……………… 166
ピアジェ（Piaget, J.）………………………… 155	ボウルビィ（Bowlby, J.）………………… 140
ビネー（Binet, A.）…………………………… 48	マイクルバスト（Myklebust, H.）………… 72
ブラッドレー（Bradley, C.）………………… 72	ラター（Rutter, M.）……………………… 67

著者紹介

大石 幸二（おおいし　こうじ）【監修、第14章Ⅴ、第15章】
公認心理師、臨床心理士、臨床発達心理士
1967年東京都生まれ。筑波大学大学院心身障害学研究科博士課程単位取得退学。修士（教育学）。
現在、立教大学現代心理学部・教授。
The Association for the Persons with Severe Handicaps 終身会員。日本行動分析学会編集委員。日本発達障害学会常任編集委員。臨床発達心理実践研究編集委員。
著書に『配慮を要する子どものための個別の保育・指導計画』（監修、学苑社、2018年）、『実践研究の理論と方法』（分担執筆、金子書房、2018年）、『連携とコンサルテーション』（編著、ぎょうせい、2017年）ほか多数。

山崎 晃史（やまざき　こうじ）【編集、第1章～第9章、第14章Ⅰ～Ⅳ】
公認心理師、臨床心理士、精神保健福祉士
1965年大阪府生まれ。大正大学カウンセリング研究所カウンセリング研修課程修了。
立教大学大学院博士課程前期課程修了。修士（教育学）。
現在、清泉女学院大学人間学部心理コミュニケーション学科・特任准教授。
立教大学兼任講師、明治大学大学院兼任講師、埼玉県公認心理師協会理事。
多職種・多機関連携による発達支援、コミュニティ・アプローチをテーマに臨床活動を行っている。

榎本 拓哉（えのもと　たくや）【第10章～第12章】
公認心理師、臨床心理士
現在、徳島大学大学院社会産業理工学研究部・准教授。
一般社団法人公認心理師の会教育部会委員。

若林 功（わかばやし　いさお）【第13章】
臨床心理士、社会福祉士、精神保健福祉士
現在、常磐大学人間科学部現代社会学科・准教授。

装丁　有泉武己

公認心理師・臨床心理士のための
発達障害論
――インクルージョンを基盤とした理解と支援　　　　　　　　Ⓒ2019

2019年4月25日　初版第1刷発行
2022年8月15日　初版第2刷発行

監修者　大石幸二
編著者　山崎晃史
発行者　杉本哲也
発行所　株式会社　学　苑　社
　　　　東京都千代田区富士見2-10-2
　　　　電話(代)　03（3263）3817
　　　　fax.　　　03（3263）2410
　　　　振替　　　00100-7-177379
　　　　印刷・製本　藤原印刷株式会社

検印省略　　　　　　　　乱丁落丁はお取り替えいたします。
　　　　　　　　　　　　定価はカバーに表示してあります。

ISBN978-4-7614-0804-6　C3037

ビジュアルブック ASDの君へ
▼ラクな気持ちになるためのヒント集
ジョエル・ショウル著　大石幸二監訳
●B5判横長／定価2750円
自閉スペクトラム症のある子どもが、からだや気持ちを調整するためにできる簡単な方法をイラストで示したガイドブック。

14歳からの発達障害サバイバルブックPart2
自分自身に贈るギフト（強み）の見つけ方
難波寿和著　たかはしちかえイラスト
●A5判／定価1980円
人生を切り抜けるために必要なギフト（強み）の見つけ方について、生きづらさを抱えた当事者へ指南する書。

「子どもの気持ち」と「先生のギモン」から考える
学校で困っている子どもへの支援と指導
日戸由刈監修　安居院みどり・萬木はるか編
●B5判／定価2200円
先生が抱きやすい疑問を取り上げ、4コママンガとイラストで背景にある特性と支援・指導のヒントをわかりやすく解説。

星と虹色なこどもたち
星山麻木著　相澤るつ子イラスト
●B5判／定価2200円
「自分に合った学び方」「自分らしい生き方」を見つけよう
さまざまな特性のある、虹色のこどもたちの感じ方・考え方を理解し、仲間同士で助け合うための方法を提案する。

プログラム学習で学ぶ行動分析学ワークブック
吉野智富美・吉野俊彦著
●B5判／定価2750円
エクササイズやドリル形式のプログラム学習を盛り込み、学習の定着具合を確認しながら行動分析学を学ぶことができる。

気になる行動を示す幼児への支援
▼応用行動分析学に基づく実践ガイドブック
野呂文行・高橋雅江監修
永冨大舗・原口英之編
●B5判／定価2090円
保育場面32のケースについて、問題解決のために必要な行動を分析する方法を、応用行動分析学の視点から解説する。

感覚と運動の高次化理論からみた発達支援の展開
▼子どもを見る眼・発達を整理する視点
池畑美恵子著
●B5判／定価2420円
「感覚と運動の高次化理論」を通した子どもの読み取り方から臨床実践までを整理した1冊。

子どもの心の世界がみえる
太田ステージを通した発達支援の展開
立松英子編著　齋藤厚子著
●B5判／定価2530円
子どもの発達を捉える指標として、教育や福祉の分野で活用されている「太田ステージ」について解説。

VB指導法
▼発達障がいのある子のための言語・コミュニケーション指導
メアリー・リンチ・バーベラ著
杉山尚子監訳　上村裕章訳
●A5判／定価3740円
ABA（応用行動分析学）に基づくVB（言語行動）指導法について、ステップバイステップでわかりやすく解説。

特別支援学校 教育実習ガイドブック
▼インクルーシブ教育時代の教員養成を目指して
遠藤愛・宇田川和久・髙橋幸子編著
●B5判／定価2420円
児童生徒の実態把握、指導案の作成方法など、特別支援学校の教育実習に必要な知識を解説。

〒102-0071 東京都千代田区富士見2-10-2
https://www.gakuensha.co.jp/
学苑社
TEL 03-3263-3817　FAX 03-3263-2410
info@gakuensha.co.jp
税10%込みの価格です